生ける屍の結末

「黒子のバスケ」脅迫事件の全真相

渡邊博史

創出版

目次

Contents

第1章 「黒子のバスケ」脅迫事件

Chapter One

第2章 裁判で明らかになったこと

Chapter Tow

第3章

解説

Chapter Three

第1章
「黒子のバスケ」脅迫事件

脅迫に使われた毒入りの菓子

1 事件前夜

東日本大震災

これから事件前夜の状況についてお話しします。前夜と申しましても、最初の上智大学での事件の約1年半前、２０１１年3月11日のことです。

その日は勤務先のコンビニで夜勤の予定が入っていましたので、昼間は眠っていました。すると大きな揺れに襲われて目を覚ましました。しかし何をしていいのか分からなかったので、仕方なく布団にもぐり込んでじっとしていると揺れは収まりました。１９８５年に建てられた木造アパートに損壊箇所はありませんでした。周囲を確認し終えると、自分は再び布団にもぐり込みました。

自分が再び目を覚ますと午後9時になっていました。夜勤は午後11時からなので、そのまま起床することにしました。ネットでニュースを確認し、未曾有《みぞう》の天災の発生を知りました。落命した人の全てではないでしょうが、大多数にはその死を嘆き悲しんでくれる人がいるのだろうなと思いました。

自分は津波から「お前は海底に引きずり込む価値もない」と馬鹿にされているような気がしました。

住まいは東京都新宿区でしたから計画停電もなく、震災直後も2ちゃんねる三昧《ざんまい》の日々を送っていました。反米主義者の自分は「トモダチ作戦」というネーミングのあざとさと「ギブ　ミー　チョコレート！」の頃から変わらぬアメリカ人を前にした時の日本人の立ち居振る舞いにうんざりしていました。

端的に申し上げて、自分は何の役にも立っていませんでした。自分にできることなど何もありませんでした。セシウム混じりの薫風《くんぷう》が吹き始めた初夏の頃に、被災地の書店で多くの被災者たちに回し読みをされた一冊の『少年ジャンプ』があったとのニュースを見かけました。自分は、

「やっぱりジャンプ様にはかなわないな」

と思いました。

生活費稼ぎと学歴詐称

自分は最低限の生活費を稼ぐため以外に働くことはしませんでした。自分は生来《せいらい》救い難い愚鈍で、何をやっても人並みに務まりません。ですからどこで働いても必ず上司や同僚や後輩たちから見下《みくだ》され、いじめられました。自分にとって労働とは即ち苦痛でした。働く時間を減らせるように、とにかく切り詰めた生活をしていました。

風呂なしエアコンなしトイレ共同のアパートの家賃は3万7000円でした。光熱費は多い月で合計1万5000円くらいでした。この頃の月の生活費は6万円から多くても8万円でした。お金を使

わないことに慣れれば、これで特に不自由なく暮らすことができました。

コンビニの夜勤のアルバイトは一回の勤務で８５００円くらいになりました。月に10日くらい働けば生活は可能でした。ただ人手不足や病気がちの同僚の代理を引き受けたりで月に15日から20日くらいは働いていました。

自分は店長や同僚たちに「昼間は会社員をしている」と嘘をついていました。「どうしていい年をしてコンビニで夜勤をしているのか？」と同僚から訊《き》かれた時に咄嗟《とっさ》に出た嘘でした。このコンビニではわりと嫌なことが少なかったので、２００９年2月から２０１２年4月まで3年２カ月にわたって働きました。これは自分が同じ仕事を続けた期間としては最長でした。

自分は正社員になりたいと思ったり、なろうとしたことは一度もありません。自分には正社員など務まる能力はありませんし、もし正社員になったとしても嫌なことしかないと思っていました。

自分はアルバイトを転々としていました。どうしても我慢ができないくらい嫌な目に遭《あ》ったら、すぐに辞めていたからです。アルバイトの面接を受けても採用率が低かったこともあり、履歴書だけは何百枚と書いています。ありのままを書くとあまりにも酷《ひど》い履歴書になるので、自分は学歴を詐称していました。自分の最終学歴は高卒ですが、大学中退ということにしていました。卒業を詐称しなかったのは、やりすぎだと思ったからです。それにもし勤務先に卒業を詐称した大学の出身者がいて、あれこれ大学について訊かれたら答えられないとも思ったからです。ですから入学して3カ月で中退したという設定にしていました。もし大学について訊かれても「トータルで5回くらいしか行ってないから分からない」などとごまかせるようにするためでした。

自分は25歳の頃に一度だけ上智大学中退と詐称した履歴書を書いて某ドラッグストアのアルバイトの面接で提出したことがあります。面接で学歴については特に訊かれませんでした。自分は面接後に「とんでもなく畏《おそ》れ多いことをしてしまった」という後悔に駆られました。さらに不採用を確信していたのに採用されてしまいました。自分は上智大学中退という詐称のお陰で採用されてしまったと思い、採用の辞退を申し出ました。

自分はいろんな大学の中退を詐称しましたが、上智大学中退を詐称したのはこの時だけでした。自分はこの体験から、上智大学のことは意識して意識しないようにし始めました。

自分の高校卒業後の正確な経歴は「浪人→専門学校に通って卒業→引きこもり→再び専門学校に通ったが中退」です。これはあまりにも気持ち悪い経歴です。ですから大学中退後すぐに働き始めたと職歴も詐称していました。ただし正社員になったとは詐称しませんでした。また一カ所で長期間アルバイトを続けたという期間の詐称もしませんでした。これらもやりすぎだと思ったからです。ですから自分がアルバイトの面接に出す履歴書には、大学を中退後にアルバイトを転々としているという経歴が記されることになります。面接では、

「どうして大学を中退したのですか？」

「どうしてアルバイトを転々としているのですか？　正社員になろうとしたことはないのですか？」

と大概は訊かれました。自分は面接官に、

「マンガ家を目指してます（した）。大学を中退したのはアシスタントの仕事を始めたからです。アルバイトを転々としている（た）のも、アシスタントの仕事やマンガ関係の用事を優先させられる状

態を維持するためです（した）」

と答えていました。アルバイトの面接に限らず自分の来歴について訊かれた時は、このような答え方をしていました。これは完全に嘘でした。

実際に自分が本気でマンガ家やその類《たぐい》のクリエイターと呼ばれる職業を目指したことはありません。前述した通り、自分はいわゆるクリエイター養成系の専門学校に二度も行っています。行った理由は「苦痛が少なそうだから」です。決してクリエイターを目指していたのではありません。

最初の学校は途中から行かなくなりましたが、出席日数は足りていたので卒業はしています。卒業式にも出ず、確か7月頃に学校まで卒業証書を取りに行きました。二つ目の専門学校では、講師とトラブルになり学校側に自分が抗議をしたら「今すぐ出て行けっ！　お前は退学処分だっ！」と逆ギレ的に激昂《げっこう》した講師に怒鳴られたので、その日から行くのをやめました。それから半年後くらいに退学届を学校に郵送しました。

その手の専門学校に行っても誰しもがクリエイターやその周辺の仕事に就けることはありません。モノになるのは大体クラスで一人か二人というのが相場だと思います。自分がその一人や二人に該当しないことは初めから分かっていました。現にその一人や二人と自分は明らかにモノが違いました。自分はマンガ家など目指していなかったのに、そのような設定を作り、必要に応じて自称していました。

自分は人生において努力とは違う何かを必死になってやって来ました。そして自己実現のために努力している人よりも多くのエネルギーを使い、精神的に疲労困憊《こんぱい》していました。しかし自分が世の中からは「努力もせず自堕落《じだらく》な人生を送って来た怠《なま》け者」という評価を受けていることは分かっていました。努力しても夢が叶わなかった人を負け組と定義するなら、自分は負け組ですらありませんでした。負け組の下です。それでは社会に存在する資格はないと思いました。せめて負け組であれば社会の底辺で生きて行くことも許されると思い、経歴を詐称していました。

自分では嘘設定と分かっていたのですが、無意識裡に少しずつ本気にしていた部分もありました。自分はこうして底辺で生きて行くことをどうにか受け入れていたので、精神状態はわりと安定していました。

自殺念慮と「黒子のバスケ」

自分は1984年4月に小学校に入学し、無茶苦茶にいじめられました。両親に訴えましたが、基本的に放置されました。担任教師も同様でした。自分はいじめから逃れる術《すべ》はないと思い、そして「終わりにしたい」と常に願うようになりました。それ以来、頭から自殺念慮が消えたことはありません。

2010年の秋頃から自分の自殺念慮は急激に強くなり始めました。自分が抱えた虚しさにいよいよ耐えられなくなり始めたからです。嘘の設定が精神安定剤として効かなくなり始めていました。この虚しさは、例えば事件や事故や災害で息子を亡くした母親が「息子を亡くしてから何をしても面白いとも楽しいとも感じられない。とにかく虚しさばかりが募る」と語る時の虚しさと非常によく似ています。娯楽でやり過ごせる虚しさではありません。むしろ周囲が楽しんでいる中で孤立感を覚えてより悪化するタイプの虚しさです。

自分は震災からしばらくの間は、なぜか妙に元気がありました。それは２０１１年の夏のその日まで続きました。

夏のある日でした。何月何日かまでは覚えていません。何気なく2ちゃんねるのマンガ関係のスレッドを見ていて「藤巻って上智なんだってな」「へえ。頭いいな」というやり取りの書き込みを見つけました。

自分にとってそれまで「黒子のバスケ」はバスケマンガということで注目していましたが、ぶっちゃけどうでもいいマンガでしかありませんでした。なぜバスケマンガに注目したのかと申し上げますと、自分が同性愛者で特にバスケのユニフォーム姿の男性に強い性的興奮を覚えるからです。

自分が上智大学という名称を目にした瞬間に、心の奥底に押し込めていた劣等感がとめどもなくあふれ出て来ました。

自分はこの瞬間から「黒子のバスケ」とその作者氏を強く意識し始めました。またそれまで沈静化していた自殺念慮が、自分の頭の中で急膨張するのも感じました。

この出来事の数日後に自分は神奈川県川崎市川崎区へと向かいました。目的は自殺の場所探しです。自分は最期の瞬間に目にしたい光景がどういうものであるかを常日頃から考えていました。自分は京急小島新田駅で下車すると川崎港方面へと向かいました。自分は工場萌えと呼ばれる属性の人間です。化学工場や製鉄所やコンテナを見ていると、それだけでワクワクして来ます。自分は30歳を過ぎてから生まれて初めてマンガの設定作りの真似事《まねごと》をして遊び始めました。その舞台となる架空の都市のモデルは川崎の臨海地区の工業地帯でした。

川崎区浮島を歩いていて行き止まりにぶつかりました。関係者以外は立ち入り禁止と書かれた現在はほとんど稼働していない廃油処理施設の閉じた門扉《もんぴ》は、ところどころ白い塗装が剝《は》がれて赤茶けた錆《さび》が浮き上がっていました。右手は化学工場の敷地、左手は運河で対岸に製鉄所が見えました。どん詰まりとでも表現するのが実に相応《ふさわ》しい場所でした。真昼なのに静寂に包まれ、車の一台も通らない車道の真ん中に立った自分は「この風景の中に溶解して、人生を終わりにしたい」と思いました。

誕生日に知った「アニメ化決定」

２０１１年９月29日でした。なぜ日付けを断言できるのかと申しますと、この日は自分の34回目の誕生日という忌《い》まわしい日だったからです。起床していつものようにネットでニュースをチェックしたところ、神様から自分への誕生日プレゼントとしか思えないニュースを見つけました。それは『黒子のバスケ』アニメ化決定！　２０１２年４月より放送開始！」という朗報でした。

自分は堪《たま》らなくなって、４年以上かけて阿房宮《あぼうきゅう》の如く複雑怪奇に築き上げた架空都市の妄想設定のデータをパソコンから消去し、それらをプリントアウトして作った冊子を処分しました。自分でもどうしてこのようなことをしたのか説明ができません。

２０１１年11月。自分は16年ぶりに上智大学の敷地内に足を踏み入れました。物凄く緊張して心拍数が跳ね上がり膝も震えましたが、どうにか倒れずに済みました。キャンパスは学園祭に参加する学生たちであふれ返っていました。

自分はグラウンドでサッカー部の試合を観戦し、終了すると体育館に移動して男子バスケ部の試合を観戦しました。上智大の男子バスケ部員たちは皆が体中から美丈夫《びじょうふ》のオーラを発散し「オレはもう人生に勝った」と宣言せんばかりの顔つきをしていました。自分は男子バスケ部員たちの中に童貞は存在しないだろうと確信しました。

試合はいずれも上智大が勝ちました。対戦相手はイエズス会つながりで上智大と関係が深い韓国の大学でした。自分は帰宅するとサッカーの試合に出ていた韓国の大学のディフェンダーくんをレイプする妄想でオナニーをしました。自分はバスケのユニフォーム姿の男性だけでなく、サッカーのユニフォーム姿の男性も好きなのです。上智大のバスケ部員は畏《おそ》れ多くてとてもズリネタにはできませんでした。

2012年になりました。確か新年最初の日曜日だったと思います。近所のバスケのゴールが設置されている公園の前を通ると、バスケのユニフォーム姿の三人の男子高校生が遊んでいました。よく見ると「黒子のバスケ」の作中に登場するライバル校のモデルとなったとされる近所の私立高校の男子バスケ部員のようでした。部活の年始会の帰りでしょうか？　とても楽しそうにはしゃいでいました。自分は急いで自宅に帰ると三人を襲う妄想でオナニーに励みました。大の原発嫌いの自分はかわいい男子高校生の大腿骨にストロンチウムが蓄積しないようにと祈りながらイキました。バスケ少年の太腿は日本の宝です。

デイトレと幻聴と幻覚

2012年4月末日。自分はコンビニのアルバイトを辞めました。年明け頃から建設作業員の常連モンクレ客に何度も嫌な目に遭わされ続けたからです。

自分は苦痛からの逃走には必死になります。自分にとって何かをする動機はそれしかありません。さらに自分がよくシフトの代理を引き受けていた病気がちの同僚が前月に退職していましたので、自分がコンビニを辞めない理由は何もありませんでした。

5月からの自分の仕事は専業デイトレイダーでした。手元に置いておく最低限の生活費を除く全ての現金をＦＸ（外国為替証拠金取引）の口座に入れ、相場の動きを示すチャートを日がな一日ずっと睨《にら》みつける生活を始めました。また商品先物の口座も開設して、原油や天然ガスや金や銀や銅やコーヒーやカカオのチャートも睨みつけるようになりました。

ゴールデンウィークもデイトレをしていました。東京が休みでもロンドンやニューヨークの市場は動いているからです。自分がゴールデンウィークに自宅で引きこもっていたのは約20年ぶりでした。ゴールデンウィークはいつも有明ビッグサイト（や晴海国際見本市会場）で開催されている同人誌即売会に行っていました。２００７年から２０１１年にはスタッフとして同人誌即売会に参加していました。案内所で落とし物の預かりや喫煙場所の説明などをしていました。しかし２０１２年は参加を断りました。もし「黒子のバスケ」の同人誌が売られているのを見つけたら正気が保てないと思ったからです。自分の心の唯一の避難所であった同人誌の世界も地獄と化し始めていました。

自分は翌月に届いた「スタッフ登録更新の意向確認メール」に更新しない旨を返答してスタッフを辞めました。

梅雨時から夏にかけて自分のデイトレの口座の残金はジリジリと減り続けました。それと反比例するかのように「黒子のバスケ」の人気は上昇し始めました。

その日も自信を持って原油先物の買いポジションを取った途端に価格が急落してとてもイライラしていました。チャート画面を見てても腹が立つだけですので、行きつけのラーメン屋に行くことにしました。自宅を出てＪＲ新大久保駅の前を通ると「おい負け組の下」と聞こえました。自分を嘲《あざけ》ったのは駅舎でした。

新大久保駅は「黒子のバスケ」の聖地（作中に登場した場所のモデル）の一つでした。自分は駅舎からの嘲笑を無視して大久保通りを東に進み、十字路を左折して、明治通りを北にしばらく進みました。すると「やい底辺以下」と聞こえました。周囲を確認すると道路を挟んだ向かいに、自分が卒業した田舎の自意識過剰な進学校とは違う由緒正しき進学校の校門が見えました。自分を罵倒したのは校門でした。自分はさすがに耐えられなくなって、そのまま大急ぎで走って帰宅しました。

自宅に着いて麦茶を二杯飲んで気を静めてから、原油相場を確認しました。価格は戻り、自分が買った値段より高くなっていました。ただし自分が損切りラインとして決済予約を入れていた価格まで下落してからの急反発でした。芸術的な底値売りに成功し、またも口座の残金を減らしました。

自分は街から嘲笑と罵倒を頻繁《ひんぱん》に浴びるようになりました。悪いことに自分の住まいは「黒子のバスケ」の聖地に囲まれていました。と申し上げますより街全体が「黒子のバスケ」の作者氏を育《はぐく》んだ聖地でした。自分の住まいも地獄と化しました。

自分の住むボロアパートの契約更新日は10月15日でした。この調子でデイトレードで負け続ければ、約７万円の更新料を支払えなくなるのは確実でした。

自分が投機に手を出したのは、大金が欲しかったからでも贅沢《ぜいたく》がしたかったからでもありません。大金があれば気持ちの平穏を取り戻す方法を探せるかもしれないと思ったからです。同時にボロ負けして一文無しになって、人生を終わらせる踏ん切りをつけたいとも思っていました。

宣戦布告

自分は8月下旬に勝負に出ました。残金を商品先物の口座にかき集めて、白金先物で大きな売りポジションを取りました。「後は天に任せるしかない」と思った自分は、白金価格の下落を祈って取引画面を閉じました。

すると自分の右隣に「黒子のバスケ」の主人公の黒子テツヤが、左隣には副主人公の火神大我《かがみたいが》が立っていました。黒子は、

「お前は負け組じゃないよ。負け組ってのは努力したけど力が及ばず負けた人のことなんだよ」

と言いました。火神がそれを受けて、

「てめえは努力すらしてねーんだから負け組ですらねーよ」

と続けました。自分は言い返したかったのですが、上手《うま》く言葉が出て来ませんでした。黒子は、

「この街は努力したことがある人が住む街なんだよね」

と自分への軽蔑《けいべつ》を露《あら》わにした口調で言い、火神は、

「だからてめえが住んでいい街じゃねーんだよっ！　そもそもここは藤巻先生の縄張りだっ！」

と声を荒げました。自分が黙っていると黒子は、

「同人誌の世界もこれからは僕たちのものだからね。お前がいていい場所なんてどこにもないんだよ」

と続け、火神は、

「出てけっ！　この街からも同人誌の世界からも出てけっ！」

と自分を罵倒しました。そして二人で声を揃えて、

「お前（てめえ）は、この世から出てけっ！」

と自分に言い渡しました。

目を覚ますと汗で全身がびしょ濡れでした。自分はドクダミ茶を三杯飲んで喉《のど》の渇《かわ》きを癒《いや》すと、意を決して敢えて見ないようにしていた「黒子のバスケ」の同人誌の世界における人気の状況を調べました。そして来る２０１２年の冬のコミックマーケット（日本最大の同人誌即売会。以下コミケと記します）では、女性向けジャンルで人気トップになることは確実との結論を得ました。さらに2ちゃんねるの８０１板（ボーイズラブ系の話題を取り扱う板）にあった「黒子のバスケ」についてのスレッドの勢いの急加速も確認しました。

すると自分の携帯電話のメールの着信音が鳴りました。それは白金の売りポジションをロスカット（損失の拡大防止のための業者による強制決済）したという業者からの報告でした。自分は慌てて白金の相場を確認しました。自分が売りポジションを取った直後に白金の価格は急騰していました。経済ニュースは「南アフリカのプラチナ鉱山の労働者のストライキが流血の事態に発展。死傷者が多数発生した。市場にはプラチナの供給が減少するとの見通しが広まり買い注文が殺到。価格が急騰した」と事態を解説していました。自分はすぐに商品先物の口座から残金を全て引き出しました。自分は誰

もいない部屋で黒子と火神に向かって、

「この世から出てってやるよ！　でもただじゃ出てかねえからなっ！」

と宣戦を布告しました。

2 上智事件

事件の計画

事件の準備を始めたのは２０１２年9月上旬です。何日だったかまでは記憶にありません。

まず最初に「黒子のバスケ」の作者氏へ直接の危害を加えることを考えました。しかしすぐに断念しました。理由は作者氏の自宅や仕事場がどこにあるか調べる方法が全く分からなかったからです。それに自分の腕力のなさを考えますと、仮に刃物を持って作者氏に襲いかかったとしても、腕をねじ上げられて、取り押さえられて、警察に突き出されて終わりだと思いました。

次に関係先を攻撃できないかと考えました。最初に思いついたのは集英社でした。しかし警備体制が厳重である可能性が高く、実行可能性が乏しいと考え、断念しました。

そこで思いついたのが、作者氏の出身校である上智大学と戸山高校でした。学校なら他の施設と比べて警備も緩《ゆる》そうですから、犯行の難易度も下がると思いました。

そして何より作者氏が上智大学や戸山高校で楽しい学生生活を送り、思い出を大切にしていると推察されたので標的にする意味があると思いました。もし自分のように学校に嫌な思い出しかないのなら、高校の特徴的な校舎を作中の背景のモデルにしたり、大学で出会った親しい先輩の苗字を作中のキャラクターに使用したりしないはずだと思いました。

人間は自分自身への攻撃にはある程度の耐性が備わっているものです。しかし近しい周囲を攻撃されると精神的ダメージは大きいのです。「要求を呑まないのなら、お前の家族や友人や同僚や近所の住人に危害を加えるぞ！」という類の恫喝は普通の人間には効果絶大なのです。ただし自分のような人とのつながりが欠如した人間には、この手の脅しは全く効きません。

上智大学や戸山高校でやるのならターゲットは男子バスケ部しか考えられませんでした。バスケつながりということはもちろんです。ただ童貞の自分としては初体験という意識がどこかにありました。やはり初めての性交（＝犯罪＝殺傷）の相手はカッコいい男子バスケ部員がよかったのです。こうしてターゲットは決まりました。

次に具体的なアクションとして何ができるかを考えました。自分には硫化水素のばらまきしか思い浮かびませんでした。非力な自分でもやれそうな唯一の方法でした。これは実際にあった事件を参考にしています。何者かがドラッグストアのトイレに硫化水素を発生させて逃走したという事件です。警察は殺人未遂事件として捜査したはずです。この事件を聞いた時に自分は「なるほど。これが殺人の手段になるのか」と思い、印象に残っていました。

まずこの計画が先にありました。そこから「事件を利用して脅迫とかできないか？」と思いつきました。脅迫も交渉の一種です。交渉を有利に進めるには力の裏付けが必要です。力の裏付けのない脅迫状はチラシの裏の落書きと一緒で、無視されて終わりです。硫化水素ばらまきというゲバルトを背景に脅迫すれば威力は絶大だと考えました。

当時の自分にとって最もプライオリティが高かったのは「黒子のバスケ」の同人人気を潰《つぶ》したいということでした。「黒子のバスケ」の同人人気の急上昇が、自分の中で最後のトリガーを引いたからです。そこで自分は同人誌即売会の主催会社と開催する会場へ脅迫状を送ることにしました。自分は特に「黒子のバスケ」のオンリーイベント（参加ジャンルを限定した同人誌即売会）を潰したいと考えました。オンリーイベントが数多く開催されることは、そのジャンルの人気の証明だからです。

狙い目は会場だと考えました。イベントの主催者は脅迫によるイベントの中止などは全く考えません。主催者にとってイベントの中止は事業の死活問題だからです。しかし会場からすればイベントの中止もたくさんある仕事の一つがキャンセルになるに過ぎません。もし会場で事件が発生すれば、その会場が存在する限りダメージは残ります。リスク管理の観点からすれば、会場はイベント中止の判断に傾きやすいはずだと睨《にら》みました。この犯行は「危ないから『黒子のバスケ』には貸さない」という会場の対応を引き出すことの一点だけを狙っていました。

脅迫状の送付手段は郵送しか考えられませんでした。郵送は最も足がつきにくい脅迫方法です。自分は郵便局でアルバイトをしたことがあり、経験的にこのことを知っていました。

郵便物には必ず消印がつきますから、どの郵便局の管内のポストから投函されたかは分かります。しかし一局で担当するポストの数は多く、各ポストに監視カメラもついていません。ポストに投函された郵便物は袋の中に落ちる仕組みになっています。集配担当者はそれらを袋ごと回収して郵便局に持ち込みます。集配担当者が袋の中をいちいち確認することはありません。郵便局ではパート職員が郵便物の仕分けと消印の押印作業をします。限られた時間で大量の郵便物を処理しなければならないパート職員は忙殺されます。ですからどんな郵便物を取り扱ったかをパート職員はいちいち覚えていません。作業の進捗《しんちょく》状況によっては、本来は投函当日の消印がつくべき郵便物に翌日の消印がつくこともままあります。

よって郵便物だけからは、どこのポストにいつ投函されたのか特定するのは非常に困難なのです。このことは一般常識だと自分は思っていました。ですから事件後にツイッターなどで「どうして脅迫状という最も分かりやすい物証があるのに犯人が捕まらないんだ」という趣旨の意見が大量に見受けられた時には、仰天しつつ大爆笑しました。

戸山高校と上智大学の下見

自分は犯行の実現可能性を判断するために下見をすることにしました。この下見は精神的に拷問でした。

まず自分は戸山高校へと向かいました。現地に近づくと件《くだん》の幻聴に襲われました。建物も自動車も街路樹も自分を嘲《あざけ》りました。自宅と明治通り付近を異常な精神状態で歩き回ってよく事故に遭わなかったと思います。

下見の結果、自分は戸山高校での犯行は断念しました。戸山高校には敷地内に入れる校門が一カ所しかありませんでした。しかもそこを通って長く進んだ奥に校舎がありました。立地条件から侵入と逃走が困難と判断しました。

さらに男子バスケ部の練習日程が分かりませんでした。高校の運動部ですから毎日のように練習するのでしょう。しかし犯行日に男子バスケ部が体育館を使用しているとは限りません。自分は戸山高校と上智大学の両校で事件を起こすのなら同日に連続してやるしかないと考えました。いずれかの犯行後には当然ながら警戒が厳しくなり、再度の犯行が困難と予想されるからです。戸山高校の男子バスケ部の練習日程の確たる情報がない以上はそこでの犯行を断念するしかありませんでした。

次に自分は上智大学へと向かいました。この下見も精神的には完全に拷問でした。JR四ツ谷駅の改札口を出た瞬間から動悸《どうき》と目眩《めまい》に襲われ、膝は笑い出しました。目に映るもの全てが自分を嗤《わら》いました。

下見の結果、自分は上智でやるしかないと判断しました。上智には入口が複数箇所あり、道幅も広く侵入は容易そうでした。警備員もしっかりと張り詰めて見ている様子はありませんでしたし、学生たちも他人には我関せずという感じでした。

さらに男子バスケ部の正確な練習日程を知ることもできました。男子バスケ部には公式ホームページがあり、BBS（電子掲示板）に詳細な練習日程が書き込まれていました。男子バスケ部をピンポイントで狙えるからには、上智でやるしかないと自分は決意しました。

犯行を決意した自分はアパートの大家に賃貸契約を更新せず10月15日に退去する旨を伝えました。

次に家財道具の処分を始めました。退去後の行き先などは全く決めていませんでしたから、最低限の手荷物以外は全て処分することにしました。新宿区役所やリサイクル業者に連絡して粗大ゴミの手配を済ませました。

続いて所持していた本を全てブックオフ送りにしました。その中には自分が両親に隠れてこっそり買い集めた「聖闘士星矢」の単行本も含まれていました。自分としては「もう元の世界には戻れない」という意味合いを込めて処分しました。

また東京都中野区のまんだらけ本店に、所持していた同人誌を売却しに行きました。自分は２００４年頃からあるサークルの同人誌しか買っていませんでした。それはプロのＢＬマンガ家兼イラストレイターがこっそりとやっている個人サークルでした。ジャンルは特撮とジャンプ全般でした。その作家さんを知ったのは１９９７年頃でした。その作家さんが表紙イラストを担当した角川ルビー文庫（ＢＬ小説専門の文庫レーベル）の本を見たのがきっかけでした。実に綺麗《きれい》な男の絵を描く作家さんでした。その作家さんの同人誌を最後に買ったのが２０１１年の春でした。当時のジャンルはよく覚えていませんが、「黒子のバスケ」ではありませんでした。その作家さんはジャンプの流行《はや》り物にはすぐに飛びつく人でしたので、自分が事件を起こした頃には「黒子のバスケ」にはまっていた可能性はとても高いと思います。もしその作家さんの「黒子のバスケ」の同人誌を見つけていたら、自分は間違いなく発狂していたと思います。

他にもＢＬ系のパソコンゲームを新宿西口のソフマップで売却したりしました。

２０１２年中に自分は自殺する予定でしたので、これらはその身辺整理も兼ねていました。

喪服の死神

身辺整理の一環で衣類を整理しながら、犯行時に何を着用しようかと自分は悩んでいました。自分は顔が汚くて雰囲気も気持ち悪いので何を着ても似合いません。そこで喪服を着ることを思いつきました。喪服ならデザインが一緒なので、似合う似合わないなどないと思いました。

「喪服の死神」というフレーズは、この時に思い浮かべました。そして犯行声明に使用することにしました。ネット上でネーミングの痛さを笑われるだろうと思いましたが、むしろそれを狙っていました。世の中に「犯人は厨二病《ちゅうにびょう》センスのガキ」という印象を与えれば、犯人像の絞り込みを撹乱《かくらん》できると考えたからです。事件後に「『喪服の死神』と名乗るセンスが大笑いなんですけどｗｗｗｗ」という趣旨の意見をツイッターなどで多く見かけましたが、自分としては、してやったりという気持ちでした。

続いて事件に使用する物品を購入することにしました。変装用のカツラだけは事前にネットオークションで購入していました。物品を購入する際には、できるだけ喪服姿になろうと決めました。なぜそうしたのか自分でも今となってはよく分かりませんが、呪術的な意味合いがあったと思います。

この喪服姿がかなり異様でした。黒いスーツの上下にワイシャツに黒ネクタイまでは普通です。それに黒い長髪のカツラをかぶり、１００円ショップで買ったつばの大きい黒い帽子をかぶり、黒い革靴をはき、サングラスとマスクをして、白い手袋をはめているのです。監視カメラ用の顔バレ対策でしたが、実に異様でかえって悪目立ちしました。しかし当時の自分はこれがいいと思っていました。

物品はまず最初に硫化水素を発生させるための薬品を購入しました。2ちゃんねるの硫化水素自殺に関係するスレッドで、どの薬品をどれだけ使用すれば自殺できるかという情報を入手しました。それを参考にサンポール10リットル、リトポン2キロを犯行に使用することに決めました。サンポールは言わずと知れたトイレ用洗剤です。リトポンは絵の下地などに使用する白色の顔料です。

実際の硫化水素自殺にリトポンが使用された例は自分が知る限り存在しません。理論的には大量の硫化水素が発生しますが、実際には反応が鈍くて極少量の硫化水素しか発生しないからです。自殺によく使用されるのは硫黄《いおう》化合物を含む入浴剤や農薬です。これらをサンポールと混合すると一気に大量の硫化水素が発生します。自分としては恫喝ができればいいのですから、死傷者の発生は望んでいません。また反応が急激ですから混合中の自分すら危ないのです。よって自殺目的では使い物にならないリトポンを敢えて選びました。

サンポールはあちこちのドラッグストアで500ミリリットル入りもしくは1リットル入りのものを各店で一本ずつ購入しました。一度に大量購入すると足がつきやすいと思ったからです。サンポール購入時に喪服は着用しませんでした。訪ねる店の数が多かったからです。

リトポンは新宿の画材店で1キロ入りのものを2個、2回に分けて1個ずつ購入しました。

薬品を入れる容器は江東区のホームセンターで高さ50センチのプラスチック製のゴミ箱と防臭蓋を購入しました。

さらに「黒子のバスケ」の事件であることをアピールするために「黒子のバスケ」のグッズを容器に貼りつけることにしました。まずJR東京駅の地下街にあるジャンプショップを訪ねましたが、店舗面積が狭くて取り扱い商品がとても少なく、自分が想定した大きさや形の商品がありませんでした。女性店員から「東京ドームシティ店は広くて品揃えも豊富ですよ」と言われたので、そのまま水道橋の東京ドームシティにあるジャンプショップへと向かいました。そこでA3大のプラスチック製のポスター1枚とミニタオル2枚を購入しました。作者氏にロイヤリティが入ると思うと癪《しゃく》に障《さわ》りましたが仕方ありませんでした。

さらに千葉県内のドンキホーテのパーティグッズコーナーで変装用のカツラを追加で購入しました。逃走時用の着替えと変装用のサングラスは、都庁そばの公園で開催されていたフリーマーケットで購入しました。荷物を入れる手提げ袋は100円ショップで購入しました。

喪服姿で店に行って購入したものはリトポン、ゴミ箱、「黒子のバスケ」グッズ、カツラです。喪服着用と申しましても自宅を出る時からではありません。目的地そばの公衆トイレや公園で変装して用事を終えたら再び着替えていました。

2ちゃんねるでの犯行声明

犯行声明はやはり2ちゃんねるに出そうと決めていました。自分はITリテラシーが欠如した人間ですが、さすがに自宅のパソコンからやればすぐに足がつくことくらいは分かっていました。

2ちゃんねるに犯行声明を書き込んだためか、大手メディアは「犯人はパソコンの大先生」と安直に決めてかかったようでした。逮捕の約一カ月前に事件の解説役として2ちゃんねるに詳しいフリージャーナリストが電話出演しているラジオを聴きました。はっきり申し上げて、自分からすれば事件の解説役に相応《ふさわ》しい人物とは思えませんでした。実際の解説も事件の基本的な時系列の把握すら怪しい代物でした。繰り返しますが、自分はＩＴには疎《うと》いです。何しろ海外プロクシを利用したＩＰアドレス偽装法を当時は知らなかったくらいなのです。

自分は身元確認のないネットカフェから犯行声明を2ちゃんねるに書き込むつもりでした。もちろん顔がばれないように喪服姿で店を訪ねるつもりでした。ただネットカフェから2ちゃんねるへの書き込みはまず不可能です。荒らし対策の書き込み規制の対象ＩＰになっている可能性が高いからです。

そこで自分はＰ2を購入することにしました。これは2ちゃんねるに規制対象ＩＰからでも書き込める有料ブラウザです。自分はネットオークションで2ちゃんねるのサービスを購入するための仮想通貨であるモリタポを購入し、そのモリタポでＰ2を購入しました。モリタポ購入時には出品者が指定する銀行の口座に代金を振り込みました。その際に振込人の名義を「フジマキタダシ」にしました。自分でもなぜそうしたのかよく分かりません。

これらの手続きも全て身元確認のないネットカフェからやりました。もちろん喪服姿でネットカフェを訪ねていますし、銀行のＡＴＭコーナーにも怪しさ満点の姿で振り込みに行っています。当時の自分は実に大胆でした。

こうしてＰ2を購入し、さらにネットカフェからの2ちゃんねるへのテスト書き込みにも成功しました。

事件後に警察は自分が購入したモリタポのオークション出品者に事情聴取をしています。しかし何の手懸かりにもならなかったろうと思います。

この頃に世間を騒がしていたニュースは遠隔操作ウイルス事件でした。自分は、「遠隔はどのパソコンでやったか特定させせない事件。こっちはパソコンの前に誰が座っていたのかを特定させせない事件」

と呼んでいました。

犯行の下準備

まずコンビニで2リットル入りのペットボトルのミネラルウォーターを5本購入し、中身を捨てました。そして空になったペットボトルにサンポールを移し替えました。

リトポンはスーパーのレジ袋にまとめて入れました。

次に薬品を入れる容器の仕上げです。最初に自宅のパソコンとプリンターを使って「男子バスケットボール部の皆さんへ！　ちゃんと片付けて下さい」と書かれた貼り紙を作り、容器の正面にそれを貼りつけました。裏の正面には購入済みのA3ポスターを貼りつけました。容器の蓋の上にはミニタオル二枚を横に並べて同じように貼りつけました。蓋の内側には別に作った脅迫文を貼りつけました。サンポールで濡れて字が見えなくならないように3センチ幅のセロハンテープを脅迫文の全面を覆うように貼りつけました。その文章は、こうでした。

《こんなことをした理由は一つだけだ！

上智大OBの今をときめくマンガ家の藤巻忠俊が憎いからだ。俺は藤巻に全てを奪われた。本当は藤巻本人に復讐したかったが、残念ながら居場所が分からない。仕方ないのでこちらを標的にした。恨むのなら藤巻を恨め！

俺は別に逃げも隠れもしない。藤巻に聞けば犯人の俺が誰だかすぐに分かる。もし当人がしらばっくれても、高校・大学で藤巻の周囲にいた知り合いに聞いて回ればすぐに分かるはずだ。

少年ジャンプを発行している集英社も出身高校の戸山高校も黒バスにマ○コを濡らしている腐女子どももも覚悟しておけ！

喪服の死神　黒子を屠る》

作業中は指紋がつかないように手袋をし、唾《つば》が飛んでDNAを採取されないようにマスクをし、ゴミや毛が付着しないように新品のブルーシートを床に敷きました。完成した容器はデジカメで撮影しました。

脅迫状の作成にあたって、まずは送付先を決めました。送付先は戸山高校、「黒子のバスケ」オンリーの同人誌即売会のシャドートリックスター（以下STと記します）を主催するスタジオYOU、同様のオンリー即売会のダブルクラッチを主催する赤ブーブー通信社、即売会を開催する各地の会場、「黒子のバスケ」の同人誌アンソロジーを発行している出版社です。送付先の住所は全てネットカフェで調べました。もちろん喪服姿で行っています。ただし海外プロクシを通さず生IPで調べています。

同人誌アンソロジーを扱う出版社を送付先に選んだのは、自分が同人誌の世界を知ったのは「聖闘士星矢」の同人誌アンソロジーを読んだのがきっかけだったからです。アマゾンのホームページで「黒

子　アンソロジー」と入れて検索して出て来た出版社から5社くらいに送付しましたが、送付先をはっきりと覚えていません。同人誌アンソロジー業界最大手のふゅーじょんぷろだくとは警察に届け出たので事件直後から送付先として名前が出ていました。自分の逮捕後の警察の捜査で他にも2社の出版社への脅迫状の到着が確認されました。その2社は「脅迫状が届くのはよくあることだから」という理由で警察に届け出ていませんでした。

　脅迫状の文面は作者氏への強い恨みを匂わせる内容にしました。捜査が「怨恨による顔見知りの犯行」という線に向かうようにするためです。これには警察も完璧《かんぺき》に引っかかったようでした。

　脅迫状は自宅のパソコンとプリンターで作成しました。紙は自宅にあったＯＡ用紙を使用しました。２００７年頃に新宿のヨドバシカメラで購入したものです。封筒は自宅近くの１００円ショップでピンクのカラー封筒を、切手は自宅近くの特定郵便局で80円切手を購入しました。

　封筒には脅迫状と上智大学で使用する容器を撮影した画像をプリントアウトしたものを同封しました。画像のプリントアウトを同封したのは「自分は上智での事件の犯人だ！　便乗犯ではない！」とアピールするためです。また上智での使用分とは別に保存しておいたリトポンをスプーン一杯くらい封筒に入れました。これはアメリカで発生した炭疽菌《たんそきん》テロをイメージしたものです。開封して白い粉が舞ったら、かなりの恐怖ではないかと思いました。

　アパートの退去期限は10月15日でした。上智大学の男子バスケ部の公式ホームページのＢＢＳを確認すると、毎週金曜日の夕方に男子バスケ部が体育館を全面使用していると判明しました。自分は他の部を巻き込みたくなかったので犯行は金曜日の夕方にやるしかないと思いました。10月15日の直近の金曜日は12日でした。こうして犯行日は10月12日の夕方に決まりました。

四ツ谷駅での職務質問

10月8日に自分は四ツ谷駅のコインロッカーにサンポールを預けに行きました。事件当日に大量の荷物を運ぶよりは、事前にロッカーに預けておいた方が効率がいいと思ったからです。

１００円ショップで買ったビニール製のタータンチェック柄の手提げ袋に2リットルのペットボトル5本に入ったサンポール10リットルを入れて、一緒に着替えも持って家を出ました。

四ツ谷駅に着いて改札口を出ると三栄通りを新宿方向にしばらく進んだ先にある公園の公衆トイレに入りました。そして喪服姿に着替え、四ツ谷駅のロータリーに行ってコインロッカーにサンポールを手提げ袋ごと預け、再び公園の公衆トイレに戻って自宅を出た時の服装に着替え、そのまま徒歩で帰宅しました。

その2日後の10月10日に自分は容器と着替えを持って再び四ツ谷駅に向かいました。あらかじめ容器にサンポールを入れておいて当日の手間を少しでも減らそうと思ったからです。容器は１００円ショップで買った黒の手提げ袋に入れました。自宅を出て徒歩で三栄通りに向かい、10月8日と同じくトイレで喪服姿に着替えました。そして四ツ谷駅まで行き、預けておいたサンポールの入った手提げ袋を取り出しました。

自分は二つの手提げ袋を抱えて駅の公衆トイレの大便用の個室に入りました。そして容器の中にサンポールを全て注ぎ込みました。その際にサンポールが跳《は》ねて口の中に入りました。サンポールは酸ですからすっぱかったです。

注ぎ込み終わって蓋を閉め、容器を黒の手提げ袋に入れました。また空になったペットボトルは残ったタータンチェック柄の手提げ袋に入れました。サンポール入りの容器を再びロッカーに預けるためにトイレを出ようとすると、洗面所の鏡に若い制服警官が映っていました。どうもトイレの入り口の脇に立っているようでした。自分は、

「まずい！　終わった！」

と思いました。きっと怪しさ全開の自分を見た駅員が通報したのでしょう。

「これだから駅は嫌だ」

とも思いました。

対処の方針も決まらないまま仕方なくトイレを出ると、やはり警官は自分に声をかけて来ました。優しい口調で横柄《おうへい》な感じは全くありませんでした。警官の年齢は20代半ばくらい、身長は175センチくらいに見えました。ここは何とかシラを切り通してやり過ごすしかないと判断した自分は職務質問に応じることにしました。自分はまず、

「怪しさ満点の格好ですみません。目と喉《のど》に障害があってサングラスとマスクが手放せないんですよ」

と言って先手を打って頭を下げました。警官も人間ですから職務質問の時には緊張している可能性が高いです。最初に下手に出て印象をよくしておけば、その後の交渉もしやすいとの計算を咄嗟《とっさ》に働かせての行動でした。自分に釣られたのか警官も「申し訳ありませんが、ご協力をお願いします」と言って頭を下げました。

警官は身分証明の提示を求めて来ました。自分は身分証明を持っていない旨を伝えました。身分証類はわざと自宅に置いて出て来ていました。もし持っているのに嘘をついてばれたら面倒なことになりますが、本当に持っていなければそれ以上は追及のされようがありません。すると警官は住所と氏名と生年月日を尋ねて来ました。自分は咄嗟《とっさ》にデタラメを答えました。

このやり取りをトイレの入り口付近でやっていたら「お前ら邪魔だっ！　よそでやれっ！」とトイレに入ろうとした中年男性から怒鳴られました。警官は男性に陳謝すると、自分の手を引いて広い場所に移動しました。

警官は自分の職業を尋ねて来ました。自分は、

「イベント関係の仕事をしています。明日にこの近くで仕事があるので、その道具をコインロッカーに預けようとしていました」

「葬儀関係の仕事もしていますから、こんな格好なんです。これから松戸に葬儀の仕事で行きます」

などと適当に思いつきを答えました。自分は容器の中のサンポールや脅迫文を見られたら終わりだと思いました。そこで手提げ袋の口を広げて容器の蓋の部分を見せ、

「これはイベントで使うびっくり箱のようなものです。蓋を開けると閉めるのにとても時間がかかりますので蓋を開けるのは勘弁して下さい」

とデタラメを言いました。すると警官はそれ以上の詮索《せんさく》をしては来ませんでした。警官は自分にサングラスとマスクを外した顔を見せるように要求して来ました。自分は素直に従いました。すると警官は納得したのか「結構です。ご協力ありがとうございました」と言いました。

職務質問は終了し、警官は立ち去りました。自分はすぐにでもその場から走って逃げ去りたい気分でしたが、グッと堪《こら》えてゆっくりとコインロッカーまで歩き、サンポール入りの容器を預けました。そして三栄通りの公園へ着替えに向かいました。しかし公園の大便用の個室は誰かが入ったきりなかなか出て来そうになかったので、自分は少し先の路上で強引に着替えてしまいました。そしてそのまま徒歩で帰宅しました。

監視カメラの画像分析で、警察は自分がこの付近で動き回っていたことを事件後の早い段階で突き止めていました。ただ自分が着替えてからの足取りは追跡できていなかったようです。

全くの偶然ですが、この公園は自分が後に犯行声明を送付する月刊誌『創《つくる》』を発行する創出版のすぐ近くでした。『創』編集部に声明が送られた後、警察は犯人が訪ねて来る可能性を考えて、創出版が入ったビルの前に張り込みの捜査員を配置したとのことでした。また事件直後には「犯人は四ツ谷駅をよく利用する人間」とも推理して四ツ谷駅にも張り込みの捜査員を配置したとのことでした。自分は上智事件後には、四ツ谷界隈《かいわい》には全く近寄りませんでしたので、これらの張り込みは結果として空振りに終わりました。

犯行声明

翌日の10月11日に自分はＪＲ舞浜駅まで行ってコインロッカーに着替えを預けました。舞浜は想定していた逃走ルートの通過地点でした。その日はそれで帰宅し、自宅でおとなしくしていました。いよいよ決行日となりました。自分はＵＳＢメモリーと着替えを持って午前11時頃に自宅を出ました。徒歩で地下鉄東西線高田馬場駅まで行き、そこから浦安駅へと向かいました。そして駅から東に向かってしばらく歩いた場所にある公園のトイレで喪服姿に着替え、目的のネットカフェに向かいました。店は雑居ビルの三階にありました。いつも階段を使っていた自分は、この日に限りなぜかエレベーターに乗って三階に上がりました。店に入るとフロントには男性店員がだるそうに店番をしていました。自分は犯行声明の書き込みを終えたらすぐに店を出る予定でしたので、通常料金で個室ブースに入りました。ドリンクバーでコーラとオレンジジュースを混ぜた飲み物を作り、飲み干してから作業を始めました。

パソコンを起動して持ち込んだUSBメモリーを差し込むと、自分はまず画像のアップロード作業を開始しました。会員登録が必要ない無料アップロードサイトに用意しておいた容器の画像を貼りつけました。

次にP2にログインして2ちゃんねるにアクセスしました。まずテスト専用のスレッドにアップロードした画像のURLをコピペして書き込み、画像が見れるかどうか確認したところ見ることができました。次に自分は大学生活板の上智大学について扱うスレッドにアクセスしました。上智大学で事件を起こすのですから上智スレに書き込むのがいいかと思いました。まずUSBメモリーから投稿フォームに犯行声明をコピペしました。この文章は上智に置く容器の蓋の内側に貼った脅迫文と全く同じ文面でした。次にアップロードした画像のURLをコピペしました。そして書き込みました。

無事に書き込まれましたが、特に感慨はありませんでした。しかし人生で初めて警察に捕まるような真似をしたので、この瞬間にでも警察が自分を逮捕しに来るのではないかと思い、とても緊張はしていました。他にも幾つかのスレッドに画像のURLだけを貼りましたが、具体的にどのスレッドに貼ったのかはよく覚えていません。自分は店を出ると再び着替えた公園まで行き、公衆トイレで自宅を出た時の服装に戻りました。自分が挙動不審だったからか、公園にいた赤ちゃん連れの小太りの若い女性から「何だコイツ?」とでも言いたげな目つきで見られました。自分はそのまま帰宅しました。

警察は画像アップロードサイトのアクセスログから、すぐに自分が書き込んだネットカフェを特定していました。事件から4日後の10月16日に店員から事情聴取をしています。そして店員から、

・年齢は20代後半から30代
・身長は170センチくらい
・髪の毛はカールしていてカツラのように見えた
・顔はサングラスとマスクをしていたのでよく分からない
・声は相手が頷《うなず》くくらいで会話をしていないから分からない
・雰囲気からして男だと思う

という自分についての証言を得ています。また監視カメラを分析して自分が男子トイレを利用していたことも確認しています。この時点で犯人は男である可能性が高いと認識していたはずです。2ちゃんねるが「7日間ルール」を根拠に書き込みログの警察への提供を拒んだ件は、捜査への影響は実質的にほとんどありませんでした。ただ刑事は2ちゃんねるの非協力的な態度にとても憤慨していて、「あの削ジェンヌってのは何なんだ!」と文句を言っていました。

上智大学突入

午後2時30分頃に自宅に戻りました。これから上智大学に硫化水素をばらまくという一世一代の大仕事が待っていましたが、特に思うところはなくボーっとしていました。男子バスケ部の練習は午後6時から始まる予定でしたから、開始から午後7時くらいまでに決行しようと思っていました。

午後4時30分に自分はリトポン、脅迫状、着替えを持って自宅を出ました。すると見覚えのある中年男性から声をかけられました。よく見ると顔見知りの八百屋の店主でした。自分は軽く会釈すると急いで立ち去りました。自分は「いきなり目撃者か。幸先《さいさき》が悪いなぁ」と思いました。

自分は徒歩で大久保通り、明治通り、靖国通り、新宿通りなどを通って着替えの場所にしようと決めていた四ツ谷駅近くの外濠《そとぼり》公園に向かいました。途中で喪服用の黒ネクタイを忘れていたことに気がつき、新宿六丁目の交差点付近にあるダイソーに立ち寄って黒ネクタイを買いました。

外濠公園に着き、テニスコートの近くにあったトイレで喪服姿に着替えました。そして自宅から履いて来た使い古したスニーカーをゴミ箱に捨て、その他の荷物を買ったピンクの手提げ袋に入れて、上智大学へと向かいました。

新宿通りに面した上智大学の正門には大勢の学生がいて、警備員も立っていました。モタモタしていたらかえって怪しまれると思い、自分は早歩きで門を通りました。警備員に止められることもなくキャンパスに入れました。この時点で恐らく午後5時30分だったと思います。

自分はそのまま真っすぐに進み、体育館を通り過ぎた右側の人気《ひとけ》のない場所にある植え込みに持っていた手提げ袋を置きました。しばらく様子を窺《うかが》っていると体育館から丈《たけ》の短いアシックスのエンジのパンツに膝当てをした男子学生が出て来ました。服装と雰囲気から男子バレー部員と分かりました。少しパーマとブリーチがかかったセミロングの髪型で、足が長くて顔と太腿も綺麗《きれい》でした。

運動部の部員たちが体育館から離れた別棟で着替えることを自分は以前の下見で知っていました。自分は歩いて別棟へと向かう男子バレー部員の後をつけました。後輩部員らしき男子学生と親しげに話をしていて、少し高めの声が聞こえて来ました。自分は「この期《ご》に及んで男の太腿を追っかけているなんて完全に人間失格だな」と思いつつ、男子バレー部員が別棟に入るのを見届けました。

自分が体育館の入り口まで戻って様子を窺っていると、グレーのノースリーブシャツに黒のハーフパンツ姿のとても体格がいい美丈夫タイプの男子学生が体育館に入って行くのが見えました。足に包帯を巻いていて、松葉杖を突きながら歩いていました。オーラから間違いなく男子バスケ部員だと分かりました。

後に取り調べで自分がこの目撃談を供述したところ、警察は事件当時に足をケガしていた男子バスケ部員が存在していたかどうかの確認を取りました。そしてマネージャーより、実際にそういう部員がいたとの回答を得ました。

しばらくするとボールをドリブルする時の「だむだむ」という独特の音が体育館から響いて来ました。自分はこの音を聞くとムラムラして来るくらいの病膏肓《やまいこうこう》に入《い》るバスケフェチですので、欲情しつつ、いよいよ時が来たと思いました。

自分は植え込みに置いた手提げ袋から脅迫状の束を取り出すと、正門から外へ出てすぐ目の前にあるポストに脅迫状を投函しました。仮に投函したポストを特定されても犯行直前に犯行現場直近ですから、警察に新たな手懸《てが》かりを与えずに済むと考えて、このタイミングと場所を選びました。

次に自分は四ツ谷駅のコインロッカーに向かい、2日前に預けていた硫化水素入りの容器を手提げ袋ごと取り出しました。そしてそれを両手で抱えて再び正門を通って荷物を置いてある植え込みまで戻りました。自分は周囲を窺いながら容器を手提げ袋から出して蓋を外して中を確認しました。サンポールは容器の半分より少し低いくらいの高さまで入っていました。自分はリトポンが入った袋を取り出し、白い粉末を一気に投入しました。するとサンポールが跳《は》ねて服や荷物や周囲の植木や地面にかかってしまいました。臭いが周囲に広がってばれるのではないかと思い、心臓が止まりそうになりました。リトポンの投入を終わると、かき回したりせずにすぐに蓋をして、留め金でしっかりと固定しました。そして容器を抱えて体育館へと向かいました。

体育館の入り口はテーブルや椅子が並んでいて学生たちの憩いの場という雰囲気でした。様子を窺うと、見るからに人生を順調に歩んでいそうな学生たちが談笑していましたが、人数は少なく警備員もいませんでした。自分は覚悟を決めて体育館に突入しました。その際に女子学生とぶつかりそうになりました。女子学生は自分を「この気持ち悪い生き物は何？」とでも言いたそうな目つきで見ていました。

体育館に入ると一階には誰もいませんでした。左側にある階段を上ると、誰もいない5メートル四方のフロアに着きました。右手にはバスケットシューズや荷物が並んだ下駄箱があり、左手の閉まっているコートへの入り口の扉の奥から「だむだむ」という音が聞こえて来ました。

自分は下駄箱の前に「男子バスケットボール部の皆さんへ　ちゃんと片付けて下さい」という貼り紙が見えやすい方向に容器を置くと大急ぎで植え込みまで戻り、荷物を乱暴につかんで脱兎《だっと》の如く逃げ出しました。東門から外に出て着替え場所に決めていたホテルニューオータニの近くの清水谷公園に全速力で向かう途中、ビルの谷間の細い坂道を駆け下りながら、

「まさにエリート様のための立地じゃねーか！　こんな場所にある大学に入れただけでも人生の９割は勝ったようなもんじゃねーか！」

などと毒突《どくづ》いていました。

公園に逃げ込んだのは午後7時頃だと思います。トイレで着替えましたが焦りからか手が動かず、ワイシャツのボタンすらスムーズに外せませんでした。自分は、

「この肝心な時に何やってんだっ！　バカヤローっ！」

と自分を罵倒しました。

自分は喪服からグレーのジャージとナイロンのカーゴパンツという服装に着替えました。それに茶髪のカツラをかぶり、紫のニット帽をかぶり、サングラスとマスクをし、スニーカーを履《は》き、手袋をしました。これらの衣類は全て第二の変装用として準備していたものです。そして荷物を整理し、跳《と》び散ったサンポールが付着して臭う可能性がある手提げ袋の何枚かを公園の植え込みに投げ捨てました。これらは初動捜査の規模が小さかったこともあり、警察に遺留品として回収されませんでした。

自分は公園を出ると国会議員の宿舎の前を通って地下鉄有楽町線永田町駅に行き、そこから新木場駅に向かい、新木場駅からＪＲ京葉線に乗り換えて舞浜駅で降りました。そして前日に着替えを預け

ておいたコインロッカーへと向かいました。ところが財布に入れておいたはずのロッカーの鍵がなくなっていました。仕方なく舞浜での着替えは断念しました。また荷物の量が多かったので、上智大学での犯行時に着用した喪服やカツラなどをロッカーに預けました。もちろん引き取りに来る気など初めからなくて、完全に遺棄《いき》を意図したものでした。

自分は舞浜駅から東京ディズニーランドのバス乗り場へと向かい、JR横浜駅前行きのシャトルバスに乗りました。発車まで15分くらい待ちました。警察が追って来るのではないかと思えて途轍《とてつ》もなく長く感じられました。

横浜行きのバスに乗ったのは捜査の攪乱《かくらん》目的でした。東京から千葉、そして神奈川と都県を跨《また》ぐルートにすれば警察の管轄も違いますから、自分の行方を追う難易度も高くなると思ったからです。警察も自分の足取りを追うことができなかったと刑事から聞きました。自分は取り調べで舞浜駅のコインロッカーに喪服などを預けて放置したことを自供しましたが、警察はそれから慌てて舞浜駅に照会したと聞きました。警察は自分が逃走中に舞浜駅に立ち寄ったことを把握できていませんでした。「上智大学周辺の防犯カメラの映像が逮捕の決め手になった」との一部報道がありましたが、これは完全にデタラメです。サングラスとマスクで顔を隠していたこともあり、上智大学周辺の監視カメラは自分の逮捕に全く役に立っていません。

横浜駅東口のバスターミナルに着くと、自分は地下街へと向かいました。そこで見つけたトイレに入り、持ってきていた紺のTシャツとカーキのチノパンに着替えました。カツラやサングラスやマスクも外しました。そして横浜駅から帰宅しようと東海道線に乗りましたが、発車直後に事故でもあったのか線路上で停車してしまいました。結局30分くらい遅延しました。これには本当にイライラしたのを覚えています。品川駅で山手線に乗り換えて高田馬場駅で降り、戸山口から徒歩で帰宅しました。

自宅に着くと午後11時を回っていました。ツイッターで「上智大学」で検索してみると、現役の男子バスケ部員のアカウントを発見しました。事件についてツイートしていて、そこから自分の企みの成功と死傷者が発生していないことを確認できました。自分は、

「やったぞーっ!」

と叫ぶと万年床の布団に倒れ込みました。

聖地からの逃走

目を覚ますと午前6時58分でした。ボーっとしていると午前7時にセットしておいた目覚まし時計が音を立てました。自分は布団からいざり出るとゴミ袋に事件に使用した物品を全て押し込みました。カツラ、ニット帽、ジャージ、ズボン、靴、手提げ袋、舞浜駅のロッカーの鍵、USBメモリーなどです。証拠品がたっぷり詰まったゴミ袋をまずゴミ捨て場に出しました。

次に自分は押し入れからお宝を取り出しました。それは5年くらいかけてネットオークションで買い集めたバスパン(バスケットパンツ)でした。ほとんどがアシックス製のメンズで500枚くらいありました。色もデザインも丈の長さも様々でした。インターハイ常連の高校やインカレ常連の大学の男子バスケ部の選手使用品もありました。

量が多くて持って行けないので、これらを処分することにしました。自分はこれらを一度も履きま

せんでした。口を吻《つ》けたり、脳内のバスケ少年に履かせたりして、ズリネタとして使用していました。バスパンがずらりと並んだ様子を撮れれば、マスコミ的には犯人の異常性を強調できるインパクトのある美味《おい》しい絵になったと思います。自分は比喩でなく滂沱《ぼうだ》たる涙を流しながらバスパン一枚一枚に、

「ありがとう。さようなら」

と声をかけつつ、それらをゴミ袋に詰めました。そして涙をぬぐってゴミ捨て場に出しました。

その日は何をすることもなく、ぼんやりとネットを見て過ごしました。NHKのサイトを見ると、事件がニュースになっていました。アナウンサーは「警察は悪質ないたずらとみて捜査しています」という言葉で締めました。自分は、

「とうとう一線を越えて犯罪者になったんだ」

と自覚しました。同時に最終目標は未決定ながらも、

「最後までやり遂げないといけない」

と思いつつ、

「いつどこで死のうか」

とも思っていました。ぼんやりとしたイメージでしたが、遅くとも2012年の内には自殺しようと考えていました。

2日後にはアパートを退去して宿なしになることが決まっていました。行先は存在しませんでしたが、東京からは離れたいと思っていました。何となく夜行バスの料金比較サイトを見てみると、新宿発大阪行きの夜行バスのチケットが2000円の捨て値で売られていました。自分はこれを見て大阪

行きを思い立ちました。

中学の修学旅行で京都と奈良に行ったことがあるくらいで、自分は関西に全く縁がありませんでした。親族も関西には誰もいませんし、大阪に至っては立ち寄ったことすらもない未踏《みとう》の地でした。

大阪という地名から自分はすぐあいりん地区のことを思い浮かべました。あいりん地区について調べるとドヤ街は健在で、一泊1000円程度で泊まれる簡易宿泊所もたくさん営業しているようでした。自分にはあいりん地区が自分のみじめな人生の最期を迎えるのにとても相応《ふさわ》しい場所のように思えました。自分は大阪行きを決め、すぐにバスのチケットを購入しました。

2012年10月15日。いよいよ6年暮らした新宿から追われることになりました。昼間は引っ越しのための諸手続きに忙殺され、終わったのは夕方でした。午後6時頃には大家がわざわざお別れの挨拶に来てくれました。家賃の支払いの遅れもあらかじめ断っておけば許してくれた実にいい大家でした。自分の退去後にアパートは取り壊され、現在は駐車場になっていると検事から教えられました。

午後9時に最低限の荷物を持ってアパートを出ました。小滝橋通りを徒歩で新宿駅方面に向かい、都庁近くの夜行バスの発着場所から午後10時30分発の大阪行きの夜行バスに乗りました。

手荷物は500ミリリットルのペットボトルに移し替えたサンポールと硫黄化合物を含む入浴剤に多少の着替えと雑品でした。サンポールと入浴剤はもちろん自殺用でした。所持金は8万円くらいで、この時点での全財産でした。全て使い切ったら死のうと考えていました。

バスの中で自分は事件の下準備のために四ツ谷駅に行った10月8日から、自分が建物や自動車や街路樹から罵倒される幻聴を聞かなくなっていたことに気がつきました。上智大学での犯行時も想像よりずっと緊張しなかったことも思い出しました。

バスは横浜駅前で停車し、そこからの乗客を拾ってから10分後くらいに消灯しました。四列シートのバスは狭くてなかなか眠れませんでしたが、いつの間にか眠っていました。

3

大阪脅迫生活

初めてのドヤ

夜行バスは午前7時頃に大阪府大阪市のＪＲ天王寺駅前に着きました。すぐそばに天王寺動物園がありました。大阪に着いたものの自分は何をすればいいのか分からず、ベンチに座ってボーッとしていました。

周囲を見回すとあちらこちらでホームレスと思《おぼ》しき高齢男性がダンボールを敷いて寝ていました。自分も少しだけ路上生活の経験がありますが、アスファルトの上で寝るのは拷問です。アスファルトの無機質な冷たさは体にとても応《こた》えます。ホームレスを見ていて「とにかく宿を探さなければ」という思いに駆られた自分は、あいりん地区に向かうことにしました。

30分くらい歩き、あいりん地区に着いたのは午前11時頃でした。大きな荷物を抱えていたからか「契約どう？　契約」と手配師から声をかけられました。「契約」とは10日間ほど飯場に泊まり込んで建設作業などの仕事をする日雇い労働の一種です。さらに派手な色のスーツにサングラス、茶髪のオールバックという若いヤクザから「生活保護とか欲しくない？」と声をかけられました。自分は「要りません」と即答しました。

訪ねたのがお昼時でしたのでフロントが閉まっている簡易宿泊所が多かったのですが、どうにか開いている宿を見つけました。一泊１０００円でした。自分は1万５０００円を支払って15日間の宿を確保しました。部屋は三畳一間でしたがテレビつきで、大きな窓もあって日も差し込むので雰囲気は悪くありませんでした。クタクタでしたので、まずは寝ることにしました。

翌日にあいりん地区一帯を歩き回りました。自分の感覚がおかしいのかもしれませんが、自分はあいりん地区が異常な街とはあまり感じませんでした。あいりん地区は大阪市西成区のイメージですが、大阪市浪速区との境界にあります。大阪のオタク街である日本橋や、通天閣で有名な新世界商店街もすぐ近くにあります。

自分は宿から徒歩10分ほどの場所に一軒のネットカフェを見つけました。価格がとても安く、身元確認もなく、トイレには場所柄か「便器に注射針を捨てないで下さい」というナイスな注意書きが貼ってありました。

自分は店に入ると事件の情報収集を始めました。自分が思っていたよりは騒ぎになっていませんでした。総じて「ただのイタズラだ」「2ちゃんねるに書き込んでいるからすぐ捕まるだろう」という反応でした。自分としては命賭けで起こした事件でしたのに、世の中には軽く見られているようでした。自分はもっと騒ぎを大きくしなければと考え、追加で脅迫状を送ることにしました。ちなみに、事件当初から逮捕まで2ちゃんねるの事件を扱うスレなどに、自分が自作自演的に書き込んだことは一度もありません。

大阪初脅迫

まずは送付先の選定です。「黒子のバスケ」のアニメを制作したプロダクションIG、アニメを放送したテレビ局や関連番組を放送中のラジオ局、コミケを主催するコミケ準備会と会場の有明ビッグサイト、大阪でのSTの会場であるインテックス大阪の周辺施設、個人主催の「黒子のバスケ」のオンリーの同人誌即売会やコスプレイベントの会場、「黒子のバスケ」とのコラボイベントに関係するナムコナンジャタウン、「黒子のバスケ」関連商品の大規模な売り場展開企画を予定していたナムコ日本橋店、アニメイト、タワーレコード、カラオケの鉄人、「黒子のバスケ」の作中のライバル校のモデルとなった高校など、合計で26カ所を送付先として選定しました。

次に脅迫状の作成です。パソコンは来阪前に処分してしまっていましたから、ネットカフェで作成しました。自分が利用したネットカフェのプリンター利用システムは独特でした。プリンターはコンビニのコピー機のような立派なものがあり、セルフでの利用が可能でした。しかし料金支払いの際にフロントの店員にプリントアウトを見せなければいけませんでした。カラーとモノクロで値段が違うからです。店員はプリントアウトの色と枚数さえ確認できればいいのですから、見せるのは一瞬でいいのですが、それでも店員に見せなければなりません。

そこで店員が脅迫状の内容をチラ見では把握できないように、とても小さいフォントを使用することにしました。それを原本にしてコンビニで拡大コピーしたものを脅迫状として送付することにしました。同じ手口で送付先の住所も作成し、脅迫状の封筒に宛先として貼りつけました。

脅迫状だけでは弱いと思った自分は、何か凶器を連想させるものを同封しようと考えました。上智事件の際に送付した脅迫状に同封したリトポンは既に使い切っていました。費用をかけられない状況下で思いついたのがライターでした。あいりん地区近くの100円ショップで一袋3個入り100円の廉価品を見つけたからです。またその隣にライターオイルが売られているのを見て、一緒に送ればより効果的だとも考えました。そこで100円ショップの台所用品コーナーに売られていたしょう油やドレッシングや鰻《うなぎ》のタレを入れるミニボトルにライターオイルを入れたものを一緒に送ることにしました。ライターやミニボトルはこれも100円ショップで買った緩衝剤《かんしょうざい》で包みました。そのまま裸で封筒に入れて送付したら、ライターの破損やミニボトルからのライターオイル漏れが起こると思ったからです。

緩衝剤による包装のため封筒がとても厚くなりました。定形の封筒を使用していても厚さが規定を超えれば定形外郵便物の扱いになります。自分は料金不足による未着だけはどうしても避けたかったので、定形外郵便を想定して140円分の切手を貼ることにしました。切手は一カ所でまとめ買いせずに、あいりん地区周辺の特定郵便局やタバコ屋で分けて購入しました。また種類も流通量が多い80円や50円や10円の切手を購入し、それらを組み合わせて140円にしました。

ツイッターの黒バスクラスタ(「黒子のバスケ」のキャラクターをアイコンにしている「黒子のバスケ」ファンのツイッターアカウント)の「封筒は80円なのに無駄に大量に切手を貼ってあって、犯人は郵便料金すら知らないバカなのね」という趣旨のツイートを見ましたが、郵便のルールを知らないのはこの黒バスクラスタの方です。

「アイアンシェフ」の日

10月26日の午前7時に脅迫状の投函のために簡易宿泊所を出発しました。宿を出てすぐ隣の敷地で上は緑、下は黄のいずれも蛍光色のヤッケを着用しました。これらはあいりん地区にある日雇い労働者御用達の作業着店の見切り品を購入しました。他にもニット帽、サングラス、マスク、手袋などを着用しました。

変装を完了すると自分は大阪市営地下鉄花園町駅へと行き、そこからインテックス大阪に最寄りの中ふ頭駅へと向かいました。中ふ頭駅には30分ほどで着きました。自分は改札口を出てインテックス大阪方面に進みながらポストを探しました。するとインテックス大阪の敷地内にポストが見えました。周囲にはガードマンどころか人の姿は全くありませんでした。自分は敷地と公道の境界に張られたチェーンを跨《また》いで越えて敷地に入り、そのポストに脅迫状を投函しました。

自分がわざわざインテックス大阪にまで行った理由は、脅迫状にその地域を管轄する郵便局の消印をつけたかったからです。その消印がつけば、

「こっちは現地まで行けるんだぞっ！」

というアピールになり、脅迫状の威力が増すと考えたからです。ただ今から思うと実に変なのですが、この時にはインテックス大阪へは脅迫状は送っていません。

投函を終えた自分は往路と同じルートであいりん地区にまで戻り、簡易宿泊所の隣の敷地で変装を解いてから宿に戻りました。

一休みしてから自分は正午に再び宿を出ました。投函に合わせて2ちゃんねるに犯行声明を投稿するためです。理由は騒ぎを大きくするためでした。騒ぎが大きくなればイベントの中止などの可能性も高まると考えました。

自分は西成の住人となっていたので、大阪府内のネットカフェから投稿したくありませんでした。もしネットカフェが特定された際に地元警察である大阪府警に捜査に参加されるのが嫌だったからです。しかし費用的に遠出は不可能でした。もちろん身元確認のないネットカフェである必要もありました。この条件に当てはまる兵庫県神戸市のネットカフェから投稿することにしました。

自分が目的のネットカフェの最寄り駅に着いたのは午後1時くらいでした。自分は駅から少し離れたアーケード商店街の近くにあるベンチに腰かけて変装しました。ワイシャツに毛糸のベストを着て、ハロウィンのオレンジ色のかぼちゃを模した帽子をかぶり、紺のヤッケのズボンをはき、健康サンダルを履き、サングラスとマスクと手袋をしました。これらはあいりん地区周辺の100円ショップや洋品店で購入したものです。異様な出で立ちでしたが、監視カメラによる顔バレ対策でした。

目的のネットカフェは路地裏の雑居ビルにありました。店に入って5時間パックで個室ブースを取り、作業を開始しました。事前に犯行声明の文章を用意していませんでしたので、アドリブで文章を作成しました。それが「喪服の死神が疑問に答えます」で始まるQ&A形式の犯行声明です。その中に登場するIさんとKくんは架空の人物ですがモデルがいます。

まず先輩キャラを出すことに決めました。しばらくキャラ像を考えていて、ある人物が頭に浮かびました。自分が浪人生の頃に予備校の資料コーナーで某私大のパンフレットを見つけました。課外活動紹介のページにユニフォーム姿のサッカー部のキャプテンのとてもカッコいい写真が載っていました。ほんのりとした茶髪にピアスをしていて、当時としてはチャラい感じの人でした。

そのキャプテンの名前はIさんでした。自分はパンフレットの余部から一部をもらって帰り、Iさんをズリネタにオナニーをしました。自分がサッカーのユニフォーム姿の男性にはまったのは、それが初めてでした。先輩というキャラ設定でしたので、自分より年上のイケメンとしてIさんが浮かびました。後輩キャラのKくんのモデルは自分が通っていた専門学校の同級生のKさんでした。Kさんがどのような人物かは後述します。

このように話をでっち上げて2ちゃんねるに投稿しました。前回のようにP2を使用しませんでした。来阪後にP2などのサービスを使わずにネットカフェから2ちゃんねるに投稿する方法を探しました。そして発見した海外プロクシを経由してIPアドレスを偽装するという方法を利用して2ちゃんねるに投稿しました。

文章の量がとても多かったので、分割して投稿していましたが、スレッドの連投規制に引っかかってしまいました。スレッドは前回と同じ大学生活板の上智スレです。自分は仕方なく同じ板の別の大学のスレッドに続きを投稿しましたが、今度は2ちゃんねる本体の連投規制に引っかかり、2ちゃんねるの全てのスレッドへ投稿ができなくなりました。経由する海外プロクシを変えても不可能でした。

仕方なく自分は「したらば」という掲示板に移動して続きを投稿することにしました。「したらば」

にも上智スレが存在することは、あらかじめ調べてありました。

ところがいざ投稿しようとすると、「したらば」は海外プロクシからの投稿を全て拒否するシステムでした。自分は何もかも面倒臭くなり、ネットカフェの生ＩＰのまま「したらば」に続きを投稿して作業を終えました。

警察は「したらば」への投稿のＩＰアドレスから早い段階で自分が作業をしたネットカフェを特定していました。しかし捜査員が店を訪ねたのは、年が明けた２０１３年1月になってからでした。事件発生当初に捜査に携わっていた刑事は数人で、神戸にまで行く人的な余裕がなかったからです。事件が拡大し、警察上層部からの指令により捜査本部が設置されたのは２０１３年1月7日でした。自分が長らく検挙されなかったため、一部に警察は捜査をしていないという説がありましたが、全くのデマでした。「2ちゃんねるやツイッターの捜査していない説には腹が立った」と刑事は自分に言っていました。

投稿を終えてネットカフェを後にしたのは午後6時くらいでした。自分はテンションがおかしくなっていたのか神戸の繁華街を歩きながら変装を解いてしまいました。そして大急ぎで簡易宿泊所に戻りました。急いだ理由はどうしても見たいテレビ番組があったからです。それは「アイアンシェフ」でした。90年代に一世を風靡《ふうび》した「料理の鉄人」のリメイク版です。この日にその第一回が午後7時から2時間スペシャルで放送される予定でした。

ところが、自分が宿に帰り着きテレビをつけるとなぜか「アイアンシェフ」ではなく元漫才師の女性タレントが司会を務める関西ローカルのトーク番組が放送されていました。「アイアンシェフ」は午後8時からスタートしましたが、2時間尺の番組を強引に1時間に編集したという代物でした。しばらく後に動画投稿サイトにアップロードされていたフルバージョンを見ましたが、本当に酷いクオリティでした。改正と改悪の区別がつかないスタッフの手にかかると、あの名番組もここまで面白くなくなってしまうのかと驚きました。

ジャンプフェスタ

残金もいよいよ少なくなり、自分は自殺による決着を考え始めました。大阪港周辺を死に場所を探して歩き回ったりもしました。

この頃の食事は一日一食でした。あいりん地区に菓子パンを袋に3～4個詰め込んだものを一つ130円で売っている店がありました。それをお昼に一袋購入して30分くらいかけてよくかみながら食べていました。あいりん地区の住人になってからずっとこの食事でしたので、どうしようもなく空腹でした。働けるものなら働いて日銭を稼ぎたかったのですが、ドヤ暮らしで住所不定でした。さらにお金がなくて料金を払えず、携帯電話も止まっていました。この状態では日雇い派遣の仕事を得るのも困難でした。

自分はネットカフェだけには情報収集のために数日に一回の頻度で行っていました。2ちゃんねるの事件に関するスレッドを見ていて「喪服は必死になっているみたいだけど藤巻にはちっともダメージを与えられていないわｗｗｗｗ」という内容にURLが貼られた書き込みを見つけました。

そのURLをクリックすると「黒子のバスケ」のアニメで副主人公の火神大我の役を演じた声優の

ブログに飛びました。ブログには「黒子のバスケ」の作者氏と一緒に酒を飲んだことと12月開催のジャンプフェスタ（年一回、千葉県千葉市の幕張メッセで開催される集英社主催のジャンプコンテンツのイベント）の「黒子のバスケ」のステージに出演するという内容が記されていました。自分の頭の中にそれまでジャンプフェスタという単語は存在していませんでした。しかしこれを見て「黒子のバスケ」の作者氏から、

「てめえは必死みたいだけどオレは楽しくやってるぜ！　こうして声優と酒を飲める原作者様の立場にまで出世したんだよ。やれるもんならやってみろよ！　この底辺以下！　この負け組以下！」

と罵倒されている気がしました。そして猛然と腹が立ってきて、

「何としてもジャンプフェスタでも『黒子のバスケ』を潰してやる！」

と強く思いました。こうしてジャンプフェスタの開催妨害が自分の行動のプライオリティのトップに躍り出ました。

しかし前記したような状態でしたから、動くための資金がありませんでした。自分はどうしても使いたくなかったのですが、一つだけ最後の手段が残っていました。自分はそれでダメだったら死のうと決意して夜行バスのチケットを手配しました。

背に腹は代えられない

それは11月上旬のある日の朝でした。自分はＪＲ川崎駅前にいました。大半の荷物は出発時にあいりん地区の手荷物預かり所に預けました。持っていたのは自殺に使用するための硫化水素を発生させ

る薬品や黒ビニール袋だけでした。川崎に行った理由は、不可だった際にはすぐに死に場所に向かうためでした。死に場所とは震災後の夏に自殺場所として見つけた廃油処理施設の前の行き止まりです。

自分は罵声を浴びる覚悟を決めて、公衆電話から自分がこの世で二番目に嫌いな人間に電話をかけました。電話口からはあまり聞きたくない女性の声が聞こえて来ました。自分がこの世で最も嫌いな人間は既に他界していましたので、電話の相手は存命中の人間で自分が最も嫌いな人間でした。自分は母親に、これから用があるから実家に行くということと、その用事が金の無心であることを伝えました。

「お前なんかに貸す金はないから来るな！」

と母親から罵倒《ばとう》されるとばかり思っていましたが、そのようなことはありませんでした。

それから数時間後に実家に着いた自分は母親に、

「大阪の会社に就職したが、まともに給料が出なくてお金に困っている。住む場所もなくてあいりん地区のドヤに仮住まいしている。部屋を探しているから契約の時には保証人になって欲しい」

と適当な作り話をしました。自分の言葉をいつも必ず疑ってかかる母親は、この時に限っては自分の言葉を疑いませんでした。そして当面は凌《しの》げるだけの現金を自分に貸しました。

自分は実家を辞去すると新宿へと向かいました。帰阪するために新宿発の夜行バスの席を取っていたからです。バスの発車時刻は午後10時でしたが、自分は午後5時に新宿に着きました。自分は歌舞伎町のネットカフェで時間を潰すことにしました。事件の情報収集をしていると衝撃的なニュースが飛び込んで来ました。インテックス大阪で開催予定だったＳＴの中止が正式に発表されていました。

主催者による発表があったばかりでツイッターは黒バスクラスタの悲鳴と絶叫で騒然としており、「ST大阪」がトレンドワードになっていました。これは事件で初めて出た目に見える成果でした。自分はそれまで一個人が暴れた程度では商業イベントを中止に追い込むことなど不可能と思っていましたので、この結果には本当に驚き、興奮しました。

自分はそのままずっと黒バスクラスタ大発狂祭りを眺めていたかったのですが、ネットカフェを後にして夜行バスで帰阪しました。

あいりん地区に戻った自分は一泊500円という地区最安値の簡易宿泊所に宿を移りました。建物は無理な増改築を何度も繰り返しているようで、不自然な位置に柱や梁《はり》や束《つか》が散見されました。部屋は四畳半ありましたが、窓がなくて暗い部屋でした。自分はこの部屋でジャンプフェスタの開催妨害のための準備を始めました。

会場周辺を攻める

この時も自分は最初に脅迫状送付先の選定から開始しました。まずは会場となる幕張メッセです。そして会場周辺のホテル、商業施設、公園、会場内にATMを設置している銀行などを送付先として選定しました。この時に集英社には脅迫状を敢えて送りませんでした。出版社は脅迫状の類に慣れていて、無視されて終わりだと思ったからです。ですから同人誌即売会と同じく狙うのなら会場だと思いました。さらに念を入れて会場周辺の施設にも脅迫状の送付を決めました。仮に会場が開催を強行する方針でも周辺の施設からのクレームには対応せざるを得ないだろうと考えたからです。

そして「黒子のバスケ」のステージに出演予定だった声優の所属事務所にも脅迫状を送付することにしました。自分としてはきっかけを作ったのは声優でしたから、最低でもステージへの声優の出演キャンセル程度の成果は欲しかったからです。

さらにジャンプフェスタと同日に幕張メッセの別ブースでイベントを開催する予定だった韓国のアイドルグループの超新星の日本での所属事務所にも脅迫状を送付しました。この件は全く公表されていないはずです。検事調べでこの件について訊かれたので、

「脅迫状の中に『ミルキーちゃん』という言葉が出て来ます。韓国のグループはファンのことをファンクラブ名で呼ぶ習慣があるんです。超新星のファンクラブ名は『ミルキーウェイ』ですので、ファンのことを『ミルキー』とか『ミルキーちゃん』などと呼ぶんです」

と必死になって説明したことを今でもよく覚えています。

次に脅迫状の作成です。前回と同じようにネットカフェで文章を作り、小さいフォントでプリントアウトをして原本を作り、それらを拡大コピーして脅迫状を完成させました。脅迫状の内容は「ジャンプフェスタからの『黒子のバスケ』の排除」を要求したものでした。「ジャンプフェスタの中止」ではありません。他のマンガは自分にとってどうでもよかったからです。

同封する脅しの物品については変更しようと思いました。前回のライターとライターオイルよりも安く上げたかったからです。具体的な方法に悩んでいる時にあいりん地区近くのドラッグストアで塩素系のキッチンブリーチを見つけました。一本68円のセール品を手に取ってみて、自分は思いつきました。塩素系の洗剤と酸性の洗剤を混ぜると塩素ガスが発生します。いわゆる「混ぜるな危険」です。

自分はキッチンブリーチを購入し、その足で１００円ショップに向かい、お掃除コーナーでクエン酸を購入しました。

自分は紙コップにキッチンブリーチを注ぎ、その中にクエン酸を投入してみました。キッチンブリーチは泡を立てて反応し、塩素の臭いが広がりました。反応が静まるとレモン色だったキッチンブリーチは無色になっていました。

自分はライターオイルと同じように１００円ショップで購入したミニボトルにキッチンブリーチを注入して蓋を閉め、ミニボトルの外側を水で濡らしてクエン酸の顆粒《かりゅう》をくっつけました。それを緩衝剤で包んだものを大量に作り、全ての脅迫状に一個ずつ同封しました。ミニボトルは大きさが違うものを何種類か用意し、最も大きいものをきっかけを作った火神大我役の声優の所属事務所への脅迫状に同封しました。

インテックス大阪のＳＴの中止は発表されたものの、それ以外の会場のイベントについては、この時点ではまだ何もアナウンスはされていませんでした。自分は他の会場にもう一押しが必要と考えました。

そこでジャンプフェスタの開催妨害のために上京するついでに、会場の一つである東京都大田区の東京流通センターと会場内のテナントやその本社にも脅迫状を送付することにしました。さらに帰りに愛知県名古屋市に立ち寄って、会場の一つであるポートメッセ名古屋とその周辺施設、ＳＴと同日に別ブースで開催されるイベントの主催者にも脅迫状を送付することにしました。脅迫状や同封物品はジャンプフェスタ用のそれらと同じように作りました。

自分は脅迫の準備と同時進行で大阪での住まいも探すことにしました。新大久保に住んでいた自分は「大阪なら鶴橋かな？」と思い、ＪＲ鶴橋駅へと向かいました。そして駅近くの低予算客向けと思われる不動産屋に入りました。自分は部屋を探している旨を伝え、さらに、「東京では新大久保に住んでいたので、大阪なら鶴橋かなと思ったんです」と言いました。不動産屋は笑いつつも「あのう、日本人の方ですよね」と訊いて来ました。自分は、「思想信条と言動のせいで間違えられることも多いのですが、自分は日本人です」と答えました。不動産屋の話では鶴橋駅周辺の相場は周囲より高めとのことでした。自分がとにかく安い物件を探している旨を伝えると、大阪市営地下鉄今里駅近くのマンションを紹介されました。家賃は月額３万円でした。住所は大阪市東成区でしたが、徒歩数分で大阪市生野区という場所でした。自分はこのマンションの部屋を借りることにしました。

やはり母親の顔は見たくなかった

自分は11月12日の午後10時の大阪発の夜行バスに乗り、翌朝の午前8時頃に終点の東京ディズニーランド前で下車しました。そのバスは横浜駅前、新宿駅前、東京駅前、東京ディズニーランド前のどこで下車しても同一料金というシステムでした。自分は最初に幕張で投函をしようと決めていたので、ディズニーランド前での下車を選びました。そして徒歩で舞浜駅まで行き、そこから幕張メッセの最寄り駅である海浜幕張駅へと向かいました。

海浜幕張駅の改札口を出たのは午前８時30分頃でした。自分は駅の近くにあったベンチに座り、用意して来た紺のフードつきヤッケ上下と手袋を着用しました。そして周辺を歩き回って脅迫状を投函しました。一つのポストに全てを投函せず、三つか四つのポストに分けて投函しました。

投函を終え路上でヤッケを脱いだ自分は、次の目的地である新大久保駅へと向かいました。大久保通りに面した新宿区役所の出張所で未届けのままになっていた転出の手続きを済ませると、東京流通センターの最寄り駅である東京モノレール流通センター駅へと向かいました。改札口を出て歩道へと降りると、すぐ目の前が東京流通センターへの入り口でした。

自分は周辺の工業団地を歩き回って脅迫状を投入しました。この時も一つのポストに全てを投函せず、三つから五つくらいのポストに分けて投函しました。またこの時の自分は手袋はしたもののなぜかヤッケを着用しませんでした。理由は覚えていません。

投函を終えてしばらく歩くと東京モノレール昭和島駅に着きました。時刻は午後2時でした。自分は実家へと向かいました。

実家に着いたのは午後3時30分でした。自分は母親に大阪で借りるマンションの保証人になってもらうためのサインをさせました。母親は唐突に、

「お前には『勉強しろ』と、そればかり言いすぎたかもしれなかったわね」

と自分に向かって言いました。自分は心の中で、

「もう遅えんだよボケっ！」

と返しました。さらに母親は、

「お母さんはね、この家から出て行くような事態だけは嫌だからね」

と何の脈絡もなく自分に言いました。自分は心の中で、

「捕まったら、それは無理になるな」

と返しました。実際に母親は自分の逮捕によって実家で暮らせなくなり、遠方の親族宅に身を寄せざるを得なくなりました。

自分が帰ろうとしたら母親が自分に現金を差し出して来ました。今までの自分に対する振る舞いからは全く予期できない母親の行動でした。自分は「こうなったら必要な時にはタカってやれ」と思いつつ受け取りました。

自分は実家を後にすると新宿に向かいました。そして歌舞伎町のネットカフェで時間を潰してから、午後11時新宿発の夜行バスで名古屋に向かいました。

バスは翌朝の午前5時にJR名古屋駅前に到着しました。自分は名古屋駅から名古屋高速臨海鉄道でポートメッセ名古屋の最寄り駅である金城ふ頭駅まで行きました。

駅に到着し、ホームに降り立つと外は真っ暗でした。自分の計画では午前6時30分までには脅迫状の投函を終える予定でした。自分は午前7時30分の名古屋発大阪行きの高速バスのチケットを既に購入していました。しかし外の暗さを目の当たりにして、時間までにポストを見つけて投函を終える自信が失《う》せました。仕方なくこの日の名古屋での脅迫状の投函を自分は断念し、そのまま何もせずに名古屋駅まで戻り、高速バスで帰阪しました。

午後2時頃に東成区役所に転入届を提出し、その後に不動産屋を訪ねて賃貸契約を済ませ、マンションに即日入居しました。自分は近くにあった食品スーパーのライフの衣料品コーナーで布団とシーツ

と枕を購入し、部屋に帰ってすぐに眠りました。

「黒子のバスケ」から逃れられない

ネットカフェで情報収集をすると「この犯人は頭がおかしい。そんなに黒バスが嫌なら自分が見なければいいだけじゃない。『嫌なら見るな』よ」という趣旨の意見をよく見かけましたが、自分としては、「『黒子のバスケ』が追いかけて来るんだよ」と言い返してやりたい気分でした。アニメイト天王寺店にカフェが併設されることになり、オープン記念企画で「黒子のバスケ」とのコラボイベントが11月下旬から開催されると知った時には、本当に「黒子のバスケ」に追いかけられているような気がしました。アニメイト天王寺店は自分が初めて来阪した日に夜行バスから下車した場所の目と鼻の先にありました。

自分が部屋を借りて最初にやったことはパソコンとプリンターの購入でした。脅迫状などを自宅で作成できるようにするためです。大阪の日本橋で格安の中古パソコンと中古プリンターとUSBメモリーを合計1万円くらいで購入しました。

自分はアニメイト天王寺店のイベントを潰すために脅迫状を送付することにしました。あいりん地区の近くの店以外にも身元確認のないネットカフェを何店か見つけていました。自分はその中の一店の鶴橋駅近くのネットカフェで送付先を選定し、住所を調べました。アニメイト天王寺店は雑居ビルに入っていましたので、同じビルの他のテナントやその本社、ビルを所有する会社（意外なことにビルのオーナーは某有名飲料メーカーでした）、周辺施設などを送付先として選定しました。

それらのデータをUSBメモリーで自宅に持ち帰り、購入したばかりのパソコンとプリンターで脅迫状の宛先の原本を作成しました。さらに脅迫状の原本も作成しました。これらはあくまで原本であり、実際に使用したのは全て近所のコンビニでコピーしたものです。原本をそのまま使用したら、そこからパソコンやプリンターの機種が特定され、捜査の手懸かりになる可能性があると思ったからです。同封物品は前回と同じくクエン酸つきキッチンブリーチ入りミニボトルです。

11月18日の午後6時頃に自分は近鉄阿倍野駅周辺でこれらを投函しました。アニメイト天王寺店の住所は大阪市阿倍野区でしたので、このような投函となりました。

自分はこのイベントの開催中止が決まった直後にアニメイト天王寺店まで足を運んでいます。店のレジでビルの警備担当者らしき「安全」と書かれた腕章をしたスーツ姿の男性と店員とが深刻そうな様子で話をしていました。カフェの入り口にはイベントの中止の告知文を掲げる店員が立っていました。自分は近づいて、

「中止は知っています。確認に来たんです」

と白々しく言いました。

翌朝、自分は近鉄で名古屋に向かいました。名古屋駅から程近い小さな広場で蛍光色のヤッケ上下、帽子、サングラス、マスク、手袋で変装をして、あらかじめ調べて見つけておいた身元確認のないネットカフェに向かいました。

フロントの店員は茶髪でかわいらしい感じの若い男性でした。この店のパソコンから2ちゃんねるの上智スレに喪服の死神名義での最後の犯行声明を投稿しました。声明では脅迫状の威力を増すため

に各イベント会場での自爆攻撃を示唆しました。この時も海外プロクシを使用してIPアドレスを偽装しました。アメリカのプロクシでしたが異常に優秀なプロクシで、とてもスムーズに投稿できました。

予定より早く作業を終えた自分は、変装を解くと名古屋駅からJRで金山駅へ向かいました。そして駅から徒歩で名古屋港付近まで行き、11月14日に投函できなかった脅迫状を投函しました。

この日の予定を終え、自分は帰阪前に名古屋駅の駅ビルの飲食店でみそ煮込みうどんを食べました。老舗有名店の支店でしたが、麺《めん》と具の量がとても少なく、完全な観光客向けのボッタクリ店でした。残念な早めの夕食を終えると、自分は往路と同じく近鉄で帰阪しました。

次々と脅迫状を送る

翌週に自分は福岡県福岡市に向かいました。福岡で開催予定だったSTの開催を阻止するためです。脅迫状の作成手順や同封物はアニメイト天王寺店の時と同じでした。大阪発博多行きの夜行バスに乗り、JR博多駅前には午前8時頃に到着しました。自分は駅から程近い会場の博多スターレーン周辺で会場や周辺施設への脅迫状を投函しました。

次に自分はヤフオクドームへと向かいました。福岡市営地下鉄で唐人町駅まで行き、そこから幹線道路沿いに徒歩で西へ移動し、ドームが見える場所にあったポストに脅迫状を投函しました（後でこのポストも博多スターレーン周辺と同じ郵便局が管轄していると知ってがっかりしました）。ここで投函した脅迫状はヤフオクドーム、近日中にSTの開催が予定されていた福岡国際展示場、ジャンプオンリーの同人誌即売会の開催が予定されていた博多港国際ターミナルなどへのものでした。

ヤフオクドームに脅迫状を送付したのは、ドームで年に何回か開催されるコミックシティ（赤ブーブー通信社主催のオールジャンルの同人誌即売会）からの「黒子のバスケ」サークルの排除を要求する目的でした。しかし自分は何を思い違いしたのか、ドームの管理会社ではなくソフトバンクホークスの球団事務所に脅迫状を送ってしまいました。ホークスも意味が分からなかったと思います。しかしホークスは警察に被害届を出しており、逮捕後に対応する調書の作成がされました。

ジャンプオンリーの同人誌即売会は商業イベントではなく個人主催のイベントでしたが、主催者のホームページで他のジャンプマンガのキャラクターを押しのけて「黒子のバスケ」の主人公の黒子テツヤがセンターに描かれた告知イラストを見て、これは潰すしかないと思いました。

投函終了後に最寄り駅に向かって歩いていると、某私大のキャンパスへの案内図を見かけました。自分が知る限り文系の私大では九州で最も偏差値の高い大学でした。自分は、

「こんな大学の男子バスケ部員たちはどんな人たちなんだろうか？」

などと、こんな時にも妄想していました。

その日はそのまま博多駅まで戻り、駅近くのネットカフェで時間を潰し、午後10時発の夜行バスで帰阪しました。

自分は12月5日にも上京して脅迫状を投函しました。同月に「黒子のバスケ」の新作ＤＶＤとブルーレイの発売が予定されていました。さらに「一番くじ」という景品つきくじ引きの「黒子のバスケ」バージョンの発売も同月に予定されていました。自分は各商品の発売元のバンダイビジュアルやバンプレ

スト、販売を予定していたサンクスやツタヤの本社に脅迫状を送付しました。この時は都内各地を回って、企業の所在地の近くで脅迫状を投函しました。さらにダメ押しとして有明ビッグサイトにも脅迫状を送付しました。

この時も復路は夜行バスで名古屋に寄りました。金山駅前に午前5時頃に到着したバスから下車すると、外は激しい雨でした。

自分は駅近くのネットカフェで雨宿りをしてから午前8時に店を出ました。早朝の雨が嘘のような雲一つない快晴でした。徒歩で名古屋港近くまで行き、ポートメッセ名古屋への脅迫状を投函しました。この日は前回の失敗を踏まえて、午後1時発の大阪行きの高速バスの席を取っておきました。

さらに帰阪後、その日のうちにインテックス大阪への脅迫状を投函しました。少し工夫をして、あいりん地区から徒歩で南下して大阪市住之江区に入った場所で投函しました。これでも管轄の郵便局は同じですから消印も同じものになります。

この頃から自分の脅迫状がいよいよ威力を発揮し始めていました。STを始め個人主催のものも含めて「黒子のバスケ」オンリーの同人誌即売会やコスプレイベントは次々と中止になり、アニメイト天王寺店のイベントも中止になり、「一番くじ」の販売は延期され、ナムコ日本橋店の企画も無期延期となり、ナムコナンジャタウンのイベントは早期終了となりました。

そしてジャンプフェスタで「黒子のバスケ」関連の企画と物販の中止が決まりました。自分はこのニュースに衝撃を受けました。率直なところ「黒子のバスケ」のステージへの声優の出演キャンセルが自分が希望していた最低限の成果であり、かつ想定していた最高の成果でした。またコミケからの

「黒子のバスケ」サークルの排除の決定にも驚きました。さすがにコミケが自分如きに屈するとは想像もしていませんでした。

このように大きな成果が出たことに自分は「こうなったら行けるところまで行こう」と思え、俄然やる気が湧いて来ました。もしこの時にジャンプフェスタとコミケに自分の要求をはねつけられていたら、自分は心が折れて以降の犯行をやめていた可能性が高かったと思います。

同じ頃に作者氏が『少年ジャンプ』の巻末で「漫画は何があっても休まず頑張ります」とコメントし、実際に全く休載などがないことに多くの称賛の声が募っていました。「脅迫にも屈さずプロ意識を見せつける藤巻先生と陰から卑劣な脅迫しかできない喪服」などという論評があちこちで見られました。自分は作者氏に向かって、

「必ず休載せざるを得ない状況に追い込んでやるよ」

と心の中で言いました。

仕事探し

これらの犯行と同時進行で自分は職探しをしていました。携帯電話は料金の滞納によりブラックになってしまっていて、自分の名義で新しく持つことは不可能になってしまいました。仕方なくレンタル携帯を利用することにしましたが、自分にとってはとても高額でしたので、最も価格が安い電話機能のみのものをレンタルしました。

自分は犯行のためにいつでも休みを取れる日雇い派遣の仕事をすることにしました。日雇い派遣の

会社で登録を断られることはまずありません。説明会に参加してエントリーシートに必要事項を記入すれば、すぐに働くことが可能です。ところが自分が、

「携帯のメール機能がないので仕事の連絡は電話でお願いしたい」

と申し出ると、「うちは仕事の連絡は全てメールでやり取りしているからダメ。お帰りはあちら」と登録をことごとく断られました。それを繰り返して心が折れそうになっていたところ、8社目に申し込んだ派遣会社に拾ってもらえました。面接した担当者に最初は断られそうになりましたが、社長から「電話でやってやれ！」と指示が出て登録ができました。後に、会社を設立して日が浅く、とにかく人手が欲しかったから採用したと社長から聞かされました。

この日は12月10日でした。翌11日から逮捕の前日までこの会社に籍を置き、あちこちに派遣されて働きました。

この当時は犯行以前に、基本的な生活資金がない状況でした。もちろん食事は一日一食でした。近所にあった大阪ローカルの激安食品スーパーのスーパー玉出で買った一斤80円の食パンに、同じくスーパー玉出で買った徳用マーガリンを塗ったもので飢えを凌《しの》いでいました。これで一日の食費を100円以内に抑えていました。

このような状況でしたので、ネットカフェにも年末年始はほとんど行けませんでした。ですからジャンプフェスタやコミケの状況についてはリアルタイムでほとんど情報収集できませんでした。

仕事は倉庫でのピッキング作業や建物の解体作業やコンサートのステージの撤去作業などあらゆることをやりました。12月24日からは大阪駅近くのグランフロント大阪という超高層商業ビルの建設現

場で作業員として年明け1月3日まで働きました。自分にはクリスマスも正月もありませんでした。

小人閑居して模倣犯に腹を立てる

1月6日の早朝に仕事に行こうと自宅を出て駅に向かっていて、歩道で何かに躓《つまず》いて転倒して右腕を強打しました。足元を確認しましたが、躓くようなものは何もありませんでした。どうして転んだのかは今でも謎です。自分はそのまま仕事に向かいましたが、腕が痛くて力が入らず、まともに物も運べない状態でしたので早退をしました。翌日に医者に行くと、右肘《ひじ》の骨にひびが入っていました。自分は腐女子の怨念に祟《たた》られたのかなと思いました。

腕のケガで仕事ができなくなったので、自宅でおとなしくしていることにしました。1週間くらい何もせずにひたすら自宅で寝ていましたが、さすがに退屈に耐えられなくなり、ネットカフェに行きました。

まず「黒子のバスケ」のアニメの第二期の制作が正式に発表されていたことを知りました。しかし『少年ジャンプ』誌上ではなく『ジャンプNEXT』(『少年ジャンプ』の別冊。連載未経験の新人マンガ家の読み切りを掲載)誌上での発表でした。アニメ化発表時には『少年ジャンプ』誌上で表紙+巻頭カラーにでもして大々的に発表をするのが通常です。自分はジャンプフェスタのステージでの発表の予定を急遽『ジャンプNEXT』に持って来たのだと推察しました。

さらに事件の情報収集をしていて模倣犯の発生を知りました。年明け1月に北海道札幌市で予定されていたSTは複数の脅迫状が会場などに届いたことにより中止となっていました。札幌のSTについては、自分は上智事件の際に会場へ脅迫状を送付したのみで、それからは何のアクションも取っていません。本当は札幌までダメ押しの脅迫状を投函しに行きたかったのですが、費用的にも札幌出張は不可能でしたので諦《あきら》めていました。

他にも何者かが自分の威を借りて脅迫状を送り、無関係な同人誌即売会が中止に追い込まれていました。自分は模倣犯に対して猛烈に腹が立ちました。勝手にやらせて混乱を拡大させた方が自分にとって有利だったと今にして思いますが、その時は絶対にやめさせないといけないと思いました。そこで「模倣犯はやめろ」という趣旨の犯行声明を2ちゃんねるに投稿することにしました。

1月16日に京都市内にある個室ビデオ店に向かいました。その店は身元確認がなくネットの使用も可能でした。

目的の店の最寄り駅に着いたのは午後6時頃でした。しばらく歩くと広い河川敷があり人もいませんでしたので、そこで紺のフードつきヤッケ上下とサングラスとマスクと手袋という恒例の変装をしてから店に向かいました。店に入った自分は興味があるふりをしてアダルトDVDを借り、個室に入ってネットに接続しました。

自分は過去の犯行声明と同じように、まず画像アップローダーに犯行に使用した脅迫状の画像をアップロードしました。自分が本物であるとアピールするためです。次に事前に用意した犯行声明文を保存したUSBメモリーをパソコンに接続し、投稿すべく2ちゃんねるの上智スレにアクセスしました。海外プロクシを経由して投稿する前にふざけ半分でテスト投稿をしてみました。もちろん荒らし対策で投稿は弾《はじ》かれるものとばかり思っていました。ところが投稿できてしまいました。よく考えれば、わざわざ個室ビデオ店から2ちゃんねるに荒らしの書き込みをする人間など誰もいません。自分はこのまま投稿を続けない方がいいと判断して、すぐに退店しました。

翌日、自分は兵庫県西宮市にある身元確認のないネットカフェに向かいました。午後5時に目的の店の最寄り駅に到着しました。18年前の1月17日は阪神大震災の発生日でした。震災で自宅が倒壊して親族が大ケガをしたという同級生がいたことを思い出しながら歩いていて見つけた川沿いの野原に設置されたベンチに腰かけて、紺のフードつきヤッケ上下にサングラス、マスク、手袋の前日と同じ変装をしました。そして店に入り海外プロクシを経由して、2ちゃんねるの上智スレに犯行声明を投稿しました。

この時に初めて「怪人８０１面相」という名義を使いました。自分は以前から死刑事件を始めとする重大犯罪のマニアでした。その関連で警察庁の広域重要指定事件についても知っていました。指定事件は現在24件存在します。その中の未解決事件は１１４号のグリコ森永事件と１１６号の赤報隊事件です。

自分はそれまでの「喪服の死神」名義の犯行声明に「２０１２年中に自殺する」という意味のことを書いてしまっていたので、次にもし犯行声明を出すのなら新しいキャラクターを登場させる必要があると思いました。

特に深い理由はなかったのですが、似非《えせ》関西弁を喋るキャラクターにしようと決めていました。そこで関西弁での犯行声明からグリコ森永事件を連想しました。この時点ではあくまでも犯行声明の元ネタでしかありませんでした。怪人８０１面相という名前も大して考えもせずに思いつきました。自分がこんな名前を使ったので「やおい」の意味について刑事から説明を求められました。自分の説明は調書になり、裁判で正式に証拠採用されました。

この時の犯行声明文で「犯行グループは4人」という意味のことを書きました。大して効果を期待してはいませんでしたが、グループ犯を臭わせて捜査を撹乱する目的でした。その4人とは喪服の死神、怪人801面相、黒報隊、反黒子武装戦線獺《かわうそ》でした。黒報隊は赤報隊が元ネタです。この後に実際に脅迫状の名義として使用しました。反黒子武装戦線獺は1974年に連続企業爆破事件を起こした反日武装戦線狼が元ネタです。この狼とはニホンオオカミのことです。日本の絶滅動物つながりで自分はニホンカワウソから反黒子武装戦線獺にしました。しかし反日武装戦線狼は検挙されているので縁起が悪いと思い、使用しませんでした。

この時に一緒にアップロードした画像から使用したデジカメの機種が特定され、「喪服の死神名義の犯行声明でアップロードされた画像とデジカメの機種が同じだ。だから喪服の死神と怪人801面相は同一人物」という説が散見されました。自分としては怪人801面相は喪服の死神と近しい間柄でデジカメも共有しているという設定でした。上智事件の際に使用したデジカメは来阪前に処分していました。この頃に使用していたのは、来阪直後に日本橋で2000円で購入した中古のデジカメでした。

自分は勢いで「同人誌即売会攻撃終結宣言」を出したものの、その後の犯行の展望は何もありませんでした。同人誌の委託販売を行っている書店が即売会の中止により漁夫の利で大儲けしているという話を知って、そのような書店に何か損害を与えられないかと考えていました。また「喪服は同人攻撃ばかりで藤巻の利益になる公式（＝ライセンス契約をしている正式な商品やイベントや企業）にはちっともダメージを与えられていない」という煽《あお》り的な意見も大量に見かけていましたので、どうにかして公式に損害を与えたいとも思っていましたが、手段が何も思いつきませんでした。

「遠隔操作」佑ちゃん逮捕にがっかり

腕のケガが治って2月から仕事に復帰しましたが、2月は閑散期のためか仕事があまりありませんでした。お金を使わず時間を潰そうと、自分は近所の市立図書館へと行きました。2月のある日に図書館の新聞コーナーを見に行くと、どの新聞も一面トップは「遠隔操作ウイルス事件　派遣社員を逮捕」でした。自分は「ちっ、あっけねえなあ。もっと頑張ってくれよ」と思いました。

警察が遠隔操作に入れ上げているせいで、自分の事件の捜査が手薄になっている部分はあったと思います。「警察庁が遠隔事件の捜査陣容を強化へ」などのニュースが入るとツイッターやニコニコ動画に「遠隔より黒子を何とかしろ！」という趣旨のコメントがあふれ返った様子が頭に浮かびました。自分は「遠隔をやっていた精鋭がいよいよ自分の事件をやることになるな。これは逮捕されるのも近いかもしれない」と覚悟を決めました。

それから数日後にマンションの自室の窓から近くの十字路の角に見覚えのない車が、運転席からマンションの入り口が見えやすい角度で止まっているのが見えました。自分は警察の張り込みに違いないと慌てました。そしてパソコン、プリンター、USBメモリー、デジカメ、衣類などを証拠隠滅《いんめつ》のために片っ端から処分しました。自分は2カ月後にそれらを全て買い直す破目《はめ》になりました。

それから数日後に仕事が入りました。現場で一緒になった大学生が「この現場を最後に今日限りでこのアルバイトを辞めるんです」と自分に言いました。話を聞くと大学卒業を間近に控えていて4月からの勤め先も決まっているとのことでした。その勤め先とは警視庁でした。自分が携帯がブラックであることを話していたので、その大学生はふざけて「警官になったら携帯代金踏み倒しの容疑で渡邊さんを逮捕しますね」と笑いながら自分に言いました。自分もおかしくて笑ってしまいました。自分の逮捕の報にその元大学生の新人警官はさぞや驚いたと思います。

派遣会社からは「3月は忙しい」と予告されていました。自分も犯行資金を稼ぐために仕事をどんどん回してもらいました。遠方行きも、日勤・夜勤・日勤を徹夜でこなすトリプル勤務も、喜んで引き受けました。3月に多かったのは引っ越し作業員の仕事でした。とにかくハードで、時給900円では全く割に合いませんでした。

3月中旬に一日だけ仕事が休みになりました。自分は久しぶりにネットカフェで事件の情報収集をしました。まずツイッターで黒バスクラスタの様子を確認しました。「犯人死ね！　藤巻先生はファンのために体を張って作品を描いて下さっているんだ」とのツイートには、

「こっちだって逮捕リスクを取って、命懸けで脅迫してるんだよ」

と小声で言い返してみたり、また「黒バスファンは単行本やグッズの発売日はみんな全裸待機なんだぞ！　犯人いい加減にしろ！」とのツイートには、

「そのまま風邪を引いて、こじらせて、肺炎になって、呼吸不全を起こして死ね」

とツイート主の健康を祈ってみたりしました。またゆで卵を輪切りにする調理器具でバナナを輪切

りにする画像と合わせた「黒バス脅迫犯、聞こえますか？　私はあなたのチンコをピクルスにする覚悟はできています」というツイートには大爆笑しました。

さらにコミケ参加者の「ＤＡＩＧＯの姉ちゃん（タレントのＤＡＩＧＯ氏の実姉は有名なＢＬマンガ家で、超大手同人誌サークルの主宰者で、竹下登元首相の孫）マジ切れしてた」というツイートを見つけた時には、心の底から「やった甲斐《かい》があった」と思い嬉《うれ》しくなりました。

自分は次にスタジオＹＯＵのホームページをチェックしました。すると神戸と静岡でのＳＴの臨時開催の決定を告知していました。「今までの分を取り返したい」という意図があまりにも露骨でした。自分はそれが1月の声明での「同人誌即売会攻撃終結宣言」を受けてのものと分かっていましたが、宣言を出した自分を棚に上げて「昨日の今日でその態度は何だ！　調子に乗りやがって！」と猛烈に腹が立って来ました。自分はＳＴを潰すべく動くことにしました。

4月の大暴れ

4月から仕事を休み、犯行の準備を始めました。手口はこれまでと全く同じです。脅迫状を作成し、会場とその周辺施設に送付するというものです。ただプリンターの再購入はしていませんでした。脅迫状は再購入したパソコンで自宅で作成し、送付先の住所と合わせてセルフで内容を店員に確認されないプリントアウトサービスがあるネットカフェで印刷しました。

同封物品は少し工夫しました。「黒子のバスケ」の単行本を購入し、カッターで一枚ずつページを切り取りました。それに１００円ショップで買ったスカーレットの油絵の具で「殺」などと大書きしたものを同封することにしました。ターゲットとして重要な相手には、「殺」と大書きした作者氏の名前が印刷された部分をライターで燃やした表紙や、全てのページに赤マジックで「殺」と書いた単行本を送付することにしました。見た目にかなりインパクトがあり、受け取った側に「この犯人は何をしでかすか分からない」という印象を与える仕上がりになりました。

この時の脅迫状に記した名義は黒報隊でした。脅迫文も当然ながら赤報隊事件の犯行声明を参考にして書きました。

自分はこの頃から2ちゃんねるに犯行声明を投稿するよりも、マスコミに犯行声明を送ってそれを報じさせた方が騒ぎが大きくなると考えるようになりました。そこでこの時点で一連の事件について多くの記事を掲載していたニュースサイトの編集部に手紙で接触しましたが、何のリアクションもありませんでした。

そして準備を完了させた自分は4月7日の午後1時に自宅を出て神戸へと向かいました。神戸で開催予定だったSTを潰すためです。この頃の自分は少し知恵をつけていました。日本中のポストの位置、管轄局、収集時間が載っているサイトを発見し、犯行に活用していました。例えばターゲットの会場の近くまで消印のために投函しに行く必要がなくなりました。どのポストがどの郵便局の管轄かが事前に分かるようになったからです。つまり会場そばのポストと管轄局が同じポストに入れれば、つく消印は同じだからです。

自分は会場の神戸国際展示場がある神戸沖の埋め立て地からは遠い六甲山地側の閑静な住宅地を回って脅迫状を投函しました。投函したのは午後3時頃でした。この時間もポイントです。この日は日曜日でした。この一帯のポストの土日祝の収集は午前と午後の一日2回で、午後の収集時刻は概ね午後2時から3時でした。つまり午後3時以降は収集が翌日になるのです。もちろん消印も翌日付けになります。実際の投函時刻と消印の日付けにギャップが生じます。これで投函者の特定はさらに難しくなります。

青春18きっぷで金沢へ

神戸での投函を終えると自分は急いで帰宅し、準備をして再び出発しました。自宅からJR京橋駅近くの公園まで徒歩で行き、2月に処分した後に新しく購入し直した紺のフードつきヤッケ上下にマスクにサングラスに手袋といういつもの変装をしました。そこから徒歩で大阪駅まで行き、JR金沢駅前行きの夜行バスに乗りました。石川県金沢市で開催される予定だったSTを潰すためでした。金沢のSTは2012年中から開催を発表しており、上智大学の事件の際にも会場に脅迫状を送付しましたが、特に反応はありませんでした。ここはもう一押しが必要と考え、金沢にまで投函に出向くことにしました。

自分は新潟ローカルの同人誌即売会である「ガタケット」の主催者や開催会場や周辺施設への脅迫状も用意していました。年明け後もしばらくは同人誌即売会から「黒子のバスケ」サークルは締め出されていました。

そのような状況下でガタケットは「黒子のバスケ」サークルの参加受け入れを表明しました。すると全国から申し込みが殺到し、長閑《のどか》な地方イベントであるはずのガタケットが事実上の「黒子のバスケ」オンリーの同人誌即売会と化し、腐女子の熱狂と興奮に包まれたという出来事が3月にありました。そこでガタケットにも「黒子のバスケ」サークルの排除を要求することにしました。本当は新潟まで行きたかったのですが費用的に無理でしたので、日本海沿岸つながりで金沢での投函となりました。

夜行バスは三列シートでスペースが広く、実に快適でした。バスは金沢駅前に午前7時頃に到着しました。自分は急いで駅の北側一帯を歩き回って脅迫状を投函しました。この時の投函は午前中の収集に間に合いますから、消印は4月8日午前の消印となります。つまり神戸の脅迫状と消印の日付けが全く同じになるのです。これによりグループによる犯行説に一定の信憑性《しんぴょうせい》を出して、警察による犯人像の絞り込みを混乱させようと狙いました。

投函を終えた自分は通りがかりに見つけた神社の境内で変装を解きました。すぐに次の目的地へと向かう予定でしたが、ふとあることに気がついて寄り道をすることにしました。金沢駅前から地元の路線バスに乗り、郊外の山の頂の終点に着いたのは午前10時頃でした。そこは喪服の死神名義の二度目の犯行声明に登場したIさんのモデルのサッカー部のキャプテンのIさんの母校の大学でした。

バスを降りると空気はとても澄んでおり、周囲の山々の頂にはまだ雪が残っていました。自分はIさんが練習をしていたであろうグラウンドの近くに腰を下ろして30分くらい風景を眺めていました。Iさんはこの大学でどんな学生生活を送ったのだろうかと妄想しました。すると明らかにサッカー部員らしいジャージ姿の男子学生が近づいて来ました。そして自分を不審者に対する目つきで一瞥《いちべつ》するとグラウンドに降りて行きました。自分は潮時と思って再び路線バスに乗って金沢駅へと戻りました。

自分は移動用に金券ショップでバラ売りされていた青春18きっぷを購入していました。青春18きっぷはJRの電車に一日乗り放題という切符です。ただし新幹線や特急列車は利用できません。利用できるのは普通列車のみです。自分は午前11時頃に金沢駅から普通列車に乗りました。それからひたすら普通列車に乗り継ぎ続け、名古屋駅に着いたのは午後6時頃でした。自分は駅からしばらく歩いた場所の川べりの公園で変装をしました。あいりん地区そばの店で購入した見切り品の黄色のフードつきヤッケを着て、サングラスとマスクと手袋をしました。そして名古屋近くの身元確認のないネットカフェに宿泊しました。

翌朝の午前5時にネットカフェを出て、名古屋駅から普通列車を乗り継いで静岡駅に向かいました。静岡で開催予定だったSTを潰すためです。静岡駅には午前10時頃に到着しました。そして駅から程近い住宅地を回って脅迫状を投函しました。30分ほどで投函を終えると、自分は静岡駅から東海道線を上って終点の東京駅まで行き、京葉線、内房線と乗り継いで、千葉の木更津駅で下車しました。そして駅前発の東京湾アクアラインを経由して川崎駅前へと向かう路線バスに乗り、東京湾を横断して川崎側の浮島バスターミナルで下車しました。

自分はそのまま自殺予定場所の浮島の廃油処理施設の前まで歩いて行き、そこで変装を解きました。その日は快晴で、ずっと暑くて仕方がありませんでした。ヤッケを脱ぎ、サングラスとマスクと手袋を外した時の解放感は何とも表現しようがありませんでした。投函時に着用していた衣類は川崎駅に向かう途中で見つけたコンビニのゴミ箱に押し込みました。

その日は横浜発大阪行きの夜行バスに乗って帰阪する予定でした。ところがそれらしきバスが全くやって来ません。案内スタッフに確認を取ったところ、誤って前日の便のチケットを購入していたことが判明しました。

自分はそのまま近くのネットカフェに入り、翌日の大阪行きのバスのチケットを取ってすぐに退店しました。泊まるだけのお金がなかったからです。横浜駅近くの公園で野宿をし、翌日は徒歩で東京駅まで行って夜行バスに乗って帰阪しました。出発前日でしたので東京駅前発の便にしか空きがありませんでした。しかも東京駅までの電車賃もありませんでした。コンビニでパンの一個を買うお金もなかったので、公園の水道の水をがぶ飲みして空腹を凌ぎました。

しばらくして神戸と静岡のSTの中止と、代替として愛知県豊橋市でSTの臨時開催が、スタジオYOUから発表されました。当然ながらこのSTも潰したかったのですが、費用と時間の制約のため何もできませんでした。イベント当日はJR豊橋駅から会場への臨時直行バスが運行されるとのことでしたので、開催当日にバス会社に「バスに爆弾を仕掛けた」とでも電話しようかと考えましたが断念しました。

2012年12月のコミケで「黒子のバスケ」サークルが排除されてから、有明ビッグサイトで1月と3月に行われたコミックシティでも「黒子のバスケ」サークルは排除され、2月に予定されていたダブルクラッチは中止されました。

しかし有明ビッグサイトは4月に「事件は沈静化した」との見解を表明し、同時に以降の同人誌即売会における「黒子のバスケ」サークルの参加を解禁しました。有明ビッグサイトではゴールデンウィークにコミケに匹敵する大規模同人誌即売会のスーパーコミックシティとSTの開催が予定されていました。さらに広島県広島市でもゴールデンウイークのSTの緊急開催が発表されました。

自分はスーパーコミックシティからの「黒子のバスケ」サークルの排除とSTの開催を阻止すべく動くことにしました。さらに7月開催予定のライバル校限定のSTを保留したまま中止を決定していなかった東京流通センター、そしてインテックス大阪やポートメッセ名古屋にもダメ押しが必要だと考えました。

脅迫状の作成手順や同封物は前回の神戸・金沢・静岡の時と同じでした。送付先もこれまでと同じく主催者や会場やその周辺施設でした。さらに同人誌印刷所数社が合同で「黒子のバスケ」オンリーの同人誌即売会を6月に開催することになっていました。会場は主催の印刷所の社有スペースでした。自分は主催する印刷所にも脅迫状を用意しました。会場周辺にめぼしい施設がなかったので、用意したのは印刷所へのものだけでした（この印刷所への脅迫状は4月9日に静岡で投函した可能性もあるのですが、記憶がはっきりしません）。

4月24日に大阪発の夜行バスに乗り、翌朝の午前7時頃に東京駅前に着きました。自分は徒歩で晴海国際客船ターミナルまで行き、その周辺から月島方面で脅迫状を投函しました。この時に広島のST用の脅迫状も一緒に投函しています。もちろん広島まで行って投函したかったのですが、費用の問題から断念しました。

投函は午前10時くらいに全て終わりました。帰りも夜行バスでしたので、自分は時間を潰すために兜町にある東京証券取引所を見学しに行きました。入場は無料でした。中は閑散としていて、受付嬢も暇そうでした。取引現場も見ましたが、スタッフが静かにパソコンをいじっているだけで活気はありませんでした。その後も東京の街をフラフラして時間を潰し、予約していた夜行バスに乗って帰阪しました。

　この時の脅迫状はあまり威力を発揮せず、スーパーコミックシティもＳＴも全て予定通り開催されました。東京流通センターのライバル校限定のＳＴはしばらくして中止が正式に発表されましたが、同人誌印刷所主催の即売会も予定通りに開催されました。自分が逮捕後にこの件について供述し、警察が照会したところ、印刷所は「確かに脅迫状は届いた。しかし警察に届けたら開催中止の指導をされると思った。だから届け出ずに脅迫状到着については箝口令《かんこうれい》を敷き、開催を強行した」と答えたとのことでした。自分がもしそのイベントに何かアクションを取ったらどうするつもりだったのでしょうか？

　4月末のことでした。自分が携帯ブラックということを気の毒がってくれた派遣会社の社長が、社長名義のスマホを貸与してくれることになりました。本当にありがたいことでした。

　ゴールデンウィーク中の自分はインテックス大阪にいました。派遣会社からの紹介でインテックス大阪で開催されたイベントのスタッフの仕事をしていたからです。インテックス大阪もまさか犯人がスタッフとして出入りしているとは想像もしなかったことでしょう。こうして同人誌即売会を攻撃しつつも、公式にはちっとも損害を与えられていないという自覚はしていました。どうすれば公式を攻撃できるかを考えながら、日銭稼ぎに追われていました。

4 ウエハス事件

どこに行っても「黒子のバスケ」

何とかして公式、つまり「黒子のバスケ」の作者氏や公式ライセンスで商売をしている企業に損害を与えてやりたいと考えていましたが、具体的手段が思いつかず、悶々《もんもん》とした日々を送っていました。「黒子のバスケ」の人気が急上昇したきっかけは2012年4月から放送されたテレビアニメのクオリティが素晴らしかったからという論評を多く見かけていたので、アニメを製作したプロダクションＩＧへの放火を考えましたが、プロダクションＩＧの社屋の一軒隣が警察署でしたので断念しました。

またアニメイトへ損害を与える方法はないかと思い、アニメイト日本橋店が7月に移転オープンすると知って新店舗への放火を考えましたが、こちらにも至近距離に警察署があるので断念しました。アニメイトは神奈川県横浜市に専用の物流拠点を持っていますので、そこに硫化水素をばらまくことも考えましたが、実現可能性は低そうでした。一連の事件で同人誌即売会が中止になる最中に「黒子のバスケ」の同人誌の委託販売を大々的に展開して大きな利益を上げた書店チェーンの「とらのあな」や集英社直営のグッズ店のジャンプショップに対しても同様の犯行を考えましたが、断念しました。

ゴールデンウィーク後も犯行資金を稼ぐために派遣会社から投げられた仕事は何でもやっていました。STが中止になった神戸国際展示場でのイベントスタッフや、玩具メーカーの倉庫で「ONE PIECE」グッズの検品作業をやったりもしました。

5月のある日に仕事で神戸市垂水区に行きました。休憩中に小さな本屋の前を通りかかると、入り口に「黒子のバスケ」の主人公の黒子テツヤの販促用等身大パネルが置いてありました。自分はたまらなくなって本屋から逃げるように離れました。

その翌日は奈良県奈良市で仕事がありました。自分は「黒子のバスケ」の単行本が売られているのを見たくなかったのでコンビニにはできるだけ行かないようにしていましたが、どうしても急に必要になったものがあり、コンビニで買うことにしました。急ぎでしたのでたまたま目に入ったセブンイレブンで用を済まそうとしました。すると店の入り口にキャンペーン告知の横断幕が張られていました。セブンイレブンと『少年ジャンプ』とのコラボキャンペーンでした。

キャンペーン対象となるジャンプのマンガは「ONE PIECE」「NARUTO」「トリコ」、そして「黒子のバスケ」でした。自分は「黒子のバスケ」が「ONE PIECE」や「NARUTO」と同じ扱いでプッシュされているという事実に衝撃を受けました。自分はセブンイレブンには入らず、少し先に見えたファミリーマートに駆け込みました。

その翌日に自分は引っ越し作業員として京都府内の山間部へと行きました。荷物の積み込みを終え、転居先へと向かうトラックに同乗しました。トラックは出発したものの10分ほどでセブンイレブンの駐車場に止まりました。他の作業員たちは食べ物や飲み物を買うために店へと入りました。自分一人だけトラックで待っていることはできませんので、自分も横断幕を見ないようにしながら店に入りました。すると入店した客の目に入りやすい位置に「黒子のバスケ」のキャラがメインのキャンペーン告知のPOPが展開されていました。自分は泣きたくなりました。

　自分は「黒子のバスケ」が国民的人気作品として遇されている現実をいよいよ自覚せざるを得ませんでした。行く先々で「黒子のバスケ」に遭遇してしまい、日本にいる限りは「黒子のバスケ」からは逃れられないと本気で思いました。「嫌なら見るな」とほざくツイッターのアニオタアカウント（黒バスクラスタとは限らず）どもには猛烈に腹が立ちました。

ウエハス発見

　5月下旬のある日、自分は自宅近くのファミリーマートに入りました。どうしても立ち読みがしたい週刊誌の記事があったからです。雑誌コーナーで目的を済まして店を出ようとして、自分は見つけてしまいました。それは「ボイコレ　黒子のバスケウエハース」という食玩でした。自分は「とうとう自宅の近所まで来たか」と思い、同時に毒ウエハス（ウエハースと伸ばすのが正しいと分かっていますが、自分はどうしても違和感を覚えますので以降の文中ではウエハスとします）をコンビニなどにばらまいて、それを背景に脅迫するという手口を思いついていました。

　自分が相手にしようとしていたのは公式でした。同人誌業界などとは比較にならないレベルの大企

業ばかりです。自分は、

「この戦いは人非人にならないと勝てない」

と考えました。「この犯人は本当に人を殺しかねない」と脅迫相手を本気で怖がらせる必要があるとも考えました。放火などと比べれば非力な自分でも実現可能性が高そうでした。自分はいよいよ踏み越える覚悟を決めました。

開示された証拠でセブンイレブンの社長が「お客様の命に関わる恐れのある今回の犯行については如何なる理由があろうとも決して許すことはできません」だとか、渉外部長が「今回のように食品に毒や異物を入れたと言って脅す卑劣極まりない手を使う犯人は絶対に許すことができません」などと供述している調書を見ました。自分はセブンイレブンのお偉いさんたちに、

「ならあんたたちは、こっちが『黒子のバスケ』関連商品の取り扱い中止を求める申し入れ書を紳士的に送ったら応じてくれたの？」

と言い返してやりたいです。また雑貨担当の営業マンが「黒子のバスケ」関連商品の販売中止の穴埋めに「銀魂」や「物語シリーズ」の商品化に動いたことについて「お客様の期待を裏切ってしまったという思いから奔走した」などと供述している調書を見て、

「ただ企業の一員として儲けを追求しただけだろ！　それを偉そうに美化して語るな！」

と毒突いてしまいました。

自分はまず毒をどうするかを考えました。自分のような素人でも入手できる殺傷力がある薬物は農薬しか思いつきませんでした。ただ実際に農薬を用いて犯行に及んだら、警察が入手ルートを徹底的

に調べるであろうことは確実でした。ですから絶対に足がつかない方法で農薬を入手しなければいけませんでした。

大阪市天王寺区に遠方からも客が訪れる、品揃えが豊富な種苗店がありました。本格的な（＝殺傷力が高い）農薬も取り扱っているとネットで見て、自分は店を訪ねました。確かにホームセンターには置いてなさそうな農薬が販売されてはいました。しかし鍵がかかった棚に陳列されていて、レジで購入時に身分証の提示を求められるシステムになっていました。

自分は何も買わずに店を出ました。するとすぐそばの横断歩道の信号が赤に変わりそうだったので、その場の勢いで走って渡りました。渡った先は天王寺動物公園前の広場でした。自分は広場の奥に園芸店を見つけました。店の入り口には「5月末日までで閉店するので在庫処分セール中」という告知の貼り紙がありました。自分はその店で投げ売りされていた家庭菜園向けの農薬のスプレーを購入しました。見るからに「素人向け」という感じの、殺傷力は低そうな農薬でしたが、もうすぐ閉店してしまう店で買えば足がつくことはないと思いました。

KUROBAS CUP2013

7月上旬に「ＫＵＲＯＢＡＳ　ＣＵＰ２０１３」という「黒子のバスケ」のアニメの声優が総出演するイベントの開催が予定されていました。会場は東京ディズニーリゾートの敷地内の施設でした。自分がこのイベントの存在を知ったのは6月に入ってからでした。ツイッターでは「上手いことを考えたな。ディズニーランドの中なら手出しできないだろう。喪服ざまあ」などという黒バスクラスタのツイートもありました。

自分はこのイベントの開催を阻止できないか考えました。上智事件はもう賞味期限切れで、ただ脅迫状を送るだけでは無視されて終わりだと思いました。そこで毒ウエハスばらまきとイベント開催阻止の脅迫をリンクさせる手口を考えました。それは以下の通りです。

・毒ウエハスを会場近くのコンビニに置く

・会場に「『黒子のバスケ』のイベントをやろうとするから罪もない近くのコンビニに被害が出た。イベントを中止しないと次は必ず死人を出す」という脅迫状を送る

・ウエハス発売元のバンダイやコンビニ各社には「黒子のバスケ」の関連商品の販売中止を求める脅迫状を送る。セブンイレブンにはジャンプとのコラボキャンペーンの「黒子のバスケ」の企画の中止も要求する

・会場がある千葉県浦安市内の全てのコンビニと小学校に「イベントが中止にならなければ死人を出す」という脅迫状を送る

という複数の目的を一挙に達成することを狙った遠大な計画でした。もちろん毒ウエハスを置くのはセブンイレブンに決めていました。ジャンプとのコラボキャンペーンで「黒子のバスケ」を推したことに対する報復のニュアンスでした。

脅迫状の作成手順は4月の脅迫と全く同じです。身元確認のないネットカフェで送付先の住所を調べてUSBメモリーにコピペし、脅迫文を自宅のパソコンで作成し、それらをセルフのプリントサービスがあるネットカフェで印刷し、コンビニでコピーするという、いつもの手口です。

準備にもたついたり、5月後半から6月前半は派遣の仕事が少なくて想定の額まで資金が貯まらずギリギリまで働いていたりで、犯行のために上京できたのは6月下旬でした。

この時も大阪発の夜行バスで上京しましたが、本当に酷い目に遭いました。四列シートのバスでしたが、隣が肥満体の男性でした。普通にしていてもこちらのスペースの三分の一くらいまではみ出してきます。さらに開き直っているのか全く遠慮がなく、最終的にはこちらのスペースの半分くらいは占拠されてしまいました。

さらに前の席の金髪の若い男性が自分に断りもなくリクライニングを限界まで下げて来ました。とどめに後ろの席の茶髪の若い男性から「絶対にリクライニングを下げるな！」と一方的に通告されました。とても狭いスペースで約9時間にわたってひたすら耐える破目になり、苦しさと悲しさで泣けてきました。この時点でまだ帰りのバスの席を取っていませんでしたから「もう四列シートは絶対にやめよう。帰りは少し割高でもゆったりできる三列シートのバスにしよう」と決めました。

横浜駅前で下車し、JRで川崎に向かい、4月の脅迫の時にも宿代わりにしたネットカフェに席を取りました。本当は川崎駅から程近い場所にあるドヤ街で宿を取る予定でしたが、どこも福祉アパート（生活保護受給者を長期逗留させて給付金から代金を徴収するシステム）化していて部屋の空きがありませんでした。

脅迫状は用意していたものの完成はしていませんでした。肝心のウエハスがまだ用意できていませんでした。自分は発売元のバンダイ、セブンイレブン、集英社、会場への送付用と店に置く用の計5つの毒ウエハスを作ろうと考えていました。ただ小売店の販売履歴から足がつく可能性があると思ったので、上京してから購入することにしました。

ネットカフェで一泊して翌日、調理器具専門店が軒を連ねる浅草の合羽橋《かっぱばし》商店街で料理用の注射器を購入しました。ウエハスには注射で毒を入れようと考えていたからです。ガラス製で目盛りが赤茶色で長さ20センチ直径2センチくらいで、値段は３０００円くらいしたと記憶しています。

ネットカフェに戻って一休みしてから午後7時頃にチェックアウトをして、荷物をコインロッカーに預けると、自分は徒歩で横浜方面に向かいました。１時間くらい歩いて見つけた高速道路の高架下の公園で紺のフードつきヤッケ上下とカツラ、サングラス、マスク、手袋という、いつもの顔バレ防止用の変装を済まし、自分は再び横浜方面へと歩き出しました。

6月下旬という時期でしたので、15分もすると汗が体中から吹き出して来ました。自分は幹線道路に沿って歩き続け、見つけたコンビニに片っ端から入りましたが、どの店にも「ボイコレ　黒子のバスケウエハース」はありませんでした。30店目くらいに入ったローソンに販促用ＰＯＰのついた空箱がありました。店員に訊くと「売り切れです。もう終売ですので新しく入っては来ません」とのことでした。大阪ではあちこちのコンビニで売っていましたので、関東でもそうだろうと思い込んでいましたが迂闊《うかつ》でした。東日本と西日本で商品の販売時期にずれがあるのは常識です。自分はウエハスの購入と犯行を断念しました。

時間は日を跨《また》いで午前2時を回っていました。そして通りがかりに見つけた公園のベンチで変装を解いてから野宿をしました。目を覚ますと午前5時になっていました。ずっと東京湾岸を歩いていたつもりでしたが、公園の前にあった周辺案内図を見て自分が横浜市瀬谷区にいることを知って驚きました。

自分は川崎に戻ってコインロッカーの荷物を取り出し、東京駅で大阪行きの昼行便の高速バスの席を取りました。生まれて初めて三列シートのバスに乗りましたが、とても快適に帰阪できました。結局「ＫＵＲＯＢＡＳ　ＣＵＰ２０１３」には脅迫状の送付すらできませんでした。自分は次こそ大きく動くことを決めて、とにかく犯行資金を貯めるべく働くことにしました。

それからは仕事がなかったお盆を除いては働き詰めでした。建設作業員や引っ越し作業員はもちろん、コンサートのステージの設営と撤去、イベントスタッフ、倉庫でのピッキング、炎天下での着ぐるみの中の人、パチンコの新台入れ替え作業、花火大会のテント設営、デパートの什器《じゅうき》の搬入搬出、金属加工場での手伝い、アイドルグループのＰＶ撮影現場での雑用係など、投げられた仕事は何でもこなしました。京都・兵庫・奈良・和歌山など他府県での仕事もやりましたし、日勤・夜勤・日勤を連続でこなすトリプル勤務も話があれば喜んでやりました。

７月中旬から約半月ほど同じ現場に通しで派遣されることになりました。通勤には大阪市営地下鉄を利用していました。自分は乗り換えをスムーズに済ますために、いつも同じ発車時刻の電車の同じ車輛の同じ場所に座っていました。その時に日曜日以外は必ず「黒子のバスケ」のグッズをたくさんつけたバッグを持った女子高生と乗り合わせました。その女子高生は普段は一人でしたが、一度だけ友人らしき別の女子高生と一緒にいたことがありました。二人の会話に聞き耳を立てると、やはり事件について話していました。自分は、

「きみらがディスっている喪服の死神は目の前にいるおっさんだよ」

と二人に向かってつぶやきました。

8月下旬にはある現場で大学生と一緒になりました。休憩時間の雑談で互いのアルバイト経験についての話題になり、その学生はミスタードーナツの店員をしていたと言いました。そこからミスタードーナツの店員がツイッターで客を罵倒して炎上騒動になったという話になりました。自分は、「あまり詳しく知らないんだけどジャンプに『黒子のバスケ』って腐女子に人気のマンガがあるでしょ。その店員が大ファンで客を罵倒しつつ同じアカウントで『青峰くん(主人公たちのライバルキャラ)大好き！　青峰くんのザーメン飲みたい！』とかツイートしていたのよ。それをソースに2ちゃんねるでスレが立っちゃったりしたのよ」

と白々しく知識を披露したりもしました。

ウエハス事件の犯行準備

9月中旬から休みを取り、いよいよ動くことにしました。自分に「やってくれ」と言わんばかりに、8月に第二弾商品である「ボイコレ　黒子のバスケウエハース2」が新発売されていました。また「黒子のバスケ」のテレビアニメの第二期の放送が10月からスタート予定でしたから、事件をぶつけるタイミングは第一話放送日の直前が最もよいと思いました。

自分はこの頃から大阪の心斎橋にあるネットカフェをよく利用していました。建物の内装が新しくて綺麗で、パソコンのスペックが高く、オープンブースの一人当たりの占有面積も普通のネットカフェの倍以上あり、値段も安いという素晴らしい店でした。この店で自分は脅迫状の送付先を選定し、住所を調べました。送付先は下記の通りです。

・集英社
・バンダイ及び関連会社
・コンビニ各社
・ジャンプショップとジャンプランド
・アニメイト
・とらのあなやK‐BOOKS、まんだらけなど「黒子のバスケ」の同人誌を扱うオタク向け書店
・ジャンプショップ、アニメイト、とらのあなやK‐BOOKS、まんだらけなどがテナントとして入っている商業施設とその管理会社
・書籍取次会社
・書籍小売チェーン店
・書店組合
・CD小売チェーン店と業界団体
・ゲームセンターチェーン店と業界団体
・アマゾン
・プロダクションIG
・「黒子のバスケ」のアニメを放送するテレビ局
・「黒子のバスケ」の関連番組を放送しているラジオ局

・各会場
・日本文化出版
・各都道府県の高校バスケットボール協会
・上智大学と戸山高校

などです。ジャンプショップ、アニメイト、とらのあなやＫ‐ＢＯＯＫＳ、まんだらけなどは本社だけではなく、全国の各店舗にも送りました。アニメイトだけで１００店以上ありました。書籍小売チェーン店は本店にしか送っていません。ウィキペディアの「日本の書店」の項目に掲載されている書店には全て送りました。もちろん全店舗に送りたかったのですが、数があまりに膨大で断念しました。また個人経営など中小零細の書店は住所を調べようがないので、各都道府県にある書店組合に送ることにしました。ゲームセンターに送ったのは、クレーンゲームの景品に「黒子のバスケ」グッズが使われているのをあちこちで見かけたからです。アマゾンは本社と全国各地の物流拠点に送りました。物流拠点の住所もウィキペディアで調べました。

各会場というのは、まず同人誌即売会が開催される会場です。そして集英社主催のジャンプのマンガのアニメの先行試写会イベントの会場です。さらに10月に開催が予定されていた「黒子のバスケ」のアニメの主演声優のライブイベントの会場です。この会場には時間不足から会場周辺への脅迫状を用意できなかったこともあり、無視されて終わりでした。それと浦安市の「ＫＵＲＯＢＡＳ　ＣＵＰ２０１３」を開催した会場です。日本文化出版はバスケ専門誌の『月刊バスケットボール』を発行している出版社です。「黒子のバスケ」を表紙にした号を作り、それがとても売れたということでした。

高校バスケットボール協会は各都道府県の高校バスケを取り仕切る団体です。ただしこの時には関東地方の数県の協会にしか脅迫状を送付しませんでした。

自分はこの時点で事件のゴールを明確に定めていました。それは「黒子のバスケ」の単行本と関連商品の一切の販売中止と関連イベントの開催中止、テレビアニメの放送中止でした。「黒子のバスケ」が日本から完全に消滅した状況を一瞬だけでも作り出せれば、それで終わりにしようと思っていました。語弊《ごへい》のある表現ですが「前代未聞の快挙」を成し遂げたことを心の糧《かて》にして、残りの人生を底辺で静かに朽ちて行こうと決めていました。

ウエハス入手と下見の旅

9月下旬にウエハスを入手するため近鉄で名古屋方面に向かいました。できれば三重県内でウエハスを入手したいと思っていました。当時の三重では未解決の女子中学生殺人事件が発生したばかりでした。三重県警はその事件に必死でしょうから、その隙《すき》に三重でウエハスを買えば足がつかないような気がしたのです。自分は四日市駅で下車して駅周辺のコンビニを回って「ボイコレ　黒子のバスケウエハース2」を取り扱っている店を何店か発見しました。合計12個のウエハスを入手しました。購入を終えて四日市駅に戻ったのは午後8時30分頃でした。大阪に帰ろうとしましたが、この時点で普通列車の大阪方面行きの終電は既に発車していて、割高な特急列車でないと大阪には帰れないとのことでした。

自分は思い切ってこのまま上京することにしました。毒ウエハスを置きに行くコンビニの選定や逃走経路の確認などの下見をする必要があったからです。そこでまず名古屋へと向かいました。そして金山駅近くのネットカフェで一泊して、翌朝に東京行きの高速バスで上京しました。

東京駅前で下車すると、ＪＲで舞浜駅へと向かいました。7月のリベンジも兼ねて、浦安市内のセブンイレブンで犯行に及ぶことを決めていたからです。浦安市内のセブンイレブンを訪ね歩き、「ボイコレ　黒子のバスケウエハース2」を扱っている二店を見つけました。東京湾に近い店と千葉県市川市との境界に近い店の二店でした。場所柄かセブンイレブンに限らず、どのコンビニでもディズニーグッズが多く取り扱われていました。

自分は次に逃走経路を考えることにしました。上京前に地図を見て、犯行後に浦安市の東側に抜けて、さらに南下して千葉市方面への逃走を想定していましたが、実際に現地を見て変更することにしました。浦安市の西側は江戸川に沿っています。川沿いの歩道や河川敷には監視カメラなどはなさそうでした。自分は江戸川沿いに北上して市川市方面に逃走することにしました。下見を完了すると午後7時を回っていました。舞浜に到着したのが午後2時頃でしたから、約5時間にわたって歩き回っていたことになります。自分は川崎に向かい、駅前の常宿にしているネットカフェに席を取りました。

翌日にチェックアウトをすると、周辺のコンビニ各店で脅迫のネタにするためにおにぎり、パン、スナック菓子などを購入しました。わざわざ川崎で買ったのは、東日本と西日本で販売されている商品に差があるからです。大阪で購入して、もしそれが西日本でしか販売されていない商品でしたら、警察が「犯人は西日本在住者である」という読みをすると思いました。それを絶対に避けたかったからです。買い物を済ませると東京駅へと向かい、昼行便の高速バスで帰阪しました。

上京前の最後の準備

脅迫状送付先が合計で500カ所を超えるので、切手代をどうにか節約できないかと考えました。そこで一通60円で25グラムまでなら便箋なども同封できる郵便書簡を大阪市内の特定郵便局と金券ショップで大量に購入しました。もちろん一店で大量購入はせず、15店くらいで数回に分けて購入しました。郵便書簡はセルフで糊づけする封筒のようなものですから、まず封筒にするだけでも膨大な作業になりました。

次に脅迫状を作成しました。本当は全ての送付先ごとに文面を変えたかったのですが、時間的に不可能でしたので、汎用的に使える文面を15種類くらい作成し、それらをネットカフェで印刷し、必要枚数分だけコピーしました。例えば集英社宛ての脅迫文はこうでした。

《宣戦布告　集英社の阿呆どもへ

久しぶりやな　わしは黒子のバスケ脅迫事件の犯人一味の怪人801面相や　相変わらず黒子で薄汚く金儲けしとるようやな　単行本の初刷り百万部らしいやないか　ぼろ儲けやのう　まあええわ　わしらがお前らを思いっきりいびって儲けが吹っ飛ぶくらいの損を負わしたるわ　夢はでっかく被害総額百億円や　黒子のウエハスとかいう食玩を出したやろ　あれに毒入れたの作ってセブンイレブンに置いてきたったわ　セブンはなんぞ妙なキャンペーンやっとったろ　黒子の不快なでかいPOPを置きよってなあ　場所は黒子のイベントをやりおった会場の近くのコンビニや　お前らがイベントなん

ぞ開くせいで罪もないコンビニが被害に遭うたんやで　さて本題や　わしらからの要求を出すわ
・週刊ジャンプに連載中の黒子のバスケの連載を即時打ち切り
・単行本ならびに全ての関連商品の販売中止と絶版回収
・黒子のバスケの劇場版アニメの製作中止
この三つだけや　実に簡単なことやなぁ　これらの要求にお前らが応じないなら喪服が言うとる通りに黒子の単行本の巻数とアニメの話数を合わせた人数だけ誰かを殺す　期限は藤巻の母校の上智の学園祭の最終日や（以下略）》

また全ての脅迫状に別に作った喪服の死神名義の脅迫文も同封しました。その文章はこうでした。
《俺は黒子を殺すことに決めた　もう駄目だ　絶対に許さない　藤巻は騒ぎが大きくなった直後の単行本で俺のことを挑発した　あの「有言不実行」云々の話は全てを分かった上での俺への当て付けだ　藤巻がそこまで言う以上は俺も「有言実行」だ　かならず黒子を殺す（以下略）》
コピーは一枚5円の格安コピー機があるコンビニやスーパーやドラッグストアでやりました。さらに「黒子のバスケ」が表紙の号の『少年ジャンプ』を入手し、表紙を切り取ってスカーレットの油絵の具で「殺」と書き、集英社への脅迫状に同封しました。同号のカラーピンナップも切り取って同様に「殺」と書き、バンダイへの脅迫状に同封しました。
次にあいりん地区で衣類を購入しました。どこかの工場で使用されていた社名入りの作業着なども あり、遺留品として警察に回収されても足のつきようがない代物ばかりでした。他にもドンキホーテや100円ショップで必要な物品を購入しました。

そしていよいよ毒入りウエハスの作成です。まず一個を開けて中の構造を確認しました。ウエハスの包装の裏側にロット番号が印刷されていたので、その部分をカッターで切り取りました。ロット番号から購入店を特定される可能性があるからです。次にウエハスと川崎で購入したコンビニのPB商品に注射針を刺している様子をデジカメで撮影しました。これらのプリントアウトのコピーも集英社やバンダイやコンビニ各社への脅迫状に同封しました。食品に毒を注入している様子を画面で見せて脅迫の威力を増すためでした。

5月に購入した農薬はパワーアップさせていました。それがニコチンです。農薬を100円ショップで購入したボトルに移し、それにタバコの葉を浸しておきました。薄いレモン色だった農薬は麦茶のような茶色い液体と化していました。

注射器にニコチン入り農薬を入れ、針を包装の外からウエハスに刺しました。ウエハスはクリームを二枚のウエハスで挟んだ構造でしたので、クリームの部分に針が刺さるようにしました。このようにウエハスに毒を注入していて、五枚目の作業をしていて急に注射器が押しても動かなくなりました。自分が力づくで押すと、音を立てて注射器が破裂してしまいました。

自分はガラスの破片を掃除しながら、残りの毒ウエハスをどうやって作ろうかと途方に暮れましたが、ロット番号を切り取った穴から毒を流し込んでウエハスに染み込ませることを思いつきました。脅せさえできればよかったので、見栄えは妥協しました。

そして最後に「毒入り危険　食べたら死ぬで　怪人801面相」と印字した縦5センチ、横3センチくらいの紙片を、パッケージに描かれた主人公の黒子テツヤの顔を隠すように貼りつけました。

コンビニに置くウエハスには紙片をバーコードのすぐ上のロット番号を切り取った穴を塞《ふさ》ぐように貼りつけました。バーコードのすぐ上に貼ってあれば、店員がレジ打ちの際に絶対に気がつくと思ったからです。あくまでも脅迫だけが目的でしたので、客の手に渡るのはどうしても避けたかったのです。検事にこのことを話したところ「万引きされたらどうするつもりだったの？」と訊かれました。自分は「万引きにまで気を使っていたら犯罪はできません」と答えました。

完成した店に置くためのものを除く10個の毒ウエハスは集英社、バンダイ、セブンイレブン、マスコミなどに送ることにしました。自分は騒ぎを大きくするためにマスコミへの犯行声明も用意していました。その文章はこういうものでした。

《犯行声明　これが届いた新聞と通信社とテレビ局と週刊誌へ
わしは黒子のバスケ脅迫事件の犯人一味の怪人８０１面相や　長いこと動かなかったのはジャンプ編集部と裏交渉をしとったからや　交渉は決裂したわ　編集部も藤巻も何も分かっとらん　仕方ないから本気で動いてやることにしたわ　わしらが本気やというのを見せるためにセブンイレブンに毒入りの食玩を置いたった　黒子の食玩を食べて墓場に行こう　黒子に加担するコンビニの食べ物を食って墓場に行こう　黒子の単行本を売っている本屋に行って丸焼けになろう　黒子のグッズを売っているアニメショップに行って流れ弾に当たろう　グリコ森永事件の約三十年ぶりのリバイバルや　足のつかない協力者に黒子のウエハスをアマゾンの通販で二箱買わせたった　いくつか食ったり製造に失

敗して手元にある毒入りウエハスは30個や　テレビ代表としてＮＨＫ　新聞代表として産経　通信社代表として共同に見本のウエハスを送らせてもらうわ　部数百万切り絶賛低迷中の産経を新聞代表として選んだのは「衝撃事件の核心」とかいう記事でやってもらいたいからや　是非とも脅迫状の全文をＭＳＮ産経ニュースに載せたってくれや（以下略）》

ただ大手メディアであれば警察の意向に従って報道を見合わせる可能性もあると思いました。それを無視して声明を公表してくれそうなメディアとして思いついたのが月刊『創《つくる》』でした。自分は『創』の購読者ではありませんでしたが、どのような雑誌かは知っていました。

脅迫状の作成に予想以上に時間がかかり、予定していたアニメの第一話放送日前の犯行は無理な状況になっていました。そこで第一話を見てＣＭを出しているスポンサーの企業も脅迫しようと考えました。関東と関西ではスポンサーが違う可能性がありますので、上京して第一話を見ようと決めました。自分は関東での放送開始日が10月5日の夜とばかり思い込んでいたので、同日昼の東京行きの高速バスの席を取りました。

バスの出発時間は午後０時30分でした。結局、未完成の脅迫状が１５０通くらい残ってしまいました。自分は変装用衣類と完成した脅迫状をペーパーバックに詰め込んで封をして、近所のコンビニからクロネコヤマト便の営業所留めで送りました。営業所留めとは営業所で保管された荷物を客が受け取りに行くシステムです。ペーパーバックは５袋でした。未完成の脅迫状は上京後にすぐ作業を始められるように手で持って行くことにしました。

ドタバタと準備を終えて午前11時50分に自宅を出てタクシーで大阪駅に向かいました。車内でチケットを確認して、自分は目の前が真っ暗になりました。バスの出発時間は午後0時30分ではなく、午後0時10分でした。タクシーは午後0時20分に大阪駅に到着しました。バスは既に出発してしまっていました。

自分は念のため近くにいたスタッフに確認を取りました。スタッフは自分がクレームをつけようとしているとでも思ったのか、こちらを宥《なだ》めようとする意図が露《あら》わな猫撫《ねこな》で声で「払い戻しは不可能だから新しくチケットを買い直すしかない」という意味のことを言いました。遅刻した自分が悪いことは分かっていましたし、犯行前に無用なトラブルを起こしたくなかったので素直にそれを受け入れる旨を伝えました。スタッフは「聞き分けのいい客でよかった」と言わんばかりに安心した様子で自分にチケット売り場の場所を説明しました。自分は「きっと払い戻しを要求してゴネる遅刻客が多いのだろうな」と思いました。

上京後の準備

自分はチケットを買い直してバスに乗り、東京駅前で下車してＪＲで川崎まで移動し、常宿のネットカフェに席を取りました。まず急いで残りの脅迫状を完成させました。次に「黒子のバスケ」のアニメの放送時間を確認しました。10月5日の夜というのは自分の思い違いで、関東での第一話放送は10月8日でした。さらに店員に確認すると「（アニメを放送する）ＭＸテレビは東京のローカル局ですから当店では見られません」と言われてしまいました。

自分は10月8日に都内某所のネットルームに行きました。ネットルームとはネットもできる割安な木賃宿《きちんやど》みたいなものです。カウンターでネットを使用しない旨を伝えて、身元確認なしで部屋を借りました。シャワーサービスを利用したりして時間を潰し、番組開始を待ちました。

時間が来てアニメがスタートしました。自分はまともに見たら頭がおかしくなると思い、音を消してできるだけ画面も見ないようにしながらCMだけを確認しました。CMは既に脅迫状を用意していたバンダイとその関連企業ばかりで、結果として無駄足に終わりました。

翌10月9日の午後に再び浦安市へと下見に行きました。自分は毒ウエハスを置く店を市川市との境界に近い店に決めていました。当初はもう一店の東京湾に近い店にしようと考えていました。しかし誤って自宅近くのネットカフェでセブンイレブンの公式ホームページの店舗検索でその店名を入れて検索をしてしまっていたのです。

事件後に警察が店舗検索の過去ログを調べる可能性は高いと思っていました。そこで浦安市の被害店舗を大阪から調べているIPアドレスが見つかれば怪しまれると思ったのです。さらに偶然ですが、上智事件の直前に犯行声明を2ちゃんねるに書きこむために利用したネットカフェが、ターゲットに決めた店から直線距離で数百メートルの位置にありました。これで警察が「犯人はこの付近の（元）住人」という間違った見立てをする可能性があると思いました。以上の二つの理由で店を決めました。

自分はターゲットのセブンイレブンの位置の最終確認をするために店が見える場所まで行きました。本当は店に入って「ボイコレ　黒子のバスケウエハース2」をまだ取り扱っているかどうか確認したかったのですが、下見の様子が監視カメラに映るのが嫌だったのでやめました。とにかく品物がまだあることを祈りました。

次に逃走ルートの最終確認を行いました。江戸川沿いの歩道を北上して、身を隠せそうな場所をあちこちに見つけました。そのまま市川市に入りました。偶然ですが、とらのあなの専用物流拠点が近い場所にありました。寄り道して連続で犯行に及ぼうかとも考えましたがやめました。自分はそのまま歩き続けて千葉県船橋市から川崎に戻りました。この時に生まれて初めて京成線に乗りました。

大量の脅迫状を投函

脅迫状を投函したのは10月12日です。投函場所は、埼玉県戸田市のＪＲ埼京線の戸田駅と戸田公園駅の周辺です。

この日に決めた理由は二つあります。まず準備が終了し、後は決行するだけの状況になったからです。もう一つは毒ウエハスを置いた翌日に脅迫状が届くようにしたかったからです。あくまでも脅迫が目的ですから、購入されて食べられる訳には行きません。売り場に置かれる時間を少しでも短くして、店ですぐ発見されるようにしたかったからです。また犯行日は人通りが少ないであろう休日の深夜にしようと考えていました。

それらを勘案して10月14日の深夜から未明に決行することにしました。つまり10月12日の土曜日に投函すれば、13日と14日は日曜日と祝日で郵便の配達がなくて犯行前に脅迫状が届くという手違いも絶対に発生せず、15日には確実に全ての脅迫状が一斉に配達されるという計算でした。投函日のちょうど1年前が上智事件の発生日だったので、一部に「10月12日という日付けに重大な意味があるのでは？」という憶測報道がありましたが、そのような意図は自分には全くありませんでした。

投函をしたのは午後2時から4時頃でしたが、これも計算の上でした。事前に戸田市内のポストの収集時間を4月の犯行の際にも参考にしたサイトで調べておきました。戸田市内のポストの土曜日の最終収集時間は総じて午後2時から3時でした。その後に投函すれば翌日に収集されて消印も翌日になり、投函時間と消印の日付けにギャップが生じるという4月にも使った手口です。

脅迫状の消印に関して警察はパニックになったようでした。まず一部は当日の収集に間に合ったようでした。さらに翌13日が日曜日だったこともあり、処理が遅れたものも存在しました。その結果、脅迫状の消印の日付けは12日夜、13日午前、13日午後、13日夜の四種類に分かれました。

さらに話をややこしくしたのは定形郵便物と定形外郵便物の違いでした。ウエハスを同封した脅迫状はウエハスを緩衝剤で包んだこともあり、厚みが出て定形外のサイズになりました。全く知らなかったのですが、戸田市内のポストに投函された定形郵便物は作業の都合上、埼玉県さいたま市北部を管轄する郵便局に運ばれて処理されるというのです。定形外郵便物は戸田市を管轄するさいたま市南部の郵便局で処理されます。つまり脅迫状の消印の局も二種類あるのです。この処理方式は隣接する埼玉県蕨市や埼玉県川口市の一部のポストでも行われています。つまり脅迫状が投函された可能性があるポストの数が非常に多いのです。

自分が戸田市で投函をしたのは消去法と交通の便です。上智事件を起こした東京とウエハス事件をこれから起こす千葉、自分が宿泊している神奈川を除くと埼玉しかなかったからです。そして川崎から近くて行きやすい埼玉が戸田市だっただけなのです。事件がマスコミで大きく騒がれ出してから「うちの管内から投函されたんだから、うちでも徹底的に捜査しろ！」とお偉いさんよりお達しが下り、埼玉県警も捜査を始めましたが、消印は前記した状況でしたから現場は大パニックになったとのことでした。「あの頃は毎日のように『全く分からなくて困っています。そっちで何かいい話はないですか？』と電話がかかって来たよ」と逮捕後に警視庁の刑事から言われました。

投函を終えた自分は「脅迫状を投函した以上はもう後戻りはできない」と決意を固めつつ宿のネットカフェに戻りました。

EXOペンになった

いつだったかははっきりと覚えていませんが、この頃から韓国のアイドルグループのEXOのペン（ファンのこと）になっていました。2012年4月のソウルでのデビューイベントはネット生中継で見ましたが、その時にはこの12人の青少年たちに対して特別な思いを抱きませんでした。気がついたらペンになっていました。ネットカフェに滞在中はずっとYouTubeでEXOの曲を聞いたり、EXOが出演したテレビやミュージックビデオの動画を見たりしていました。またEXOの活動情報を収集したり、2ちゃんねるのEXOのスレッドを見たりしていました。

自分は生まれて初めて芸能人のファンになりましたが、実に楽しいものでした。自分には向こうのアイドルシーンの方が予定調和的な日本のそれよりもスリリングでロマンがあって煌《きら》めきがあるように感じられました。ただ自分はEXOに日本デビューはして欲しくないのです。なぜなら向こうの曲の日本語バージョンは、歌詞の日本語が総じて壊滅的にデタラメだからです。

ついにウエハス置きを決行

10月13日の午後8時30分頃にネットカフェをチェックアウトしました。コインロッカーにスマホが入った荷物を預けると、JRで京葉線の新木場駅に向かいました。自分は五回の変装を予定していましたので、大量の衣類を詰め込んだ紙袋を両手に抱えていました。新木場駅から千葉方面へ幹線道路をひたすら歩くと江戸川が見えて来ました。自分は東京都江戸川区側の整備された河川敷で一回目の変装をしました。この時の服装はよく覚えていませんが、カツラ、帽子、サングラス、マスク、手袋はしていました。周囲には夜釣りをする釣り人やイチャつくカップルがいましたが、誰も自分のことなどは見ていませんでした。

変装が終わった自分は橋を渡って浦安市に入り、江戸川に沿って北上しました。そして下見の際に決めておいたポイントに到着しました。川沿いの歩道と川は1・5メートルくらいの塀で隔てられていました。塀の向こう側に階段があり、釣り船が大量に係留されている護岸工事済みの河川敷に降りられる構造になっています。

自分は塀を乗り越えて階段の踊り場に降りました。荷物を置いた自分は二回目の変装をしました。シャツとズボンと靴を替え、茶髪のセミロングのカツラをかぶり、水色のサングラスをかけ、マスクをして、オレンジのペイズリー柄のバンダナを額に巻き、手袋をしました。踊り場は歩道側からは完全な死角でした。恐いのは釣り人などに河川敷側から見咎《みとが》められることでしたが、河川敷には誰もいませんでした。歩道に戻ると30分くらい川沿いに北上した場所に捨てられていた粗大ゴミの陰に五回目の変装用の衣類を隠しました。本当はもっと北上した場所に隠す予定でしたが、進行方向にパトカーのサイレンのような赤い光が大量に明滅しているのが見えたのでやめました。

自分は階段の踊り場に戻ると三回目の変装をしました。いよいよ決行です。黒い長髪のカツラと農作業用の庇《ひさし》が大きく耳や首を隠す布がついている青い帽子をかぶり、額に白い三角巾を巻き、サングラスとマスクをして、白いワイシャツを着て、黒ネクタイを締め、白手袋をはめ、モスグリーンのズボンをはいて、黒いスニーカーを履き、黒いエプロンを腰に巻きました。

全く以《もっ》て異様なことこの上ない風体でした。もちろん監視カメラ用の顔バレ対策です。本当は上智事件の時のように喪服姿でやろうかなとも思ったのですが、黒いスーツの上下は事件の際に遺棄しており、新調するお金もなかったので、黒ネクタイや黒いエプロンを使って喪服姿のイメージに近づけました。変装を終えた自分は犯行現場へと向かいました。恐かったのは職務質問でしたが、パトロール中の警官には遭遇しませんでした。自分はポケットの中で毒入りウエハスを指でいじりながら「もうやるしかないっ！」と決心して店に入りました。

午前3時くらいでしたが、店内には4〜5人の客がいました。自分はまず食玩コーナーを確認しました。目的の品物はまだ売られていました。自分は買い物カゴにポケットから出した毒ウエハスを入れ、それを持って飲料コーナーへと行きました。そしてカルピスウォーターを一本取ってカゴに入れると、食玩コーナーに戻りました。店員はレジ打ちをしていました。自分は品物をありったけ（恐らく10個未満）取ってカゴに入れ、数秒の間を置いて「やっぱ要らないや」という態を装って毒ウエハスが一番後ろになるようにしたうえで、一個増やして品物も売り場に戻しました。そしてレジでカルピスウォーターを購入して退店しました。

自分は店を出ると一目散に川沿いの階段の踊り場を目指しました。焦っていたのか途中で誤って行き止まりに入ってしまったりもしました。踊り場に戻った自分は四回目の変装をしました。角刈りのカツラとニット帽をかぶり、サングラスとマスクをして、青い作業着を着て、ナイロンの黒いズボンをはき、鳶《とび》職人が履くような紺の足袋《たび》状の靴を履き、手袋をして、グレイのボストンバッグにそれまでに使った衣類を強引に押し込み、カルピスウォーターを一気飲みしました。

自分はすぐに歩道へと戻り、川沿いにひたすら北上して逃走しました。しばらくしてパトカーともすれ違いましたが、自分には気がつかずにパトカーは走り去りました。五回目の変装用の荷物を回収し、さらに北上を続けて江戸川と利根川の合流地点にたどり着きました。時間は午前6時になっていました。自分は広い河川敷の野原で五回目の変装を行いました。金髪のカツラに黒いキャップをかぶり、マスクをして、ブラウンのパーカーとズボンの上下を着て、白いスニーカーを履き、黄色いリュックサックに荷物を詰め替えました。空はかなり明るくなっていました。

自分は利根川に沿ってひたすら北上し続けました。その途上で変装に使った衣類は川に投げ捨てました。その日は快晴で暑くて暑くて仕方がなかったです。千葉県松戸市に入った辺りで河川敷のグラウンドで小学生がサッカーの試合をやっていました。自分は小学生の息子がいてもおかしくない年齢です。応援席から我が子の奮闘を観戦する休日を過ごすような人生は自分にはあり得なかったと思いつつ通り過ぎました。

自分は千葉県流山市か川を渡って埼玉県吉川市まで歩く予定でしたが、疲れ果てたので妥協して埼玉県三郷市から帰ることにしました。時計の針は午前11時を回っていました。JR三郷駅そばの公園で川崎出発時の服装に戻り、そのまま川崎に戻って常宿の店ではない別のネットカフェに一泊し、翌10月15日に昼行便の高速バスで帰阪しました。

大阪に到着したのは午後6時頃でした。自分はスマホでニュースをチェックするとバンダイに脅迫状が届いたことが報じられていました。自分は「とりあえずは上手く行ったけど、この程度じゃゴールには届かないから次の手を考えないといけない」と思いました。

店長とOFCはしっかりしてくれっ!

「ボイコレ　黒子のバスケウエハース2」は店頭から回収となりましたが、肝心の「毒ウエハス発見」がちっともニュースにはなりませんでした。バーコードのすぐ下に「毒入り危険」の紙片を貼ったので、絶対に客に売られてはいないはずでした。

しばらくすると「犯人は口だけで実際にはできないヘタレ」というような煽《あお》りの論評もネット上に散見し始めました。自分としては命懸けで犯行に及んだのに「口だけのヘタレ」呼ばわりされていることに猛烈に腹が立ちました。自分にはセブンイレブン本社か店のどちらかが客離れ防止の目的で隠蔽《いんぺい》しているとしか思えませんでした。自分はウエハスを置いた店を名指しして絶対に毒ウエハスの発見を公表させないといけないと思い、再び脅迫状を用意しました。

脅迫状には店名と「お前たちが隠蔽するなら犯行に及んだ証拠として犯行直前に店の前で撮った記念写真を公表する」という趣旨のことを書きました。もちろん「記念写真」は全くの嘘です。さらに近所のセブンイレブンでレトルトカレーとスパゲティソースを購入し、捨てないでおいた注射針を刺し、あたかも毒を注入しているようにデジカメで撮影して、そのプリントアウトのコピーを脅迫状に同封しました。

脅迫状には「隠蔽の罰に酢を混入したものを店に置いて来た」という意味のことを書きました。送付先はセブンイレブン本社と浦安市の店、マスコミ各社で合計で10通くらいでした。投函場所はどこでもよかったのですが、脅迫状が完成した日に派遣会社から翌日の仕事として兵庫県尼崎市の現場を紹介されました。当日は阪神武庫川駅に午前8時30分集合になっていました。自分は一本早い電車で駅まで行き、駅から少し離れた住宅街のポストに脅迫状を投函し、そして何喰わぬ顔で駅に戻り、集合に参加して他のスタッフと一緒に現場へと向かいました。脅迫状を投函したのは10月22日でした。

開示された証拠によると、

・当日、店員は異様な姿の自分を見て「強盗が来た！」と思い、すぐに非常ベルを押せる位置に移動した。
・隠蔽の意図はなく、すぐに見つからなかったのは単純なチェックミス。
・店長は店頭からの商品の撤去時に空気が抜けていて潰れている不審なウエハスを見つけたが、詳しくチェックをしなかった。
・店を訪ねたＯＦＣ（本社から各店舗に派遣されるお目付け役の社員）も商品を確認していたが、異常を見逃した。
・回収した商品は千葉県白井市の物流拠点で保管していた。
・10月24日に捜査員が物流拠点で返品在庫の山を調べ直して、毒ウエハスを発見した。

とのことでした。「毒ウエハス発見」の発表があったのは自分の記憶だと11月半ばだったはずです。非公表のまま行こうという意図は警察かセブンイレブンのどちらかにはあったと推察されます。

騒ぎが一気に拡大したのはやはりツタヤが「黒子のバスケ」の単行本を含む関連商品の売り場からの撤去を開始してからでした。業界最大手クラスのツタヤのこの対応は衝撃的でした。ツタヤが「表現弾圧への加担者」とか「図書館運営に関わる資格はない（ツタヤは佐賀県武雄《たけお》市から図書館の運営を委託されている）」などと批判され、販売継続を表明した書店が「表現の自由の擁護者」と称賛されているのがさっぱり意味が分かりませんでした。この件は企業の危機管理の問題であり、表現の自由とは何の関係もないと思います。自分はオタク業界の人間はどんな事柄でも表現の自由と絡めて考える職業病に罹患しているのだと理解しました。来たるべき単純所持違法化を含む創作物における児童ポルノ規制を前に、この事件を「表現の自由が侵害された事件」の一例に加えることが規制を巡る議論にオタク業界側に有利に働くとでも考えているのかとも邪推しました。ちなみにツタヤですが、警視庁の再三の働きかけにもかかわらず頑として被害届の提出に応じなかったそうです。

自分は脅迫状の一部を黒報隊名義にして赤報隊事件の犯行声明文を参考にした脅迫文を作成しましたが、アンチネトウヨ派の活動家の一部がこのことだけを根拠に「事件は在特会案件」と言い出したことがさっぱり意味が分かりませんでした。また「犯人は左翼に間違いない。表現規制推進派は左翼だからだ」というネトウヨの物言いも、想定はしていたものの、やはり意味が分かりませんでした。

自分は脅迫状に「単行本を含む商品の販売を中止しろ。その期限は11月4日だ。それまでに中止を決定しなければ次の犯行に出る」という趣旨のことを書きました。商品販売中止決定の締切日という意味でX‐DAYという言葉も使いました。それがなぜか世の中には「X‐DAYに大きな事件を起こす」という意味に解釈され、当初は商品を撤去していたのに「X‐DAYを過ぎたから」という理由で11月5日から販売を再開する業者が続出したことも自分には全く意味が分かりませんでした。またこの時に限らず事件当初から「喪服の死神を生み出したのは黒バスファンのマナーの悪さが原因」という趣旨の意見が多く見られたことも自分には全く意味が分かりませんでした。

11月4日の上智大学の学園祭は厳戒体制で行われ、機動隊の車輛も配備されました。しかし、その車輛は上智大学のために用意されたものではありませんでした。上智大学そばのホテルオークラに来日中のロシアの要人が宿泊していて、その警備に駆り出された車輛をついでに上智大学の前に持って来たのだと刑事から聞かされました。

終わりの始まり

11月中旬に自分は仕事で奈良県生駒市へと向かいました。長閑《のどか》な田園風景を眺めつつ駅から現場へと歩いて向かっているとツタヤがありました。自分は昼休みに現場を抜け出してツタヤに入りました。すると入り口からすぐの最も目立つ場所に「黒子のバスケ」の単行本が1巻から最新巻まで平積みで鎮座《ちんざ》し、液晶画面でアニメのDVDが流されていました。店が「黒子のバスケ」を猛プッシュしていることは明らかでした。ツタヤのフランチャイズ店は現場の裁量権が大きいとの話を聞いたことがありましたが、本部の決定などどこ吹く風とでも形容すべき状況でした。

自分はこんな田舎にまで「黒子のバスケ」の人気が浸透しているという現実に何もかも嫌になりま

した。自分はウエハス事件の直後にあった仕事のことを思い出していました。その仕事はコンサートのステージの設営でした。自分は音響業者の作業を手伝う班に配置されました。作業開始前に業者の担当者が集ったスタッフを前に挨拶をしました。よく見ると担当者は「KUROBAS　CUP2013」と書かれたTシャツを着ていました。自分が開催を阻止できなかったイベントのノベルティグッズなのは明らかでした。自分は、

「仕事先にまで『黒子のバスケ』が追いかけて来る」

と泣きそうになりました。その日の仕事はミスを連発して怒られっ放しでした。

自分はツタヤを出て現場に戻り、仕事を再開しました。自分が歩道で仕事をしていると猛スピードでバイクが歩道に突っ込んで来ました。バイクは自分のすぐ横を掠《かす》めて行きました。30センチずれていれば間違いなくぶつかっていました。バイクはパトカーの追跡を振り切るために歩道を強引に突っ切ったようでした。自分は追跡するパトカーが車道を通り過ぎるのを眺めながら、

「どうして自分をはねてくれなかったんだっ！」

と叫びそうになりました。自分は犯行を重ねつつも、死んで終わりにしたいとも思っていました。

そのしばらく後に兵庫県内のサーキットでアマチュアレーサーのカーレースの運営の雑用係の仕事をやりました。レースは順調に進行していました。そのレースは12台の車が出走しました。自分は最後尾スタートの11番目と12番目の車を所定の位置へ誘導しました。信号が変わり各車一斉にスタートしました。数分後に最後尾の車がクラッシュしました。ドライバーは即死でした。自分は亡くなったドライバーの生前の姿を最後に見た人間となりました。どうして生きる資格のない自分が人の不帰の

旅出ちを見送ることになったのかと思うと、何とも言えない気分になりました。

この頃の自分は暇さえあれば2ちゃんねるやツイッターで事件についての反応をチェックしているか、ＥＸＯの情報を追っかけているかしていました。自分はＥＸＯの曲を聞きながら、

「このまま喪服の死神を廃業してＥＸＯペンとして生きて行こうか」

と思いもしましたが、

「ここまで来たからには最後までやり遂げないといけない」

と慌てて思い直しました。

自分は年明けに最後の大勝負に出ようと考えていました。それは書店への放火でした。放火と申し上げましたが、正確には放火未遂です。自分は上智事件もウエハス事件も死傷者を出さないようにやりつつ「自分が本気を出したら次は死人が出るぞ！」と脅迫をしていました。自分はこの手口を「明日から本気出す作戦」と命名していました。放火未遂のターゲットは「黒子のバスケ」の単行本の販売継続を表明して拍手喝采を浴びた書店に決めました。放火用の液体燃料も、たまたま民家の軒先に置きっ放しになっていたそれを見つけた時に盗んで入手していました。

自分は年内最後の軽いジャブとしての脅迫状の送付を決めました。まずは12月下旬開催予定のジャンプフェスタです。「黒子のバスケ」のステージの観覧に当選して喜んでいるツイッターの黒バスクラスタを見つけたからです。集英社と会場の幕張メッセへの脅迫状を用意しました。それとコミケです。やはり「黒子のバスケ」のサークルがスペースを占拠しているのは嫌でした。主催のコミケ準備会と会場の有明ビッグサイトへの脅迫状も用意しました。

さらに高校バスケの冬の大会であるウインターカップにも脅迫状を送付することにしました。「黒子のバスケ」の作中で主人公たちはウインターカップの予選を戦っているという設定になっていたからです。主催者と会場、そして2校を除く男子の出場校への脅迫状を作成しました。

除いた2校は秋田代表と京都代表の高校です。自分はその高校の男子バスケ部員のユニフォーム姿には萌《も》えるどころか萎《な》えるからです。他にもマスコミ各社への犯行声明文も用意していました。

ウエハス事件から間もない頃のことでした。自分は仕事帰りの夜に繁華街の通りを歩きながらスマホをいじって事件の情報をチェックしていました。事件当初から産経新聞紙上でトンチンカンなプロファイリングを披露している臨床心理士がツイッターで「これから犯行声明を分析する」としばらく前にツイートしていましたので、どうなったのかを確認してみました。臨床心理士は「喪服の死神！私に連絡を！」と自分に呼びかけるツイートをしていました。意味が分からなかった自分は一連のツイートをよく読んでみました。まとめると「喪服の死神は愛する人を失って錯乱状態にある。救ってやるから私に連絡しなさい」ということでした。自分は人目もはばからず大爆笑してしまいました。このようなことがあったので自分は産経新聞への犯行声明には「自分が逮捕されたら仕事上の信用を全て失くすレベルの大恥をかくことになるぞ」という趣旨の臨床心理士への文章を書きました。

自分は12月上旬から年末まで続く通しの勤務を入れていました。現場は大阪市城東区のプラスチック加工メーカーの工場でした。派遣会社からは「先方からできるだけ同じ人を寄越して欲しいと言われているから、定休日の日曜日以外は休まずに出て欲しい」と言われていたので、それに従いました。

自分は12月15日の日曜日に、日帰りで上京して脅迫状を投函することにしました。

5 投了

娑婆での最後の夜

２０１３年12月14日の夕方に絵に描いたような町工場での仕事を終えると、自分は大急ぎで帰宅しました。休みを取れなかったこともあり、脅迫状が全て完成していなかったからです。スマホでＥＸＯの曲を聞きながら作業を進めていたところ、脅迫状の文面に誤字が見つかりました。自分は自宅近くの行きつけのネットカフェで脅迫状を印刷し直すことにしました。

作業を終えて退店しようとした時に、ふと自分は思い出して動画投稿サイトにアクセスしました。すると数日前に韓国で放送されたＥＸＯ出演のバラエティ番組が日本語字幕つきでアップロードされていました。自分は明日の脅迫状投函を終えてから見ようと思っていたのですが、やはりＥＸＯの引力には抗《あらが》えませんでした。番組は90分くらいの長さでした。ソウルの若者街での買い物企画にはしゃぐ青少年たちを見ている間だけ、自分が犯罪者であることを忘れられました。自分はネットカフェを退店し、コンビニで作りたての原本をコピーして脅迫状を完成させました。

　帰宅した自分は脅迫状の最終確認を始めました。これで問題がなければ、近所の行きつけのラーメン屋で遅い夕食を取ろうと思っていました。マスターが一人で切り盛りしているカウンターだけの小さな店です。自分が最後に店に行ったのは一週間前でした。この日は客の入りが悪かったのか、自分が訪ねた時に先客は誰もいませんでした。

　大盛り玉子ラーメンをすすりながらマスターと世間話をしていると、何の前触れもなく会話の中に「僕は在日韓国人なんですけど」というフレーズが何気なく混じっていました。自分がこの手の告白をされたのは生まれて初めてでした。自分はその告白をスルーして、話題を変えました。

　自分はそれから店には一度も行っていませんでした。たまたまラーメンという気分にならなかったり、他の行きつけの店で食事をしたりで、マスターのカミングアウトは何の関係もありませんでした。自分はマスターから「在日カミングアウトした途端に、あの客は来なくなった」と思われるのが絶対に嫌でした。ですから疲れていて食欲もなかったのですが、どうしても店に行きたかったのです。ところがウインターカップ出場校への脅迫状の文面に誤字が見つかりました。48通の脅迫状を作り直さないといけなくなってしまったので、自分はマスターに会いに行くことを断念しました。

　EXOの番組を見たネットカフェは24時間営業ではなく、既に閉店していました。自分はセルフのプリントサービスがある日本橋のネットカフェまで徒歩で向かうことにしました。時刻は日付けを跨《また》いで午前0時を少し過ぎていました。30分くらい歩いて目的のネットカフェが入っている雑居ビルにたどり着き、エレベーターに乗り込んだ時に、自分は持っていたはずの手提げ袋がなくなっていることに気がつきました。手提げ袋には脅迫状の文面のデータを保存しているUSBメモリーを入れていました。自分は顔面蒼白《そうはく》になって来た道を戻りながら、路上に手提げ袋が落ちていないか探しました。

約1時間くらい歩き回りましたが見つかりませんでした。自分は今回の脅迫を断念しようかと思いました。その時です。歩道の脇の生け垣でホームレスと思《おぼ》しき老人がガサゴソと何かをいじっている様子が目に入りました。その老人は自分の探していた物を手にしていました。様子を窺っていると興味を失くしたのか、老人は手提げ袋をその場に放り投げるとどこかに行ってしまいました。自分は手提げ袋を回収しました。USBメモリーも無事でした。

再びネットカフェに向かい、脅迫状をプリントアウトし、作業を終えて退店するとコンビニに寄り、必要枚数分のコピーをして帰宅しました。脅迫状の封入のやり直しなどの作業が全て完了したのは午前5時でした。東京行きの高速バスは午前6時40分発でしたので、大急ぎで出発の準備を始めました。

自分は自分の顔が大嫌いですから、普段からできるだけ鏡を見ないようにしていました。しかしなぜかこの時に鏡で自分の顔を見ました。その刹那《せつな》に自分は高校の頃の出来事を思い出していました。その日、男子バスケ部のウォームアップウェア（バスケ独特のジャージのような服。チームで揃いで作る）を着た下級生と廊下ですれ違いました。どこかで見た顔だと思って考えると、その下級生は同じ中学の出身者で、中学でも男子バスケ部だったことを思い出しました。ただ中学時代のあどけなさはほとんど消え失せていて、大人の一歩手前の少年の顔つきになっていました。同一人物でしたがオーラが全く違っていました。その下級生の恐しく引き締まった顔つきと比べて、現在の自分の弛緩《しかん》し切った顔つきの彼我のあまりの差に愕然《がくぜん》としました。自分は思わず絶叫しそうになりましたが、時間が早朝であることを思い出して何とか堪えました。

終わりへの驀進

午前5時50分に自宅を出てタクシーを拾い、大阪駅へと向かいました。自分がスーツを着ていたせいか、運転手から「お仕事ですか?」と訊かれました。自分は、

「東京で本社のお偉いさんたちにプレゼンをしないといけないんです。今から緊張しています」

などと適当に話を合わせせました。前日が徹夜だったためかバスに乗ると猛烈に眠たくなりました。自分は高速バスに乗る時はいつも車窓からの風景をよく見るようにしました。いつ捕まるか知れない状況でしたから、その風景が娑婆《しゃば》で見る最後の風景になるかもしれないという気持ちが常にあったからです。

しかしこの日に限っては睡魔に勝てず、車中で自分はずっと眠っていました。

目を覚ますと時刻は午後1時を回っていました。バスは神奈川県内を走行中でした。自分はスマホを起動してEXOの曲を聞きながら、ぼんやりとしていました。ややあってバスは停車しました。自分が下車予定だった新宿駅前に到着したのかと思いましたが、その前の停車地の東京都世田谷区の池尻大橋でした。

自分は「ここで降りないといけない」と直感しました。しかし下車しようと決めた瞬間にバスは再び走り出していました。もしここで下車できていれば、自分の逮捕は少なくとも2014年に持ち越されていました。池尻大橋に捜査員は張っていなかったからです。

自分は新宿駅前で下車し、JR山手線で目黒駅に向かいました。そして目黒駅から徒歩で渋谷方面に

向かいました。東京都目黒区と東京都渋谷区の境界の渋谷区側のポストでウインターカップ向けの脅迫状を投函するためです。ウインターカップの会場は渋谷区の体育館です。つまり会場を管轄する郵便局の消印を脅迫状に押印させるというものの手口です。そして投函したポストを分かりにくくするために、管轄の範囲のギリギリの場所で投函をすることにしました。

ウインターカップ向けの脅迫状は合計で50通近くありましたので、それらを五つの束にして五つのポストに一束ずつ投函することにしました。この時もスマホでＥＸＯの曲を聞きながら歩いていました。曲はＥＸＯがブレイクするきっかけになった大ヒット曲のリミックス版でした。

三つ目のポストに投函した瞬間に数人の男性から声をかけられ、近くの駐車場の空きスペースにまで連れ込まれました。２～３人だったはずが、気がつくと7～8人に取り囲まれていました。「警視庁の者です。この近くで事件が発生して犯人が逃走中です。犯人が赤い服を着ていたんですよ。ご協力を願えますか？」と捜査員は自分に言いました。

自分はスーツの上に赤いダウンジャケットを着ていました。それから幾つかのやり取りをすると捜査員は「それでは署の方で詳しいお話を伺います」と有無を言わさず自分を署に連行しようとしました。逃走中の犯人と着ている服の色が同じというだけで署に連行というのは常識ではあり得ないと思いました。自分は覚悟を決めつつ、

「何の事件ですか？　それをはっきり仰って頂かないと協力はできません」

と言いました。

すると姿は見えませんでしたが女性の声で「物騒な事件なんですよ。企業脅迫事件です」と返されま

した。自分は一連の犯行をずっと企業脅迫と認識していましたので、いよいよその時が来たのかと思いました。さらに白髪混じりの中年の刑事から「こっちは伊達《だて》や酔狂《すいきょう》でやってんじゃねえんだ！」と一喝されました。

自分は子供の頃から将棋が好きでした。対局者がギブアップの意思表示をすることを投了と言います。自分はまさに自分の人生を投了するような気持ちで気がつくと、

「負けました」

と口にしていました。ここに善悪の価値判断が入る余地はありません。マスコミの報道ではこの時に自分が、

「ごめんなさい。負けました」

と言ったとされていますが、それはデタラメです。自分は「ごめんなさい」とは絶対に言っていません。しかし世の中では自分が「ごめんなさい」と言ったという話になってしまっているようです。これは自分としては本当に心外で心外でならないのです。

そのまま自分は車に乗せられ警視庁麹町署まで連行されました。スマホのイヤホンは耳から外していましたが、曲の再生を止めてはいませんでした。車中でも微《かす》かに「うるろん　うるろん」と聞こえて来ました。自分は「悲しいから曲を止めさせて下さい」と申し出ましたが、自分を一喝した白髪混じりの刑事から「署に着いてからにしろ」と、にべもなく却下されてしまいました。

自分は逮捕される覚悟はそれなりにできていましたが、脅迫状投函の瞬間を現行犯で押さえられるという展開は全く想定していませんでした。自分が想定していたのは、早朝に自宅に押しかけて来た捜査

員から任意同行を求められるという展開、いわゆる「おはようございます」でした。

もちろんその時には死のうと思っていました。浴室には来る日のためにサンポールと硫黄化合物を含む入浴剤が用意してありました。これらは新大久保を追われて来阪した時からずっと大切に持っていたものでした。さらに浴室のドアには「硫化水素発生中！」と書いた紙を貼ってありました。自分は早朝に不審なドアチャイムが鳴った瞬間に、浴室に駆け込んで全てを終わりにしようと決めていました。貼り紙があれば警察も浴室への踏み込みに慎重になるだろうと計算していました。戸建てではなくマンションの一室でしたから、下手をすれば硫化水素が拡散して無関係なマンションの住人を巻き込む恐れがありました。その分だけ警察に慎重な対応を強いることができれば、自動的に自分があの世に逃走するだけの時間も稼げると読んでいました。自分がこの想定を説明すると刑事は「俺だったら問答無用で浴室に突入するよ。ホシに死なれたら困るもん」と言っていました。

逮捕、そして意味不明の笑い

自分は逮捕されたら完全自供か完全黙秘かのどちらかにしようと決めていました。逮捕時の荷物の未投函の脅迫状や自宅のパソコン内のデータなど証拠は山のようにありましたから、抵抗しても無駄だと思った自分は自供ＡＴＭになりました。

そしていざ逮捕という段になりました。自分は、

「逮捕前に最後にトイレに行かせて下さい。善良な市民としての自分の最後のトイレです」

と申し出ました。取り調べ室からトイレの入り口までずらりと捜査員が並び、自分は人生で最もやり

にくい小便を済ませました。

逮捕後も取り調べは淡々と進みました。自分が素直に自供し、供述通りの犯行の裏付けも順調に取れているからか、刑事から強圧的な言動を受けることは全くありませんでした。

逮捕から2日後に送検と裁判所での勾留質問を同日中に一気に済ますことになりました。通常、被疑者は各署を回るバスに乗り合って集団で検察庁や裁判所に向かいます。しかし特に必要と認められる場合は被疑者一名の送迎のために車を出し、留置担当官（留置場の管理を担当する警官）が同行します。自分は単独で押送されることになりました。刑事からは前日に「VIP待遇だ」と言われました。

留置場の被収容者は平日の朝に運動をします。留置場に併設された運動スペースでラジオ体操をしたり、爪《つめ》切りやひげ剃《そ》りなどをします。その日の朝、運動スペースの壁の隙間《すきま》から外を覗いた同室の被収容者が「うわーっ。凄い数のマスコミが来てるわ！」と声を上げました。自分は敢えて外を確認しませんでした。後で第一陣は午前3時から張っていたと聞かされました。

出発の時間となり、自分は手錠と捕縄（腰に巻きつける縄）で犯罪者仕様になりました。留置担当官に捕縄を引かれて留置場のある三階から車が出入りする一階の裏口へと降りている最中に、急に意味不明なおかしさが込み上げて来ました。あの時に笑ってしまった確定的な理由は今でも分かりません。

このようにして自分は嬉《うれ》しくもないのに喜色満面でフラッシュの雨に晒《さら》されることとなりました。フラッシュの光量は尋常ではなく、ドライバー役の刑事は「眩《まぶ》しくて前が見えない！」と叫びました。また乱暴に車に突進してくる記者も多く、車の窓ガラスに故意にカメラをぶつけて撮影しようとしたカメラマンに対しては、同行した留置担当官が「危ねえぞっ！　やめろっ！」と声を荒らげて注意しました。

しばらくして自分を担当してくれることになった弁護士から仰天させられる話を聞かされました。弁護士に接触して来た毎日新聞社会部の記者が自分の笑顔について「渡邊は逮捕されて有名になれて嬉しいから笑っていたという見方が社会部のコンセンサス」と語ったというのです。さすが危険運転致死傷罪創設とか殺人罪の時効廃止とか厳罰化キャンペーンにしか能がない社会部らしい底が浅い見方だと思いました。

しかしこのような見方が世の中の大多数を占めるという事実を知り、普通の人たちと自分の間には絶望的な認識の乖離《かいり》が存在することを理解しました。また怪人８０１面相と名乗ったことから、自分がグリコ森永事件に関与しているとの説も新聞記者たちの間に流れたとのことでした。具体的には現金受け渡しの方法などの指示をカセットテープに吹き込んだ子供の30年後が現在の自分だという与太話です。

自分は新聞記者というのは実に下らない連中だと思いました。自分の逮捕直後に複数社の新聞記者が自分との接見を求めて留置場に訪ねて来ましたが、会わなくて本当によかったです。「会わない方がいい」と指導してくれた弁護士には感謝するしかありません。ただ自分は各紙ごとに記者への言葉を用意していました。自分は朝毎読産の四大紙の記者への罵倒の言葉を用意していましたが、それらは使われずに終わりました。露悪的にそれらをこの場を借りて開陳しようかとも思いましたが、文章に起こしてみるとあまりに酷いのでやめることにしました。

話は変わりますが、弁護士は自分の担当になるまで同人誌の存在を全く知りませんでした。事件を理解するために、わざわざまんだらけの本店まで行って「黒子のバスケ」の同人誌を購入したとのことでした。「これは完全に著作権法違反ですね。あと家族には絶対に見せられないので事務所に置いてあります」と感想を言っていました。さらに「渡邊さん見たいですか？　差し入れますよ」とも言われました。自分は丁重に辞退しました。

留置場ですら無意味にときめく

留置場では名前で呼ばれずに番号で呼ばれます。自分は9番でした。自分にはこれがとても快適でした。自分が自分であることから解放されたような気分になれたからです。

２０１４年1月に新入りさんが留置場に収容されました。その人は11番でした。運動スペースで会った11番さんは筋骨隆々でしたが、ボディビルダーのような見せつけるようなムキムキ感は全くありませんでした。どことなくサッカー選手っぽいチャラさがあったのですが、やはり学生の頃はサッカーをしていたとのことでした。顔面偏差値は高くて、もしプロのサッカー選手になっていたらマスコミからイケメン選手扱いされていただろうと思われました。32歳とのことでしたが、とてもそうは見えませんでした。

しばらくして自分は11番さんの隣室に移動しました。それでよく壁越しに話をするようになりました。11番さんはいつしか自分のことを「9ちゃん」と呼ぶようになりました。それがいつの間にか留置場全体に広がり、誰もが自分を「9ちゃん」と呼ぶようになりました。自分が人から生まれて初めてちゃんづけで呼ばれたのは専門学校生の頃でした。同級生だったKさん（2ちゃんねるでの犯行声明に登場したKくんのモデル）から「なべちゃん」と呼ばれました。自分はそれまであだ名らしいあだ名がついたことがなく、いつも「ヒロフミ」と呼ばれていました。大嫌いな「ヒロフミ」呼ばわりから解放してくれたKさんに自分はこっそりとときめいていました。自分は同じ種類のときめきを11番さんに感じていました。

留置場でも入浴はあります。自分がいた留置場では風呂場を二人ずつで使うシステムでした。ある日の入浴で11番さんと一緒になりました。11番さんは突然、子供時代に遭遇した11番さんの心に大きな悪影響を残したという事件について自分に話し始めました。それはとても口外できるような内容ではありませんでした。自分は11番さんから戦友と認められたような気がして物凄く嬉しかったのです。

それからしばらくして11番さんは東京拘置所に移送になりました。移送前夜の最後の壁越しの会話で「9ちゃん、オレはね、サッカーと女が大好きでね」と笑いながら言われた時には、分かってはいたのですが少し悲しかったです（もちろん留置場内では自分が同性愛者であることは秘密にしていました）。ブタ箱の犯罪者仲間ではなく高校の同級生としてでも出会えれば、多少はお互いの人生にいい影響を与えられたかもしれないなと思いました。

動機についての錯誤

正直に申し上げますと、逮捕された時点では人様にちゃんと説明できるほど動機を自分で理解できていませんでした。しかし取り調べでは動機の供述を求められました。刑事は当初、犯行の事実関係を固めてから動機という取り調べの段取りを組んでいました。しかし上からの指令で動機の取り調べが優先されることとなりました。これは「とっとと動機を白状させろ！　こっちは動機をニュースにしたいんだ！」というメディアの要求に由来する方針変更と推察されました。

自分は必要に迫られて、娑婆にいた頃に多少の関心があった格差社会論に影響された俗耳に入りやすい筋立てに基づく動機を気がついた時には既に供述してしまっていました。さらに取り調べでその動機（仮）を繰り返し供述している内に、自分でもその動機（仮）を信じ込んでしまっていました。その間違った思い込みの集大成が自己憐憫に埋もれた初公判での冒頭意見陳述でした。その冒頭意見陳述をネタに作られたデタラメな記事（しかも識者（笑）によるトンチンカンな解説つき）が大手メディアによってばらまかれ、さらにそれらを見た個人によるズレた論評がブログやツイッターで拡散され、誤謬が何重にも上塗りされた事件の理解が世の中に流通する事態となってしまいました。

ただ確かに〈主動機→「黒子のバスケ」の作者氏の成功への妬み　背景要因→格差と貧困、夢に敗れた人間のその後〉という構図で捉えれば、使い勝手のいい事件ではあるのです。「こういう自爆テロ的な犯罪を防ぐために、政府は格差是正や再配分をしっかりやるべきだ」と「こういう犯人を生み出さないために自己責任原則、人生は競争の連続であるという現実、努力の大切さなどを教育で子供にしっかりと叩き込まなければならない」のどちらももっともらしく聞こえます。再配分派もネオリベ派も自身の主張に引きつけて論評できるのです。

一つだけはっきりさせておきたいことがあります。もし自分が貧困に由来する境遇への不満を動機に事件を起こすなら、窃盗か詐欺をやります。お金で解決できる問題なら、お金を手に入れるべく行動します。お金で解決できる境遇への不満から、お金を手に入れるどころか費用を持ち出しまくりの事件を起こすほど自分は非合理な人間ではありません。ニューヨーク同時多発テロ事件を始めとするイスラム原理主義勢力のテロの動機を「グローバル化による貧困」とする説がまるで筋違いであることを自分は体感的に理解できました。

差し入れて頂いた本から得た知識などを参考に、認識を新たに考え直してたどり着いた本当の動機などを記したのが最終意見陳述でした。自分としては冒頭意見陳述から世の中に広まってしまった間違いだらけの事件像を何としても訂正したかったのです。このような理由で自分は最終意見陳述にこだわっていました。公判用の勝負服としてＥＸＯのＴシャツ（公式グッズかどうかは不明）を弁護士を通じて購入もしました。また最終意見陳述とは別に自分の成育歴などについてまとめた文章も用意し、書証として裁判所に提出しました。

自分が起訴された7つの事件

自分が起訴された事件は以下の通りです。

・２０１２年10月の上智事件
・２０１２年10月にスタジオＹＯＵに脅迫状を送付し、同社が同年12月に東京流通センターで開催予定だったＳＴを中止させるなどした事件
・２０１２年10月に赤ブーブー通信社に脅迫状を送付し、同社が２０１３年２月に開催予定だったダブルクラッチを中止させるなどした事件
・２０１２年10月にコミケ準備会に脅迫状を送付し、同会が同年12月に開催予定だったコミケのサークル参加規模を縮小させるなどした事件
・２０１２年11月に幕張メッセに脅迫状を送付し、集英社が同年12月に開催予定だったジャンプフェス

タの出店規模を縮小させるなどした事件
・２０１３年10月のセブンイレブンとバンダイに対するウエハス事件
・２０１３年10月にセブンイレブンにウエハス事件に関連して再び脅迫状を送付し、商品の点検をさせるなどした事件

罪名は全て威力業務妨害です。アニメイト天王寺店のイベント中止は立件されませんでした。これは「もし立件されても犯人への量刑が変わらない見込みなら、事情聴取などの対応が面倒なのでパス」というアニメイトの意向によるものでした。ツタヤは前記した通りです。ツタヤでの立件が不可能でも「黒子のバスケ」の単行本を店頭から撤去した書店は他にもあったのですから、やはり書店脅迫は立件されるべきだったと自分は思います。

上智事件の調書

これから証拠として開示された関係者の供述調書からポイントを要約して記述します。

最初は上智事件です。犯行時の自分を目撃した学生の証言や、事件後の対応に関する大学職員の供述が中心です。これらはここで内容を公開する必要性があまりないものばかりです。しかし第一発見者の男子バスケ部のマネージャーの供述は驚くべき内容でした。事実は小説よりも奇なりとは、まさにこのことです。以下が供述の要約です。

・当日は午後6時30分頃に体育館に入った。既に練習は始まっていた。
・しばらくして用があったので外へ出ると、さっきまでなかった不審な容器が放置されているのを発見

した。
・容器に「黒子のバスケ」のキャラクターグッズが貼りつけてあるのを見て「私に対する嫌がらせだ」と思い恐怖心が湧いた。
・その理由は二つ。一つは私の兄が「黒子のバスケ」のアニメの主演声優の小野賢章。兄が事件の少し前にあったイベントで「妹が大学でバスケ部のマネージャーをしている」としゃべってしまい、それが兄のファンたちの間で話題になっていたから。
・もう一つは大学でも私が声優の妹であることが段々と知れ渡っている最中だったから。
・この二つの理由から容器は私に対する嫌がらせだと思った。
・「自分で何とかしなければいけない」と思い、容器を確認することにした。
・蓋を開けると腐卵臭がしたので、すぐに蓋を閉じた。
・臭いだけで中を確認できなかったので、息を止めてもう一度、蓋を開けてみた。蓋の裏には「憎い」「復讐」などという言葉が描かれた紙が貼ってあった。あまりに臭いがきつかったので、またすぐに蓋を閉じた。
・ヤバいと思ってすぐに他のマネージャーや大学側に知らせた。
・容器の発見時刻は恐らく午後7時5分くらい。
自分は女子マネージャーがこのような人物だったとは全く知りませんでした。もし事件前から知っていたら、リトポンではなく硫化化合物を含有する農薬か入浴剤を使用して殺傷を本気で狙いに行ったかもしれません。

上智大学の被害総額は２０１３年11月の学園祭での警備強化費など48万５１００円となりました。

ST開催妨害事件の調書

以下はスタジオYOUの役員らの供述の要約です。複数名による供述をまとめました。

・事件当時は「黒子のバスケ」の人気が急上昇している最中だった。2012年7月開催のSTの参加サークル数は951で、同年10月開催のSTでのそれは1920。3カ月でサークル数が倍増している。

・2012年10月13日に脅迫状は届いた。この時点ではよくあるイタズラとしか認識していなかった。2日後の15日にSTの開催を予定していた各会場から脅迫状到着の連絡が来た。この時点でも事態を深刻に捉えておらず、翌16日に2012年12月の東京流通センターでのSTの開催告知を行った。また同日中に会議を開いて「STは警備を強化して開催する」という方針を決定した。

・この方針に基づいて会場や所轄警察と協議して理解を得て2012年10月21日の有明ビックサイトでのSTと同年同月27日の夢メッセみやぎでのSTは開催できた。

・ところが事態は急変した。2012年11月18日のインテックス大阪でのSTについて、会場側と大阪府警住之江署で協議をした。会場側は警察の指導のためか、イベントの中止を要請してきた。

・会場側は犯人が周辺施設にまで脅迫状を送付していることと脅迫状の消印が会場を管轄する郵便局の消印だった、つまり犯人が会場近くのポストから脅迫状を投函していることを根拠に、非常に危険性が高いとの認識を示した。

・このような経緯によりSTの開催を断念せざる得なくなった。

・これ以降、STは次々と中止に追い込まれた。会場側は必ず会場内のテナントや周辺施設にまで脅迫が及んでいることと、脅迫状の消印が現地を管轄する郵便局のものであることを中止要請の理由に挙げた。社員が出向いて会場で協議している最中に会場に脅迫状が届いて会場側の態度が一変したケースや、会場側は開催に前向きだったが周辺施設の強硬な反対に押し切られて中止となったケースもあった。

・2013年2月の札幌テイセンホールでのSTも中止となった。会場には2012年10月の上智事件の際に脅迫状が届いていた。その後に模倣犯によるものと思しき脅迫状が送付され、別の主催者が企画していた同人誌即売会が中止に追い込まれる事件が発生した。会場側からこの事件を理由に同規模の同人誌即売会であるSTの中止を迫られた。これを受け入れて開催中止となった。

・2013年4月21日の金沢勤労者プラザでのSTが開催できたのは、会場が以前に似たような脅迫事件に対応した経験があり、会場に理解があったから。同年5月5日の東京ビックサイトと翌6日の広島中小企業会館でのSTも同様に会場と周辺施設の理解により開催に漕ぎつけた。

ちなみに取り調べで自分と刑事との間に以下のようなやり取りがあったことを記しておきます。

「こっち(=警視庁)はさあ、中止なんかにせずガンガンやれって方針だったんだよ。おかしな前例を作っちゃいけないからさあ。それが大阪で中止になった途端にムードが一変したんだよ。会場のお偉いさんたちが一斉にビビり始めたんだ」

「つまり大阪府警住之江署がガンだった訳ですね」

「俺からはそれは言えねえ(笑)。でも警察として恥ずかしいよね。機動隊ぐらい出して会場を警備してイベントをやらせればよかったんだよ」

スタジオYOUの被害総額は調書にはありません。2013年1月に東京流通センターでのST

の中止についてのみ損害額が判明しています。募集スペースが全て埋まっていた場合の参加費が４０８万３３００円。パンフレットの見込み売り上げが５５０万円。合計して９５８万３３００円の機会損失とのことでした。開催中止が13件、警備強化しての開催が８件ですから、諸雑費も含めると、スタジオＹＯＵの被害総額は億に達しているかもしれません。

ちなみに東京流通センターのＳＴ中止による損害は、会場使用料の２０１万７５００円でした。

ダブルクラッチ開催妨害事件の調書

赤ブーブー通信社もダブルクラッチの開催中止やコミックシティからの「黒子のバスケ」サークルの排除に至る経緯は、スタジオＹＯＵのそれとほぼ同じです。

２０１３年２月のダブルクラッチ中止に伴う赤ブーブー通信社の損害は参加予定サークルへの返金と関連する事務手数料、パンフレットや同社が出展予定だった物販ブースの見込み売り上げなどを合わせて１８１８万９５９７円でした。また12件のコミックシティにおける損害は「黒子のバスケ」サークルへの参加費返金やそれに伴う雑費、警備強化費などで合計４０７６万１２８６円でした。赤ブーブー通信社の被害総額は５８９５万８８３円（対応人件費を含めず）となりました。

ダブルクラッチ中止に伴う有明ビッグサイトの損害は会場使用料の６７８万３０００円でした。また２０１３年１月のコミックシティでもビッグサイト側で独自に警備を増強し、17万８８００円の費用が発生しています。

コミケ開催妨害事件の調書

以下はコミケ準備会の共同代表の供述の要約です。

・２０１２年10月29日に脅迫状の到着を確認した。他の運営幹部と話し合い、「犯人の要求には応じないが、脅迫状が届いた事実は警察に届け出る」という方針を決めた。

・翌30日の午後に地元の警察署に届け出た。その直後に会場の有明ビックサイトから「こちらにも脅迫状が届いたから対応を協議したい」との連絡が入った。

・11月13日に会場側と協議をした。警備強化についてが主な内容だったが、会場側から「『黒子のバスケ』サークルの参加だけを中止にできないか?」との提案もなされた。それについては「公序良俗に反しない限りすべてのサークルの参加を受け入れるというコミケの理念に反するから、それは絶対に不可能だ」と返答した。この時は会場側から特に反論されることもなく終わった。

・11月27日に再び会場側と協議をした。会場側から「全国各地でイベントの中止が相次いでいる。来場者の安全のために『黒子のバスケ』サークルの参加を中止させて欲しい」と申し入れがあった。こちらは「それはコミケの理念に反するからできない。脅迫に屈服したら次々と模倣犯が出る」と反論した。すると会場側から「犯人が本当に犯行に及んで被害が発生したら責任はどうなる? 犯人は実際に上智大学で硫化水素をばらまいている。犯行を実行される可能性は高い」と強く言われ、さらに「コミケ全体を中止させたくないし、今後も長く続けてもらいたい」と、要請に従わなければ今後は会場を貸さないと暗に言って来た。

・12月3日に運営幹部が話し合い、「会場側の意向に応じずコミケ全体が中止になる事態だけは避けたい。苦渋の決断だが会場側からの要請を受諾するしかない」と決定した。
・翌4日に会場側に要請の受け入れを伝えた。
・12月7日に会場側と警視庁湾岸署にて協議して「黒子のバスケ」サークルの参加見合わせと警備強化の方針を最終決定した。

コミケ準備会の損害は以下の通りです。「黒子のバスケ」サークルへの参加費の返金（手数料込み）が720万5220円。サークルや一般参加者に対する告知についての諸雑費が202万532円。警備増強費が100万8105円。弁護士に法的な相談をした費用が10万5000円。被害総額は1033万8857円となりました。またコミケ開催中は有明ビックサイト側でも警備を増強し、151万4000円の費用が発生しています。

ジャンプフェスタ開催妨害事件の調書

ジャンプフェスタにおける「黒子のバスケ」の出展中止は驚くほどあっさりと決定したようでした。
・2012年11月14日に会場の幕張メッセと「黒子のバスケ」のステージに出演予定だった声優の所属事務所への脅迫状の到着を集英社が確認。
・翌15日に幕張メッセの周辺施設への脅迫状の到着を集英社が確認。同日中にジャンプフェスタにおける「黒子のバスケ」の出展中止の大方針を内々に決定。
・翌16日に上記方針を正式決定。

・19日と20日に「黒子バスケ」関連コンテンツの取り扱いを予定していた出展企業に取り扱いの中止を依頼。
・22日に正式発表。

集英社はとにかく犯人に本当に何かやられてジャンプフェスタ全体が中止になることを恐れていたようでした。コミケのように予定通りに開催するために抵抗した形跡がまるでありませんでした。

供述調書から面白いことが分かりました。「黒子のバスケ」のステージへの観覧には3万1856通の応募がありました。集英社がステージの中止を応募者に連絡するために応募者の連絡先を精査したところ、一人で何通も応募しているケースが多く、実際の応募者は8915人だったと判明したとのことでした。

集英社の損害は以下の通りです。ステージ応募者への中止の連絡費が138万3508円。問い合わせ対応のためのテレホンセンターの増員費が40万円。当日の警備増強費や会場の告知パネルの設置費などが1411万9000円。集英社のブースで販売予定だった「黒子のバスケ」関連商品の見込み売り上げが3315万2000円。集英社の被害総額は4905万4508円でした。さらに集英社以外で「黒子のバスケ」関連商品の販売を中止した8社の見込み売り上げの合計は5731万3600円でした。これらを合計した全ての被害総額は1億6368万8108円でした。ただ商品の大多数は店頭販売用などに切り替えられ、すぐに完売したとのことでした。

ちなみに自分は刑事からこのようなことを聞かされました。

「集英社は『どうせ同人誌業界の事件だろ』って感じで捜査にはずっと非協力的だったんだ。それがウエハス事件でいよいよてめえらの尻《ケツ》にも火がついたと思ったのか、大慌てで『とにかく犯人をとっとと捕まえろっ！』とネジ込んで来やがったんだ。本当に自分勝手な連中だよ」

ウエハス事件・セブンイレブンの調書

セブンイレブンのお偉いさんたちの供述調書には「とにかく大変な対応に追われた」ということと「犯人を絶対に許せない！」ということしか書いてありません。他には供述者たちがやたらと使用する「お客様の信頼」「お客様の安全」「お客様の期待」などという空虚な言葉が鼻につくくらいです。

セブンイレブンの損害は以下の通りです。「ボイコレ　黒子のバスケウエハース2」の回収個数は2万5620個。旧製品の「ボイコレ　黒子のバスケウエハース」の回収個数は6971個。回収総数は3万2591個。見込み売り上げの機会損失は514万9378円（ただし製造元のバンダイによる原価補償で、セブンイレブンの実際の損失額は見込み粗利のみの161万8143円）。

さらにレトルトカレーなどの商品も一部店舗でオーナーの判断により店頭から撤去（セブンイレブン本社は商品をチェックして問題がなければ販売継続との方針でした）されました。撤去実施店舗数は44店。回収個数は927個。見込み売り上げの機会損失は9万5576円（ただし見込み粗利は各店オーナーの機会損失となりますから、セブンイレブンの実際の損失額は6万7663円）。セブンイレブンの被害総額は524万4954円（実際の被害総額は168万5806円）となりました。

ウエハス事件・バンダイの調書

バンダイのお偉いさんたちの供述調書にも事件対応の大変さと犯人への厳罰要求くらいしか書いてありません。それと「黒子のバスケ」の商品はどれも売れ行きがとてもよく、ウエハスについては第三作も企画されていて、それが同作の人気ぶりの証明とのことでした。ウエハスは第二作が発売されることも珍しく、第三作まで企画されるのは異例だとのことでした。事件の余波で販売延期となった商品もあったようですが、自分の逮捕後にすぐに販売してあっという間に捌《さば》けたでしょうから、それらを自分は損害とは認めません。

ウエハスの損害額だけをまとめます。第一作の「ボイコレ　黒子のバスケウエハース」は64万個を製造し、店頭からの回収個数が7万2262個。出荷できなくなった在庫の個数が7万1220個。1個につきバンダイの粗利は60円ですから、見込み粗利の機会損失は6472万3320円。第二作の「ボイコレ　黒子のバスケウエハース2」は49万個製造し、回収個数が14万9718個。在庫の個数が3万4520個。見込み粗利の機会損失は1001万8500円。第三作として企画されていた「ボイコレ　黒子のバスケウエハース3」の販売中止による損失は、無駄になった準備の費用30万円。合計するとバンダイの被害総額は1679万820円となりました。

藤巻忠俊氏の供述の要約

・私は高校は東京都立戸山高校に入学した。部活動は中学で男子バスケ部だったこともあり、男子バスケ部に仮入部した。しかし練習の厳しさについて行けず1カ月ほどで退部してしまった。
・その後に漫画研究部に入部した。入部の理由は中2の同級生にマンガ家志望の人がいて、よくマンガを描いている様子を見ていて、自分も感化されてマンガを描くことに興味を持っていたから。
・高校を卒業すると1年の浪人を経て上智大学経済学部に入学した。しかしマンガ家になろうと決心して2年の夏に中退した。大学時代の部活はゴルフ部で、今でもゴルフは続けている。
・大学中退後は本格的にマンガを描くために実家を出て一人暮らしを始めた。アルバイトやマンガ家のアシスタントなどをして生計を立てていた。
・その頃はファンタジーマンガを描いていたがちっとも上手く行かなかった。２００６年3月にゴルフを題材にした「ＧＥＫＩＳＨＩＮ！　虎鉄」を『少年ジャンプ』の新人賞に投稿したら最終選考に残った。
・同年11月に「黒子のバスケ」を投稿して『少年ジャンプ』の新人賞を受賞した。翌年に『赤マルジャンプ』に読み切りで「黒子のバスケ」が掲載され、好評だったので『少年ジャンプ』２００９年2号から連載を開始した。連載は6名から8名のアシスタントを使ってやっている。
・事件の第一報は２０１２年10月12日の午後11時前頃に知人の声優の小野賢章から届いたメールだった。
・内容は「午後7時頃に上智大学に異臭を放つゴミ箱が置かれていて、そのゴミ箱に『藤巻への復讐』などと書かれた脅迫文が貼ってあったらしい。第一発見者は男子バスケ部のマネージャーをしている妹。ソースは報道機関に勤めている父親」というものだった。
・私は他人とトラブルになったことはなく、心当たりが全くなかった。驚くと同時に第一発見者の小野の妹のことが心配になった。幸いケガなどはなかったとのことで安心した。どうしてこんな事件に私の名前が使われたのかが不思議でならなかった。
・今のところは直接的に危害を加えられたりはしていない。２ちゃんねるに犯人が「藤巻のいる場所が分かれば包丁を持って行く」などと書き込んでいたのは見た。
・私も妻も変な郵便物が入っていないか、家の周囲に不審物が置かれていないか、不審者がうろついていないか警戒しながら生活している。犯人に実家バレする可能性もあるので両親と相談して実家にセコムを入れた。
・犯人の犯行声明などを見て考えてみたが、全く心当たりがない。不安のない生活を取り戻したいので、早く犯人を逮捕して欲しい。

（聴取日　２０１３年2月7日）

司法官僚

自分は２０１４年5月20日に警視庁麹町署の留置場から東京拘置所に移送されました。自分が乗ったマイクロバスの窓からは、なぜか東拘の入り口に大勢の報道陣が待ち構えているのが見えました。自分は、

「自分って東拘移送の絵をマスコミが欲しがるくらいのＶＩＰ犯罪者だったっけ？」

と不思議に思いました。

諸手続きを終えて、自分が配置された居室は独居房でした。しばらくして被収容者向けのラジオのニュースが流れて来て、東拘入り口での謎が解けました。マスコミは遠隔操作ウイルス事件が急展開を

して犯人の保釈が取り消されて再収監される様子を撮りに集まっていたのだと分かりました。

自分が暮らすことになった独居房は実に綺麗でした。入浴に使用する個室の浴場も、自分がこれまでの人生で日常的に使用した浴場の中で最も上等なものでした。また独居房は24時間ずっと空調が効いていました。常に空調が効いた部屋で暮らすのは、自分には初体験でした。実家では自室にクーラーは存在したものの、電気代節約を理由に母親から使用を厳しく制限されていました。新大久保のアパートにはクーラーがありませんでした。あいりん地区のドヤにクーラーがあるはずはありませんし、東成のマンションでは電気代を節約して犯行資金に回すためにクーラーをほとんど使用しませんでした。自分は「犯罪者である自分がこんなに立派な部屋で過ごしていいのか？」と本気で思いました。そして食事も悪くありません。自分はバクシャリ（麦飯）が大好きなのです。さらにやることは被告人最終意見陳述用の原稿作りくらいです。まさに「ホテル東拘インでのプリズンニート生活」とでも表現するのが相応しい夢のように快適な時間を東拘で過ごせることになりました。

裁判は第二回公判から裁判長が交替しました。新任の裁判長は見るからに司法官僚という雰囲気の人物でした。官僚タイプの判事は基本的に裁判の進行を急ぐことにしか関心がありません。公判期日は公判の最後に検事と弁護士の都合も聞いた上で裁判長が決定します。通常は次回の公判期日しか設定しないものですが、裁判長はいきなり次回だけでなく次々回の公判期日まで設定してしまいました。自分は、

「うわーっ。典型的な官僚判事に当たっちゃったよ」

と思いました。実際に裁判長は期日設定の際に弁護士が準備の都合で余裕のある期日設定を希望したところ、露骨に嫌そうな顔をしていました。

この手の印象というのは相互的なものですから、裁判長の自分に対する心証も最悪だったことは間違いありません。自分は被告人質問で裁判長から「出所したらどうするつもりですか？」との質問に、「出所したら首を吊ります。自殺の決行場所も決めています」と答えました。すると裁判長は呆れた様子を全く隠そうともしない口調で「そんな考え方しかできないんですね」と返しました。その言葉には「お前の答えに呆れたんじゃない。お前の人格に呆れ果てたんだよ」というニュアンスが明らかに込められていました。自分は、「ならどうしろってんだよ！『老人介護の仕事をしたい』だとか『福島で除染作業員をやって被災地の復興に役立ちたい』だとか『一生をかけて贖罪《しょくざい》の日々を送りたい』とでも言えってのかよ！」と裁判長に言い返してやろうかと思いましたが、結局は黙っていました。その公判の後に接見した弁護士は「『コイツはとっちめてやらないといけないな』と裁判長は思っているだろうね」と自分に言いました。自分も全く同意見でした。

論告求刑で検察は自分に懲役4年6カ月を求刑しました。これは自分に科せる法定最高刑でした。予想通りで自分に驚きは全くありませんでした。ただ求刑した検事は不満そうな顔をしていました。検事が「軽すぎる」と考えていることは明らかでした。

次に最終弁論が行われました。弁護士は書面を裁判所に提出した上で、要旨を簡潔に述べるにとどめました。最終意見陳述に多くの時間を残すためでした。

いよいよ被告人最終意見陳述となり、自分は証言台に立ちました。すると時間には余裕があるにもかかわらず裁判長はいきなり「10分をメドに」と一方的に自分に通告しました。官僚は物事の是非にかかわらずイレギュラーなことを何よりも嫌います。裁判長からすれば被告人が最終意見陳述で長々と喋るというイレギュラーな事態は絶対に容認できなかったのでしょう。

最終意見陳述に時間がかかることは事前に伝えてありました。初公判を担当した前任の裁判長はあらかじめこちらに冒頭意見陳述の時間のメドを伝えておいてくれました。裁判長には恐らく「いざその時にその場で申し渡せば、パフォーマンスをしたがりなこの被告人でも従わざるを得ないだろう」という計算もあったのではないかと思えます。

予定していた分量は10分では到底読み終われるものではありませんでした。自分は退廷命令を喰らうまで朗読を続けるか、それともおとなしく指示に従うかの判断を迫られました。結局ここで自分の生来のヘタレぶりが出て、自分は裁判長の指示に従ってしまいました。予定の5分の1も読めませんでした。退廷命令を喰らうまで朗読を続けなかったことを今頃になって物凄く後悔しています。

本当の敗因

自分がなぜ逮捕されたのかについて申し上げます。自分はネットカフェのパソコンから海外プロクシなどは通さず、生ＩＰのままで脅迫状送付先の住所を調べるというＩＴリテラシーが欠如した杜撰《ずさん》なことをやりました。警察は被害企業の公式ホームページのアクセスログを徹底的に洗い、怪しいＩＰアドレスを絞り込み、自分が利用していたネットカフェを特定したようでした。

では逮捕にどうしてここまでの時間を警察は要したのでしょうか？　それは自分が利用していたネットカフェの監視カメラの性能が悪かったからです。映像の保存期間が短くて捜査員が店を訪ねた時には既に映像が消去されてしまっていたり、残っていたとしても不鮮明で捜査の役に立たないような代物ばかりだったのです。

自分がウエハス事件の少し前から心斎橋にあるネットカフェを行きつけにしていたことは既に申し上げました。その店は設備が綺麗でしたが、同時に監視カメラの性能もよかったのです。ウエハス事件の前に脅迫状送付先の住所を調べる自分の姿が映像にバッチリ残っていました。警察はこれを端緒に自分が大阪市営地下鉄今里駅周辺に住んでいることまで突き止めていました。逮捕当日は駅近くに張り込んでいた捜査員が大阪駅に向かうためのタクシーを拾った自分を発見し、決定的な瞬間を押さえるまで泳がせていたとのことでした。刑事は「もしあの日に何もしなかったとしても、逮捕は近くまで迫っていたよ」と自分に言っていました。

「上智大学周辺の防犯カメラの映像が逮捕の決め手になった」という一部報道は全くデタラメです。また「リュックサックが決め手になった」という一部報道もあまり正確ではありません。自分は犯行時にはリュックサックを使用していませんでした。そもそも報道された白いライン入りのリュックサックは2013年7月に購入したものですから、それ以前の上智事件などには使用できるはずがないのです（ウエハス事件の逃走の際に使用したリュックサックは、その時のためだけに購入し、事件後すぐに遺棄しました）。しかしネットカフェに行く際には使用していたので、警察にはそれが大きな手がかりとなったようでした。そして逮捕された日に限ってリュックサックを使用していました。

自分はネットカフェでIPアドレスを偽装せずに脅迫状送付先の住所を調べるのがまずいことには気がついていました。しかし海外プロクシを通すなどの作業を怠りました。海外プロクシを通すとどうしても回線の速度が遅くなり、調べるのに時間がかかります。自分にはゆっくりと調べられるだけの長い時間、ネットカフェに滞在できるだけのお金はありませんでした。それに加え、自分は自宅近くの行きつけの店で調べることも危険だとも考えていました。本当なら調べるためだけに遠方のネットカフェに出向きたかったのですが、これもお金がなくて断念しました。

自分は生活資金と犯行資金を稼ぐために２０１３年12月に派遣会社に登録してからは働き詰めでした。常に疲れ果てていて、落ちついて犯行計画をじっくり練るようなこともできませんでした。もし自分に充分な生活資金と犯行資金があれば、自分は逮捕されずに「黒子のバスケ」というコンテンツの殺害に成功していたであろうと確信しています。その金額は数百万円程度です。自分は警察に捕まったのではありません。資金不足に捕まったのです。敗因は30代半ばの男が人生の一大事に際して数百万円程度の資金も用意できなかったことだったのです。

判決

２０１４年８月21日に東京地方裁判所刑事第８部（前田巌裁判長）は検察の求刑通り懲役４年６カ月の実刑判決を自分に言い渡しました。法定最高刑の実刑判決は自分の予想通りでしたので、特に感慨などはありませんでした。量刑の言い渡し後に裁判長は淡々と官僚口調で論告求刑をそのまま判決仕様に直しただけの判決理由を朗読し始めました。もちろん犯行動機は「『黒子のバスケ』の作者氏の学歴とマンガ家としての成功への妬み」と認定されていました。この認定がウィキペディアの「『黒子のバスケ』脅迫事件」の項目に載ると思うとうんざりしました。

最終意見陳述については否定されるどころか言及すらありませんでした。「調書に書いていなければ存在しない」という司法官僚らしい処理の仕方でした。その他にも自分の心象風景とはかなり違った部分がありましたが、普通の人から見ればそんなものなのだろうなと思いました。

被告人質問で「動機が『妬み』というのは思い違いだった」という自分の主張に対して「それこそ話を面白くするために思いついた嘘設定なんじゃないのか？」と世の中の大多数の見方をすかさずぶつけて来た切れ者の左陪席判事は「やっぱ4年6カ月じゃ軽すぎる」とでも言いた気な表情をしていました。量刑がたった懲役4年6カ月ぽっちだったのは、併合罪が法定最高刑の1・5倍までしかないという法の不備が原因です。もし2倍でしたら懲役6年の判決が下されていたでしょうし、3倍なら検察が立件数を増やした上で（同人誌即売会主催者だけでなく各会場に対する威力業務妨害でも立件するとか、アニメイト天王寺店のイベント中止、ナムコ日本橋店の企画中止、ナムコナンジャタウンのイベント早期終了、サンクスの「一番くじ」の販売延期、ジャンプアニメ先行上映イベントへの脅迫など、検察さえその気になれば立件できた話は幾らでもありました）懲役9年を求刑し、求刑通りの判決が下されていたでしょう。

判決は自分に何の影響も与えませんでした。自分は裁判を宗教裁判と認識していました。つまり自分は努力教信者（努力教の意味は被告人最終意見陳述を読んで下さい）たる普通の人々が、努力教ならぬ努力法に基づいて、努力教倫理に背《そむ》いたクズを処罰するという構図でも裁判を理解していました。イスラム法廷でイスラム倫理に反したとしてキリスト教徒の被告に厳刑判決が下されたとして、果たして判決は被告に改悛《かいしゅん》の情を想起させる力を持ち得るでしょうか？　判決が自分に全く影響を与えなかった理由はこれと全く同じです。自分は機械的に判決を受け入れ、機械的に服役し、出所後に機械的に首を吊るだけなのです。

以上をもちまして、努力もせずに成功だけを欲しがったクズの独り言を終わらせて頂きます。世の皆様におかれましては、是非とも自分の話を努力教説話として活用して頂き、老若男女を益々の努力に駆り立てて頂けるのがよろしいかと存じます。

では最後になりましたが、自分の今の率直な思いをこの場を借りてシャウトさせて頂きます。

「努力教と日米同盟の自明性に埋もれた連中に災禍あれ！　ていうか全員死ね！」

本日はどうもありがとうございました。

6 藤巻忠俊先生へ

初めまして。先生にまとわりついていた汚物由来の小虫です。

自分は事件をやっている最中も先生からは全く相手にされていないという自覚はありました。先生と自分とには力関係に差がありすぎるからです。ですからこの文章も先生がお読みになることはないという前提で書いています。

ある原発擁護派のジャーナリストが「原発に守られている命もある」などとどこかに書いていましたが、先生と「黒子のバスケ」に守られている命は原発に守られているそれよりも多いと思います。そのように考えますと、事情聴取などで先生のお手を数時間にわたって煩《わずら》わせただけでも、自分の罪責は殺人に匹敵するほど重いという結論に至ります。少なくとも自分の全人生と命より先生の数時間の方が価値が高いことは明らかです。自分に対する最も相応しい罰は懲役4年6カ月の小便刑ではなく「黒子のバスケ」のファンの皆様方による集団リンチによる死刑だと思います。

自分は捜査を撹乱《かくらん》させるために、犯行声明にさも先生に恨みがあるかのような嘘八百を書きました。

警察は先生に「何か心当たりはないの？」と訊いたことでしょう。ただ先生を知る人はもちろんのことですが、一度でも「黒子のバスケ」を読んだことがある人間ならば誰しもが、先生が人から恨まれるような人間であるはずがなく、もし恨まれたとしてもそれは先生に一切の非のない一方的な逆恨みであると確信していたことは明らかです。なぜなら先生が描くペンの線からは前向きな人間の善性を体現するかのようなエネルギーがこれでもかと発せられているからです。「こんな線を描ける人が人から恨みを買うような真似をするはずがない」というのは間違いなく世の中のコンセンサスでした。

まだ犯人が分からない頃には親御さんも先生に「お前が人から恨まれるような人間でないことは、親である私たちが一番よく分かっている」と仰っていたと思います。もしこれが自分の両親でしたら「お前が人に恨まれるクズなのは親である私たちが一番よく分かっている。何かロクでもないことでもやらかしたんだろう。とっとと白状しなさい」と自分を詰問したことでしょう。先生と自分の差は努力の総量のみとされていますが、両親の質にも大きく差があったと思います。

先生にお子さんがいらっしゃられるかは自分は存じません。ひょっとしたら奥様のお腹の中に新しい命が宿っていらっしゃる最中かもしれません。自分が申し上げられることは、そのお子さんが自分のようなクズになることだけは絶対にあり得ないということだけです。人間は両親にされたようにしか子供に接することができません。ですから先生が思ったようにお子さんに接していれば、お子さんは勝手にまともに育ちます。

もし先生と自分が例えば高校の同級生だとかとして出会っていたらどうなっていたでしょうね。きっと先生は自分を蛇蝎《だかつ》の如く嫌ったと思います。間違いなく自分は先生が最も嫌いなタイプの人間です。自分は先生のような両親に感謝しつつも両親から自立できているまともな人間ではありません。両親を恨みつつも両親に依存しているクズです。クズである自分には先生のようなまともな人のことは決して理解できません。ただ同時に先生も自分のようなクズのことは決して理解できません。この辺りはお互い様です。

自分としては不本意の極みなのですが、世の中には事件の動機を先生の学歴とマンガ家としての成功への妬みと理解されてしまいました。自分はそのような理解をしている連中一人一人に向かって、

「だから違うって言ってるだろうが！」

と怒鳴りつけて回りたいくらいです。しかし先生から「てめえは俺のことが羨ましかったんだろ？このスーパー嫉妬人め！　本当に参っちゃうよな！」とでも嘲笑われながら、札束でチンコをピチピチと叩かれても、自分は黙って耐えます。先生だけはこの事件を「努力もせずに成功だけ欲しがったクズの末路」という筋立てで納得して頂く資格があると思います。

ただ先生は本当にいい人そうですから「この事件のお陰で家族や応援してくれる人たち、そして何よりマンガを描かせてもらえるということがどれだけ有難いことなのかが改めて分かった。それを教えてくれたという意味で犯人には感謝している」などと考えていらっしゃるかもしれませんね。それを嫌味を感じさせずに自然と世の中に表明できたら「卑劣な脅迫に屈せず一回も休載しなかった本物のプロ」という先生に対する業界の評価もさらにストップ高になるまで上昇することでしょう。

自分は「黒子のバスケ」が存在しない世の中の底辺で朽ち果てたかったので「黒子のバスケ」を世の中から追い出すべく事件を起こしました。しかし願いは叶いませんでした。東京拘置所では被収容

者の暇潰しのために本の貸し出しをやっています。貸し出される本にはマンガもあります。そしてそのリストには「黒子のバスケ」も載っていました。先生は東京拘置所を所轄する法務省にも一流のマンガ家として認識されているようです。自分はそのリストを見た途端に気分が悪くなってしまいました。

もちろん自分は「黒子のバスケ」を借りてはいません。塀の中にまで「黒子のバスケ」の人気が浸透しているということは、つまりもうこの世の中で生きている限り「黒子のバスケ」からは逃れられないということです。税金で4年6カ月ほどプリズンニート生活を送らせて頂いてから、出所後に事件とは逆に「黒子のバスケ」に満ちた世の中から自分が逃走する予定でいます。ですから自分が先生にうざい思いをさせることはもう絶対にありません。どうぞ安心して祝福された人生を送って下さい。

先生からこの世で最も遠い場所にいるクズより

第2章

裁判で明らかになったこと

被告が住んでいた新大久保から新宿を眺めた風景

7

冒頭意見陳述【2014年3月13日初公判】

初公判で一部を朗読。後に最終意見陳述で撤回した

「黒子のバスケ」脅迫事件の犯人の渡邊博史と申します。このたびは意見陳述の機会を与えて頂けましたことに心から謝意を表させて頂きます。起訴されてない事案も含めまして「黒子のバスケ」脅迫事件とされる一連の威力業務妨害事件は全て自分が一人でやりました。全ての責任は自分にあります。そして、どのような判決が下されようとも、それを受け入れて控訴しないことと、実刑判決を受けて服役する場合には、仮釈放を申請せずに刑期満了まで服役することをこの場で宣言を致します。

取り調べについてですが、自白の強要や暴力的な言葉による威圧などは全くありません。自分は刑事さんや検事さんより望外の公平な扱いを受けています。ネット上では「喪服は恐い刑事さんからきつい取り調べを受けて涙目になっているんだろうな。ざまあｗｗｗｗ」などと言われているかと思いますが、そのようなことは全くありません。自分に対する取り調べは民主警察・民主検察のそれその

ものです。

さらに申し上げれば、自分の国籍や民族的アイデンティティについて勝手な憶測がネット上などに氾濫しているかと思いますが、自分の両親も祖父母も曾祖父母も日本人です。帰化して日本国籍を取得した日本人でもありません。「黒子のバスケ」脅迫事件の犯人である渡邊博史は残念ながら日本人です。

動機について申し上げます。一連の事件を起こす以前から、自分の人生は汚くて醜くて無惨であると感じていました。それは挽回の可能性が全くないとも認識していました。そして自殺という手段をもって社会から退場したいと思っていました。痛みに苦しむ回復の見込みのない病人を苦痛から解放させるために死なせることを安楽死と言います。自分に当てはめますと、人生の駄目さに苦しみ挽回する見込みのない負け組の底辺が、苦痛から解放されたくて自殺しようとしていたというのが、適切な説明かと思います。自分はこれを「社会的安楽死」と命名していました。

ですから、黙って自分一人で勝手に自殺しておくべきだったのです。その決行を考えている時期に供述調書にある自分が「手に入れたくて手に入れられなかったもの」を全て持っている「黒子のバスケ」の作者の藤巻忠俊氏のことを知り、人生があまりに違い過ぎると愕然とし、この巨大な相手にせめてもの一太刀を浴びせてやりたいと思ってしまったのです。自分はこの事件の犯罪類型を「人生格差犯罪」と命名していました。

自分が「手に入れたくて手に入れられなかったもの」について列挙しておきますと、上智大学の学歴、バスケマンガでの成功、ボーイズラブ系二次創作での人気の３つになります。あと、取り調べでは申し上げませんでしたが、新宿出身というのもあります。公判のために必要な事実関係は全て供述調書になっていますので、ここでその詳細については申し上げません。上智大学への自分の執着につきましては、自分が上智大学出身者だけにのみ強烈なコンプレックスを抱くようになったきっかけは、19年前にささやかな屈辱を味わったことに端を発します。バスケマンガと二次創作につきましては、色々な出来事が複雑にリンクしています。31年前に同性愛に目覚め、同じ年に母親から「お前は汚い顔だ」と言われ、26前に「聖闘士星矢」のテレビアニメを見たいとお願いして父親に殴り飛ばされ、24年前にバスケのユニフォームに対して異常なフェチシズムを抱くようになり、22年前にボーイズラブ系の二次創作同人誌を知ったという積年の経緯があります。また、新宿につきましては、16年前に自殺をしようとしてJR新宿駅周辺を彷徨し、11年前にJR新大久保駅周辺を歩き回ったことがきっかけです。いずれも昨日今日に端を発することではないのです。自分にとってはとてつもなく切実であったということだけは申し上げさせて下さい。ネット上などに流れた「黒子のバスケ」の熱狂的ファンによるファン感情の暴走による犯行説は全く間違いです。

そして今さらながら申し上げますが、自分が犯行初期を中心に出した犯行声明文の中の藤巻氏への怨恨を匂わす下りは全てデタラメです。自分と藤巻氏は全く面識はありません。自分は藤巻氏より何かされたということは一度たりとてありません。藤巻氏には全く落ち度はありません。この事実ははっきりとさせておかなくてはならないと思います。

自分の人生と犯行動機を身も蓋もなく客観的に表現しますと「10代20代をろくに努力もせず怠けて過ごして生きて来たバカが、30代にして『人生オワタ』状態になっていることに気がついて発狂し、自身のコンプレックスをくすぐる成功者を発見して、妬みから自殺の道連れにしてやろうと浅はかな考えから暴れた」ということになります。これで間違いありません。実に噴飯ものの動機なのです。

しかし自分の主観ではそれは違うのです。以前、刑務所での服役を体験した元政治家の獄中体験記を読みました。その中に身体障害者の受刑者仲間から「俺たち障害者はね、生まれたときから罰を受けているようなもんなんだよ」と言われたという記述があります。自分には身体障害者の苦悩は想像もつきません。しかし「生まれたときから罰を受けている」という感覚はとてもよく分かるのです。自分としてはその罰として誰かを愛することも、努力することも、好きなものを好きになることも、自由に生きることも、自立して生きることも許されなかったという感覚なのです。自分は犯行の最中に何度も「燃え尽きるまでやろう」と自分に向かって言って、自分を鼓舞していました。その罰によって30代半ばという年齢になるまで何事にも燃え尽きることさえ許されなかったという意識でした。人生で初めて燃えるほどに頑張れたのが一連の事件だったのです。自分は人生の行き詰まりがいよいよ明確化した年齢になって、自分に対して理不尽な罰を科した「何か」に復讐を遂げて、その後に自分の人生を終わらせたいと無意識に考えていたのです。ただ「何か」の正体が見当もつかず、仕方なく自殺だけをしようと考えていた時に、その「何か」の代わりになるものが見つかってしまったのです。それが「黒子のバスケ」の作者の藤巻氏だったのです。ですから厳密には「自分が欲しかったもの」云々の話は、藤巻氏を標的として定めるきっかけにはなりましたが、動機の全てかと言われると違うのです。

自分が初めて自殺を考え始めてから今年がちょうど30年目に当たります。小学校に入学して間もなく自殺することを考えました。原因は学校でのいじめです。自分はピカピカの1年生ではなくボロボロの1年生でした。この経緯についてここで申し上げても詮ないので、詳細については省略します。自分を罰し続けた何かとは、この時にいじめっ子とまともに対応してくれなかった両親や担任教師によって自分の心にはめられた枷のようなものではないかと、今さらながら分析しています。

自分は昨年の12月15日に逮捕されて、生まれて初めて手錠をされました。しかし全くショックはありませんでした。自分と致しましては、「いじめっ子と両親によってはめられていた見えない手錠が具現化しただけだ」という印象でした。

自分は犯行の最終目標を「黒子のバスケ」の単行本とその他の関連商品全ての販売中止とアニメの放映の中止と関連イベントの中止と定めていました。ただし永久に脅迫を続けることもできませんから、それを一瞬でも達成できたら、犯行終結宣言を出して、事件を終わらせようと思っていました。「黒子のバスケ」が自分の人生の駄目さを自分に突きつけて来る存在でしたので、それに自分が満足出来るダメージを与えることで自分を罰する「何か」に一矢報いたかのような気分になりたかったのです。それを心の糧に残りの人生を無惨に底辺で生きて行くなり、自殺して無惨な人生を終わらせるなりしようと思っていました。ですから自分はとても切実な動機で事件を起こしているのです。いじめられっ子である自分が、いじめっ子の「黒子のバスケ」の暴力から必死になって逃れようとしていたというのが、自分の主観的な意識です。

自分は都内の路上で警視庁の捜査員から任意同行を求められた時に「負けました」と申し上げました。この言葉のせいで自分がゲーム感覚の愉快犯であるという説が世間一般に流れたようですが、それは断じて違います。自分は確かに「負けました」と申し上げましたが、これは自分の人生をギブアップしたという意味で申し上げました。自分は警察に捕まった時点で人生の負けの確定を宣言したのです。一部報道で自分が「ごめんなさい、負けました」と捜査員に言ったと報じられましたが、自分は絶対に「ごめんなさい」などとは申しておりません。「ごめんなさい」の部分は完全に誤報もしくは捏造です。しつこく申し上げますが、自分はこの事件を決してゲーム感覚などでは起こしておりません。どこかの臨床心理士が新聞紙上で「好きなキャラ云々」などと真相にかすりもしないプロファイリングを披露して悦に入ってましたが、そんなしょぼい話ではないのです。専門家も人間ですから間違えることもあります。しかし、こちらが違うから、犯行声明で「違う」と言っているのに「図星だから感情的になって反論した」などと、自身の能力への懐疑と謙虚さが完全に欠如した恥の上塗り的な強弁を平然と新聞紙上にできる人物が、臨床心理士と名乗っていることに改めて慄然とします。

自分が逮捕されて2日後の朝に勾留されている警視庁麹町署から東京地検に出発しようとした時には、署の前にたくさんの報道陣が押し寄せて来ました。この時に自分の顔は笑っていました。これについて「有名になれたことに喜んでいる」というのが、世間一般の説であると聞いていますが、そんなことがあるはずがありません。カメラのフラッシュの洪水を浴びながら、「『何か』に罰され続けて来た自分がとうとう統治権力によって罰されることになったのか」と考えると、とめどもなくおかしさが込み上げて来て、それによって出た自嘲の笑いなのです。後日、弁護士さんにニュース映像をプリントアウトしたものを見せて頂きましたが、確かにあの顔は気持ち悪いです。人の怒りの感情を喚起させる気持ち悪さです。しかし、自分の心象風景とは乖離しています。自分がもう笑う資格がない人間であることぐらいは、自分も理解しています。

また一部マスコミ関係者に自分がグリコ森永事件に関与しているとの説があるようですが、それははっきりと否定します。

これだけの覚悟をして事件を起こしたのですから、反省はありません。反省するくらいでしたら、初めからやりません。また謝罪も致しません。もし謝罪するのでしたら、それこそ尾骶骨の奥から罪悪感がとめどもなくあふれ出て来て、全身から力が抜け、目の前が真っ暗になって、前後不覚に陥るような状態にならなければ、謝罪しても意味がないと考えます。残念ながら、自分は逮捕されてからそういう心理状態に一瞬たりともなったことがありません。自分はサイコパスと呼ばれるタイプの人間なのかもしれません。あと自分の犯罪の力が足りず「黒子のバスケ」というコンテンツに大してダメージを与えられなかったと自分は思っているからです。

ただ責任は取りたいと思っているのです。反省・謝罪と責任は違います。責任というとまず浮かぶのは、自分が起こした事件により生じた金銭的な被害を弁済するということです。これは単に被害金額だけではなくて、詫び料とでも言うべき金額を上乗せして初めて成り立つものであります。

これにつきましては、自分には当事者能力がありません。自分は昨年の10月に学園祭に対する襲撃予告を上智大学に送りました。これにより上智大学は警備体制の強化を余儀なくされました。約50万円の費用がかかったと聞きます。自分が起こした膨大な事件のうちの1件でこれだけです。被害総額はいくらになるか想像がつきません。自分のこれまでの人生での総収入額は１０００万円に満たないです。年収が２００万円を超えたことは一度もありません。月収が20万円を超えたことも数回しかないです。自分には金銭的な責任を取ることができません。

自分としては、犯罪によって一生をかけても払いきれない損害を生じさせたら、それはもう首を吊るしかないと考えております。実刑判決を受けて刑務所での服役を終えて出所して、できるだけ人に迷惑をかけない方法で自殺します。また自分の死が広く伝わるような手段も取ります。やはり「犯人が死んだ」という事実は、自分が起こした犯罪によって迷惑を被った方々に対して一定の溜飲を下げさせる効果はあるでしょうし、何より再犯がないと安心して頂けると思うのです。自分にはこのようにして「感情の手当」を行うしか責任を取ることができません。ただ同時に、自分の命の価値など絶無であって、自分の死も大して意味がないことも充分に理解しております。

自殺についてですが、自分は自己中心的な動機でも自殺したいのです。自分の連行に使用される捕縄を見るたびに首を吊りたくなります。この瞬間でも自殺させて頂けるのでしたら、大喜びで首を吊ります。動機も男として最もカッコ悪い種類の動機ですし、それが露見してしまったので、もう恥ずかしくて生きていたくないのです。それに自分は「負けました」と言って自分の人生の負けの確定を宣言したのです。つまり自分の人生は終わったのです。それなのにまだ生き永らえていることに我慢がならないのです。留置所と拘置所と刑務所は自殺が禁止された空間です。自分は下されるであろう実刑判決の量刑の長さを「自殺権を剥奪され、自殺をお預けにされる期間」と理解します。

取り調べで刑事さんや検事さんから「社会復帰」という言葉が出て来たことがあります。自分は先ほど申し上げました通りに刑務所から出所後にすぐ自殺しますので、社会復帰はしません。犯罪は程度の差こそあれ社会に迷惑をかけるものです。その迷惑が限度を超えた犯罪者を社会から永久追放するために無期懲役が、世の中から追放するために死刑が刑罰として存在します。自分は結果としては大した罪にはなりませんでした。しかし、明らかに社会の許容限度を超えた事件を起こしたと認識しています。職業窃盗犯の更生とは意味が違うのです。自分みたいなのが社会復帰しては絶対にいけませんし、それを許す甘い社会であってはならないと思います。取り調べで刑事さんから冗談めかして、「出所したら物書きにでもなったら？　喪服の死神の前歴を生かすならそれしかないよ」と言われました。自分は「冗談じゃない！　自分はもう物を言ったり書いたりする資格のない人間なんだよ」と叫びたくなりましたが、黙っていました。

少し話が変わりますが、この事件について「言論の自由に対する挑戦」という論評を逮捕前に見かけました。自分は「言論の自由」は国家権力からの自由を指す概念だと思っていました。自分は国家権力や、それを背景にした特殊な圧力団体の構成員でもありません。仮に言論の自由に挑戦する主体が私人だったとして、その私人からの自由という意味で「言論の自由」という概念があるとしましょう。それでも自分は「言論の自由」に挑戦したとは思いません。「作品内容がけしからんから本を撤去しろ」という要求であれば、それは確かに「言論の自由」への挑戦かもしれません。しかし自分は脅迫状の中で無差別殺傷を匂わせましたが、「黒子のバスケ」の作品内容については言及しておりません。これは「言論の自由」の問題ではなく、危機管理のあり方の問題なのです。一連の事件を受けて「黒子のバスケ」の単行本の販売を見合わせた書店が「言論弾圧への加担者」との批判を受け、販売を継続した書店が「『言論の自由』の擁護者」と称賛を浴びていたことが全くもって理解できませんでした。繰り返しますが、これは頭がおかしい人間への対応を巡る危機管理の問題なのです。ちなみに逮捕により実行はされませんでしたが、自分は「『言論の自由』の擁護者」と称賛を浴びた大手書店チェーンへの放火を計画していました。

しかし自分は「黒子のバスケ」の単行本を店頭から撤去した書店に対する脅迫事件では立件されない可能性が高いと聞きました。これはおかしいと思います。撤去した書店が立件に消極的で被害届の提出を拒んでいるとも聞きました。単行本の撤去は日本の出版の歴史に残る事件だと思います。絶対に公判の俎上に載せるべきだと考えます。検察には是非とも立件に積極的になって頂きたいと思います。

量刑につきましては、自分は厳罰に処されるべきですし、それを切望しています。半分冗談で半分本気で申し上げますが、自分が望む刑罰は死刑です。自分に対する刑罰が最高で懲役4年6ヶ月というのはおかしいと思います。自分は大学構内という公共空間で毒ガスをばらまき、コンビニの商品棚という不特定多数の人間が手を伸ばす場所に毒入りの食べ物を置いたのです。これは公共危険罪です。死傷者は出ていませんし、自分としても出ないようにやりましたが、自分を無期懲役にも死刑にも処せない日本の刑事司法には大きな欠陥があると思います。上智大学の事件は殺人未遂で、毒入りウエハスの事件はグリコ法で立件されるべきでした。ここからは完全に冗談で申し上げますが、自分としては「黒子のバスケ」というコンテンツに対する殺人未遂が、自分に最も相応しい罪ではないかと思います。またマンガ、アニメ、ゲームにおける表現規制推進の根拠に「キャラクターの人権」を挙げる論者もいますから、「黒子のバスケ」の全キャラクターを代表して主人公の黒子テツヤに対する殺人未遂を適用というのもコールドジャップもといクールジャパン政策を推進している日本らしくて面白いかなと思います。確かに自分は黒子テツヤの人権を侵害したと思います。冗談はさておき、明け透けに申し上げますと「こんなキモい奴は死刑でいいじゃないですか！」という気持ちです。

いわゆる「負け組」に属する人間が、成功者に対する妬みを動機に犯罪に走るという類型の事件は、ひょっとしたら今後の日本で頻発するかもしれません。グローバル経済体制の拡大により、一億総中流の意識が崩壊し、国民の間の格差が明確化して久しい昨今です。日本は東西冷戦下の高度成長期のようなケインズ型の経済政策を採用する体制にはもう戻れないでしょう。格差が開こうとも底辺がネトウヨ化しようとも、ネオリベ的な経済・社会政策は次々と施行されるのです。現在の刑事裁判で最も悪質な動機とされるのは利欲目的です。自分と致しましては、この裁判で検察に「成功者の足を引っ張ろうという動機は利欲目的と同等かそれ以上に悪質」という論理を用いて、自分を断罪して頂きたいのです。そして裁判所には判決でそれを全面的に支持して頂きたいのです。「不幸の道連れという動機は利欲目的と同等かそれ以上に悪質」という判例を作って頂いて、それを法曹界で合意形成して頂きたいのです。「国策捜査」という言葉がありますが、せっかくですから、この事件の判決を「国策判決」として利用して頂きたいのです。俗っぽい言い方をすれば、自分のような汚い顔のキモブサメンが成功したイケメンの足を引っ張ってはいけないのです。これからの日本社会のためにも「不幸の道連れ型犯罪は絶対に許さない」という司法の意志を判決で表明して下さい。せめて社会に役に立つような形で自分は罰されたいのです。そうでないと自分は心穏やかに刑務所で服役できませんし、出所後に心安らかに首も吊れません。

正直に申し上げますと、今の日本の刑事司法には自分を罰する方法はないと思います。自分は現在は留置所で寝泊まりしております。他の被留置者と仲良く話をしたりもできました。自分が人とまともに長く会話をしたのは本当に久しぶりです。少なくとも過去10年にはありません。若い被留置者と話していて「こんなにかわいい弟がいれば、自分はやらかしていなかったろうな」とか「こんなに明るくて、カッコ良くて、ノリの良い友人が子供の頃にいたら、自分の人生も違っていたろうな」などと感じました。自分の人間関係は逮捕前より充実しています。食事も砂糖・塩・油脂が控えめなとてもヘルシーなものを三食きちんと頂いております。自分が三食まともに食べる生活をするのは20年ぶりくらいです。

また、刑務所での服役も全く恐くありません。少なくとも娑婆よりは、人生の格差を自分に突きつけて来る存在に出会うことはないでしょう。いじめがあっても刑務官さんたちは、自分の両親や小学校の担任教師よりはきちんと対応して下さるでしょう。刑務所の生活には自由や尊厳がないと言いますが、自分には、それは娑婆でも同じことですから、何も恐くありません。また今回の逮捕を巡る報道により、自分は全ての日本人から見下される存在になり果てましたが、自分の主観では、それは逮捕前も同じで、それが単に顕在化したに過ぎませんから、特に改めて苦痛を感じません。

逮捕の3カ月くらい前から自分は36歳にして、生まれて初めて芸能人が好きになりました。自分は同性愛者ですから、もちろん男性です。好きになったのは男性のグループです。逮捕前はそのグループについて書かれたブログに日参していましたし、情報を得るために新たに言語を習得しようかと思ったくらいでした。身柄を確保された瞬間も、スマートホンを使って、そのグループの曲を聞いていました。逮捕された直後は「俺の嫁の一重王子にもう会えないし、曲も聞けないし、活動の情報も追っかけられないのか」とか「あの人たちの惑星の住人になりたかった」などと思って悲しくなりましたが、心の中でお別れを済ましましたので、今はどうでもいいです。またここ10年くらい自分は重度のネット依存症状態でしたが、今は特にネットをやりたいとは思いません。事件についてのネット上の反応にももう興味はありません。つまり自分は娑婆の娯楽に未練がないのです。

そもそもまともに就職したことがなく、逮捕前の仕事も日雇い派遣でした。自分には失くして惜しい社会的地位がありません。

また、家族もいません。父親は既に他界しています。母親は自営業をしていましたが、自分の事件のせいで店を畳まざるを得なくなりました。それについて申し訳ないという気持ちは全くありません。むしろ素晴らしい復讐を果たせたと思い満足しています。自分と母親との関係はこのようなものです。他の親族とも疎遠で全くつき合いはありません。もちろん友人は全くいません。

さらに自分は生まれてから一度も恋人がいたことがありません。その道のプロにお金を払うという手段を含めても性交すらしたことがありません。恋人いない歴＝童貞歴＝年齢です。自分はネットスラングで言うところの「魔法使い」です。自分のデタラメな声明文を真に受けた前述の臨床心理士がツイッターで「愛する人を失って云々」などとツイートしていましたが、自分は愛する人を失ったのではなく、愛する人が初めからいないのです。ここ15年くらい殺人事件や交通事故の被害者遺族が、自分たちの苦しみや悲しみや怒りをメディア上で訴えているのをよく見かけますが、自分に言わせれば、その遺族たちは自分よりずっと幸せです。遺族たちは不幸にも愛する人を失ってしまいましたが、失う前には愛する人が存在したではありませんか。自分には愛する人を失うことすらできません。つまり自分には失って惜しい人間関係もありません。自分は留置所から借りたスウェットを着てこの場に立っていますが、それはつまり自分には公判用のおめかし用の衣類を差し入れてくれる人など誰もいないという意味です。ただ自分は自己憐憫に陥ってはいません。むしろ無用な人間関係がないことを清々しいとすら思っています。自分の帰りを待つ人も誰もいませんので、気楽で気楽で仕方がありません。

そして死にたいのですから、命も惜しくないし、死刑は大歓迎です。自分のように人間関係も社会的地位もなく、失うものが何もないから罪を犯すことに心理的抵抗のない人間を「無敵の人」とネットスラングでは表現します。これからの日本社会はこの「無敵の人」が増えこそすれ減りはしません。日本社会はこの「無敵の人」とどう向き合うべきかを真剣に考えるべきです。また「無敵の人」の犯罪者に対する効果的な処罰方法を刑事司法行政は真剣に考えるべきです。

長々と申し上げましたが、結論は自分は厳罰に処されるべきの一言に尽きます。自分は思わせぶりなことを申し上げましたが、客観的には大したいじめを受けてませんし、両親の自分に対する振る舞いもしつけの範囲に収まることで虐待ではありません。

留置所で同室になった自分と同世代の男性が「人生が終わりかどうかは自分次第でしょ」とよく言ってました。自分がいかに自己愛が強くて、怠け者で、他者への甘えと依存心に満ち、逆境に立ち向かう心の強さが皆無で、被害者意識だけは強く、規範意識が欠如したどうしようもない人間であるかは、自分自身が誰よりもよく分かっています。それでも自分は両親や生育環境に責任転嫁して、心の平衡を保つ精神的勝利法をやめる気はありませんし、やめられません。日本の国際社会における経済的地位の下降とともにやたらと「世界から称賛され、かっこいいと憧れられる日本」像が喧伝され始め、「日本は全世界から好かれているのだから、日本が国際的な批判を浴びることなどありえない。それらは全て反日カルトトライアングルたる特定アジア三国の反日プロパガンダか、それらと呼応して動く日本の反日左翼マスゴミによる偏向捏造報道が原因」という論理のみで国際関係の全てを理解しようとする精神的勝利法が国民世論に蔓延しているのと同じ現象です。自分は「海外の反応」まとめブログを見ても、ちっとも気持ち良くなれませんでした。

自分にはもうこれからはありません、自分に更生の可能性は全くありません。自分には「死もまた社会奉仕」ならぬ「死のみが社会奉仕」という言葉がぴったりと当てはまります。

ここまで書き上げて原稿を読み直しました。知性の欠片も感じられない実に酷い文章だと思いました。自分は高校は元首相やノーベル受賞者を輩出している地元一番の進学校に入学したのですが、それが間違っていたとつくづく思いました。自分の能力に見合わない学校に入ってしまったことは本当に良くなかったです。ただし、母校の恥となったことにつきまして、母校に対する申し訳ないという気持ちは全くありません。ここしばらく何かとＯＢに慶事が続いていたので、それに冷や水を浴びせたと思うと、むしろ心地がいいです。

繰り返し申し上げますが、自分のようなクズは何としても厳罰に処されなければなりません。

そして最後になりますが、自分の今の率直な心境を申し上げます。

「こんなクソみたいな人生やってられるか！　とっとと死なせろ！」

日本中の前途ある少年たちがいじけず、妬まず、僻まず、嫉まず、前向きで明るくてかっこいいイケメンに育つことを願って終わりにしたいと思います。本日は意見陳述の機会を頂きまして、本当にありがとうございました。

「喪服の死神」「怪人８０１面相」「黒報隊」こと渡邊博史

8 生い立ち【裁判所に提出した書証】

被告人質問の準備のために作成し、裁判所に提出した

【いじめ】

Q．小学校に入学してすぐにいじめられたとのことですが、具体的にはどうでしたか？

A．1年の同級生のMが酷いいじめっ子でした。入学して3日後に、空手チョップで鉛筆を全て折られました。持って行った道具類は片っ端から壊されました。休み時間のたびに自分が泣くまでプロレス技をかけられました。図工の時間に描いた絵はいたずら書きをされ、工作は壊されました。給食の時間にはMの嫌いなものを押しつけられ、好きなものは取り上げられました。

Q．最もきつかったいじめは何ですか？

A．爪を立てて頬をつねられるんです。皮や肉をちぎり取られて、出血して顔中が傷跡だらけでした。

Q ご両親の対応はどうでしたか？

A 「自分はいじめられているから転校したい」と母親に訴えました。母親は自分に「転校は絶対に無理よ」と強く言いました。それから母親は担任に手紙を書きました。それを読んだ担任はMを怒鳴りつけました。

Q それでいじめはなくなりましたか？

A 何も変わりませんでした。怒鳴られた後の休み時間に、Mは平然と自分にプロレス技をかけて来ました。

Q その後にご両親はどうされましたか？

A 「何も変わらず、いじめ続けられている」と訴えましたが、無視されました。しばらくすると、母親は、「なぜいじめと戦わないんだ！　悔しくはないのか！」と自分を詰《なじ》り出しました。

Q お母さんはなぜ態度を急変させたのでしょうか？

A 両親は学校に行って担任に直談判しましたが、「そんなことはいちいちこっちが知ったことではない」と言わんばかりの応対だったそうです。両親はさらなる学校側への申し入れやMの両親への直接抗議も考えたらしいのですが、「これ以上やると異常に過保護な親みたいに思われるからやめよう。むしろ博史を叱咤して、いじめに立ち向かわせる方が正しい」という結論に達したそうです。このことを自分が25歳くらいの頃にいきなり母親から聞かされました。母親は「お母さんもお父さんも、いじめには正しい対応をしたのよ。だから、お前が私たちを恨むのは全くの筋違いよ」とも自分に言いました。

Q. 担任はどんな先生でしたか？

A. 50歳くらいの女性教師でした。札つきの暴力教師で、行く先々の学校でトラブルを起こしていました。些細なことでも、すぐにビンタをする教師でした。国語の教科書を読むのをトチったらビンタ、算数の授業でトンチンカンな質問をしたらビンタ、配られた色紙を間違えて折ったらビンタ。自習時間に数人が騒げば、クラス全員がビンタされました。

Q. そんな先生のいじめへの対応はどうでしたか？

A. 担任は自分へのいじめについては、全くビンタをしませんでした。母親が手紙を送った時もMを怒鳴りつけましたが、ビンタはしませんでした。自分がMに頬の肉をちぎられて血をダラダラ流しているのを目の前で見ていても放置でした。

Q. いじめっ子はそのMくんだけですか？

A. クラス全員というか、学年全員からいわゆるエンガチョー状態でした。

Q. どうしてですか？

A. 酷いアレルギー性鼻炎で、鼻水が出て仕方がなかったんです。さらに鼻糞が大量に出て、鼻がかゆくて仕方がなくて、どうしても鼻をほじってしまったんです。あと体質的に唾が多くて、普通に話していても、やたらと唾が飛ぶんです。つまり不潔と思われてバイ菌として扱われたんです。

Q. 具体的にはどういうことをされましたか？

A. 皆が自分が近づくと逃げ出しました。自分に触れたらヒロフミ菌に感染するからです。本当につらかったです。1年の夏休み前には自殺を考えました。終わりにしたいと思ったんです。

Q. ご両親の対応はどうでしたか？

A. 「せめて鼻水だけでもどうにかならないか」と母親に言いました。母親は自分を医者に連れて行きました。しかし、それを聞いた父親が怒ったんです。「子供が鼻水を垂らすのは当たり前だ。医者など必要ない。放っておけ」と父親が言ったので、治療はしないことが決まりました。母親は鼻炎について、「大人になれば自然に治るから、それまでガマンしなさい」としか言わなくなりました。

Q. お父さんは他に渡邊さんに何か言いましたか？

A. 父親は自分に鼻の手術がいかに危険かを延々と説きました。そして、「手鼻をかんで、いじめっ子に鼻水を飛ばして立ち向かえ」と笑いながら自分に言いました。父親の死後に母親はこの時のことについて「お前のことを心配していたから、お父さんはそう言ったんだよ」と自分に言いましたが、理解できませんでした。

Q. 小1・2年はそのクラスだったんですね。3年はどうでしたか？

A. 3年は良かったんです。担任も同級生もとても良かったんです。1・2年時のいじめの傷も治りそうになったんです。本当は4年もそのクラスで行けたはずでした。しかし、学年に転校生が続出したんです。学年5クラスでしたが、人数不足で4クラスに再編しなければならなくなりました。それで4年もクラス替えとなりました。

Q. 4年はどうでしたか？

A. 1・2年の時がかわいく思えるくらいいじめられました。4年の頃は鼻炎が悪化して朝から晩まで鼻水をダラダラ垂らしていました。学年中から最悪のバイ菌扱いをされていました。また同級生の

Eといういじめっ子から、プロレス技をかけられるとかの暴行を受けました。

Q. 担任はどんな先生でしたか？

A. 30代半ばの女性教師でした。1・2年の時の担任よりも酷い人物でした。病気の範中に入る鼻水について「お前が鼻をかむせいで、みんながどれだけ気分悪いか分からないのっ！」と責められました。鼻炎の症状の緩和のためにマスクをして登校したら「マスクなんかして、調子に乗るんじゃないわよ！」と罵倒されました。またEにプロレス技をかけられた自分が苦しんでいる様子を見ながら、「Eとヒロフミは本当に仲がいいんだねぇ」と言って大笑いしていました。

Q. 教室で自殺しようとしたんですね。何があったんですか？

A. 教室の壁にクラスの名簿が貼ってありました。登校すると自分の名前の部分に大量の画鋲《がびょう》が刺さっていました。画鋲を抜くと、自分の名前がマジックで塗り潰されていました。ガマンできなくなって彫刻刀を首に刺して自殺しようとしたんです。そこに騒ぎを聞いた担任が駆けつけました。担任は自分に全く事情を聞かずに「ヒロフミが構って欲しくて騒いだ」という事件として処理してしまったんです。この時は担任に殺意を覚えました。

Q. 4年でのいじめは渡邊さんにどういう影響を与えましたか？

A. せっかく3年がいいクラスだったのに、不可抗力によるクラス替えで酷い目に遭ってしまいました。ですから、自分はいじめから決して逃れられない運命なんだと思いました。

Q. 5年はどうでしたか？

A. 5年に進級すると5クラスに戻りました。運命と言うか、やはりEと同じクラスにされました。

Eからは連日のように暴行を受けました。Eだけでなくクラス全体から見下され、いじめられました。6年もこのクラスで同じようにいじめられました。

Q. 担任はどんな先生でしたか？

A. 定年間近の女性教師でした。怒っても迫力がなく、児童からナメられまくりでした。6年になってからは、完全に学級崩壊状態でした。

Q. 5年の時にあったトラウマとなる事件について教えて下さい。

A. 国語の授業でファンタジーの物語を制作する課題がありました。自分はそういうのは得意でしたから、上手にできました。担任からも褒められました。ところがEが気に喰わなかったようです。Eは休み時間に自分から原稿を奪い取るといたずら書きをして、ビリビリに破ってゴミ箱に捨ててしまいました。同級生たちは、「E！　よくやった！」「オレも調子に乗っているヒロフミにムカついていたんだ！」と口々にEを称賛しました。

Q. 担任はどう対応したんですか？

A. 「Eに謝らせる。二度としないように約束もさせる」と担任から言われました。そして、数日後の放課後に特別な応接室に来るように言われました。行くとEとEの母親と担任が待っていました。しかし、全く時間の無駄でした。

Q. 何があったんですか？

A. 母親に促されて、Eは露骨にふて腐れながら、自分に謝りました。しかし次の瞬間からEは、自分がいかに他のクラスの子から侮辱されているかを訴え始めました。Eが他のクラスの子とトラブルになったことは事実でした。自分の事件については冒頭の3分だけでした。それから2時間以上、Eの主張を延々と聞かされました。

Q．ご両親はどう対応しましたか？

A．担任が事件について母親に電話で知らせていました。母親は「どうして戦わないんだっ！　悔しくはないのかっ！」とひたすら自分を責め立てました。次に母親はEに電話をして、EとEの母親に抗議しました。次の日にEは「母ちゃんにチクリやがって！」と怒り、いつも以上に激しい暴行を自分に加えました。

Q．さらに追い討ちをかける事件が起こったと伺いました。詳しく教えて下さい。

A．その日に同級生のHとその他数人から服をいたずらで汚されました。帰宅して、自分がいたずらされたことを母親に気づかれました。母親は前日より声を荒げて「なぜいじめと戦わないんだっ！」と自分を責め立てました。そしてこの日もHとその他に電話で抗議をしました。次の日にHは「子供のかわいいイタズラじゃねーか！　それを母ちゃんにチクリやがって」と自分を罵倒しました。自分はHから仕返しをされました。仕返しの内容については言いたくありません。そして学年中に「母ちゃんにチクる最低野郎」という自分の悪評が広がりました。

Q．お母さんの供述調書には、「博史はいじめをあまり気にしていないようでした」という趣旨の供述がありました。これについてはどう思いますか？

A．つらくてつらくて仕方なかったに決まっています。しかし両親は味方してくれるどころか自分を詰《なじ》るだけです。そして、母親が介入すると事態は必ず悪化しました。自分は必死になって気にしていないように装っていただけです。それが最も合理的な対処法でした。

Q. 小5から通った塾ではどうでしたか？

A. 中学受験コースではなく補習コースに、小5の春休みから行かされていました。塾でもいじめられました。きっかけを作ったのは母親です。

Q. 具体的にどういうことがあったんですか？

A. 塾の初日に母親が無理矢理に塾の教室の中にまでついて来たんです。教室に自分が入ると、母親はこれ見よがしに、「私が渡邊博史の母親でございます」と宣言せんばかりに大きく自分に向かって手を振ってから出て行ったんです。自分はその場でクラス中からマザコン認定されて、いじめられました。

Q. 塾の講師はどんな人物でしたか？

A. 酷かったのは20代半ばの国語担当の男性講師でした。その講師から自分は「いくらでもいじっていいいじられ役」とでも見なされてたようでした。

Q. 具体的に何があったんですか？

A. 例えばクラスで忘れ物をした生徒が3人いたとしましょう。するとその3人の代わりに自分が3発叩かれるんです。他にも冤罪で講師から殴られたこともあります。別のクラスの生徒が起こしたトラブルを、講師がまともに確認もせず、自分が犯人だと決めつけたんです。すぐに間違いだったと判明しましたが、講師からは謝罪の言葉はありませんでした。

【「ヒロフミ」という身分】

Q. いじめられて、どういう影響がありましたか？

A. 自分には仇名らしい仇名がついたことがありません。いつも「ヒロフミ」でした。小学生の時は必ず同級生に渡辺くんがもう一人いました。その子と区別するために「ヒロフミ」と呼ばれていました。それで自分は「ヒロフミ」なんだと思うようになりました。「ヒロフミ」は渡邊博史ではなく、カタカナ4文字で「ヒロフミ」です。

Q. 詳しく説明して下さい。

A. いじめっ子から何かにつけて「ヒロフミの分際で」「ヒロフミのくせに」「ヒロフミごときが」「ヒロフミだから」という言葉で罵倒されました。「お前は『ヒロフミ』であるから、いじめられたり、一人だけ差別的待遇を受けたりするのは当然だ」という意味です。それをずっと聞かされ続けているうちに、「自分だけ酷い目に遭うのは、ヒロフミという身分だからだ」と思うようになりました。「ヒロフミ」はカースト外の人権のない存在です。

Q. その結果どうなりましたか？

A. 「自分はここに存在していいのか？　その資格はあるのか？」と不安でした。24時間365日、年中無休でいつもビクビクしていました。家庭、学校、塾と知っている社会の全てでいじめられ、知っている人間のほとんどに見下されていました。ですから、強い対社会恐怖と対人恐怖を抱くようになりました。それで、自分から積極的に何かすることができなくなりました。

Q. 具体例を教えて下さい。

A. 自分は子供の頃から、体育が苦手でした。何とかしたいとは思いましたが、何かしたらいじめられると思い、何もできませんでした。自分があまりにも傷ついていなければ、「体育ができる自分に変わってやる」と思えたかもしれませんでした。

Q. でも一度だけ体育で本気で努力したことがあったと伺いました。詳しく教えて下さい。

A. 小2の体育の授業で縄跳びをやりました。それを聞いた父親が「体力がないんだから、縄跳びでもやれ！」と言い出しました。自分は毎日、夕方に縄跳びの練習をしました。最初は10回も跳んだら肩で息をしていました。しかし、続けているうちに100回以上跳べるようになりました。

Q. ご両親の反応はどうでしたか？

A. 自分が毎日の縄跳びをサボろうものなら、とても怒りました。しかし、結果についての反応は鈍かったです。

Q. 似たようなエピソードは他にもありますか？

A. 縄跳びをやったお陰か走るのも早くなりました。運動会の50メートル走で、1年の時に自分はビリでした。そのことは母親から強く詰られました。しかし、2年では縄跳び効果か3位になりました。母親にそれを伝えましたが、特に返答はありませんでした。やる気を失くしたせいか、3年ではまたビリになりました。その時には、母親からまた詰られました。

Q. 縄跳びについて担任の反応はどうでしたか？

A. いつも縄跳びの練習をしていたので、縄が痛んで体育の授業中にちぎれたんです。自分としては、

「頑張った証拠だ」と思って担任に伝えました。すると担任から「アンタっ！　やりたくなくて縄をハサミで切ったんでしょっ！」と怒鳴られビンタされました。それで完全にやる気を失くして、縄跳びもしなくなりました。

Q． そうした体験を経て、渡邊さんはどんな考え方をするようになりましたか？

A． 自分は努力しても報われるどころか、担任にビンタされてしまいました。それで自分は「対努力恐怖」とでも表現すべき感覚を抱くようになりました。「自分は努力しても必ず酷い目に遭う」という世界観を持つようになりました。皆が努力できるのは、「努力すれば報われる」という世界観を持っているからです。この世界観の歪みは、両親の変わったしつけにより、悪化の一途をたどりました。

Q． その世界観が「ヒロフミ」という身分と結びつくとどうなりますか？

A． 子供は「自分にできないことはない」という独自の全能感を抱いているものです。だから何にでも物怖《ものお》じせずにチャレンジできます。逆に自分は、「自分にできることはない」という無力感に支配されていました。ですから、自分は基本的に「酷い目に遭いそうだから逃げよう」という動機でしか行動できなくなりました。それを「自分は『ヒロフミ』だから仕方がないんだ」という理屈で、自分を納得させていました。

【ジャンプのマンガ】

Q． 次にマンガへの思いについて伺います。渡邊さんはマンガ、アニメ、ゲームを子供時代に楽しんだことがありましたか？

A．マンガ、アニメ、ゲームは基本的に全面禁止でした。両親は「マンガ、アニメ、ゲームは罪悪である」という意識を自分に刷り込もうとしていたようでした。特に父親のマンガ嫌いぶりは常軌を逸していました。

Q．刷り込みについて具体的に教えて下さい。

A．小学校の近くに駄菓子屋がありました。ビックリマンチョコのシールが流行した頃のことです。母親と2人で店の前を通ると、母親は「あそこは悪の巣窟よ。あそこでビックリマンなんか買っている子は、絶対にロクな大人にならないわ」と強い口調で自分に言いました。母親は本屋でマンガ雑誌を立ち読みしている人を見かければ「マンガ雑誌を立ち読みする人間にだけはなるんじゃないわよ」と言い、中古ゲームソフト屋の前を通れば「あんなところに出入りする子とは口をきいたらだめよ」と言いました。

Q．話は戻りますが、お父さんのマンガ嫌いぶりについて教えて下さい。

A．小4の時でしたが、父親に「タイムマシーンがあったら何がしたい？」と聞いたんです。父親は「赤ん坊の手塚治虫を殺しに行きたい。そうすればこんなにマンガが世の中に氾濫しなかった」と答えました。子供心にとても恐い父親だと思いました。

Q．他にもエピソードはありますか？

A．父親が課長に昇進してからは「昼休みにマンガ雑誌を読んでいた奴のボーナス査定を最低にしてやった。仕事の出来不出来以前に、マンガを読むなんて人間として論外だ」とも言っていました。

Q．思い入れのある「聖闘士星矢」について教えて下さい。

A. 小3の時に数少ない自分を相手にしてくれた同級生の家に行きました。同級生の部屋に当時はまだ創刊して間もないファミコン雑誌がありました。その中にゲーム版の「聖闘士星矢」の記事が載っていました。自分はショックでそのまま帰宅してしまいました。

Q. どうショックだったのですか？

A. キャラの聖闘士たちが、とにかくカッコよく見えました。当時の自分は既に「自分は顔が汚い『ヒロフミ』だから、どうしてもカッコよくはなれない」という意識を持っていました。ですから、せめてカッコいいものを見たいと思ったのです。「聖闘士星矢」はまさに自分が探し求めていたものでした。

Q. 「聖闘士星矢」を見れたんですか？

A. 家ではマンガ禁止ですから、どうにもなりませんでした。小4になると「聖闘士星矢」の人気はいよいよ大きくなりました。同級生たちはアニメを見て、下敷きとかのグッズを使っていました。自分だけはその盛り上がりに加われませんでした。

Q. 渡邊さんは、それでどうしたんですか？

A. 正月に母方の親族の家に行きました。自分と年の近い2人の従兄弟たちは、大の「聖闘士星矢」好きでした。アニメも見てましたし、グッズも集めていました。それを目の前で見てガマンできなくなりました。そして父親に「『聖闘士星矢』のマンガの単行本とアニメが見たい」と一世一代のおねだりをしてみました。次の瞬間に父親に殴り飛ばされて、自分は壁に激突していました。

Q. 「聖闘士星矢」を渡邊さんが見れたのはいつですか？

A. 中学になってから両親に隠れてマンガの単行本を買い集めました。それまで自分で自由に使えるお金がなかったんです。小学校時代は母親にお小遣いの使い道を完全管理されていました。

Q.「聖闘士星矢」は面白かったですか？

A. 最高に面白かったです。ただ作品の人気絶頂期の盛り上がりに加われなかったのが悔しくて涙が出て来ました。アニメは未だに見れていません。悔しさで胸が押し潰されると思ったからです。

Q. 犯行声明の中でマンガ家の久保帯人氏を執拗に罵倒したのもこのことに理由があると伺いました。教えて下さい。

A. 久保氏は自分と同じ年です。そして「聖闘士星矢」好きを公言しています。きっと作品の人気絶頂期に盛り上がれたんでしょう。そう思うととても腹が立ったんです。

Q. 話は変わりますが、将棋も好きだったんですよね。具体的に教えて下さい。

A. 小1の時にルールを覚えてからずっと好きでした。両親も将棋については寛容でした。日曜日の朝に教育テレビで放送している「NHK将棋トーナメント」を見ても文句は言いませんでした。

Q. ご両親の態度が変わるのはいつ頃からですか？

A. 自宅には当時スタートして間もないBSが入っていました。土曜の昼に「囲碁将棋ウィークリー」という棋戦情報などを扱う番組がありました。自分はこれを見たかったのです。ところが母親が、「BSで将棋を見るなら替わりに日曜日の将棋は禁止」と言うのです。仕方なく自分はBSの番組はガマンしていました。でも納得がいきませんでした。

Q. それで渡邊さんはどうしましたか？

A. 自分が小5の時でした。どうしても納得できなかったので、「どうしてたかが週2回の将棋番組を見ることとくらいが許されないのか？　ダメならしっかりとした理由を教えてくれ」と母親に言いました。母親は激昂して「うちは子供が見たがるテレビを何でも見せてやるような、甘やかしはしねえんだよっ！」と怒鳴ると自分の尻を思いっ切り蹴り上げました。さらにシュガーポットを自分の顔を目がけて投げつけました。見事に命中して、自分の顔は砂糖まみれになりました。

Q. お父さんは将棋に対してどうでしたか？

A. それからしばらくしてからです。新聞を読んでいて意味が分からない言葉がありました。その意味を父親に尋ねたら父親が激怒して、「そんな言葉の意味すら分からないなら、将棋は禁止だっ！」と言い出したんです。自分には意味が分かりませんでした。

Q. 渡辺さんは素直に禁止を受け入れたんですか？

A. 納得できるわけありません。自分は「いくらなんでも酷いよ。なんだよそれ」と父親に言いました。父親は「まさか道場に行きたいとか、プロの将棋指しになりたいとか思っているんじゃないだろうな」と凄みながら自分に言いました。自分は「道場で強い人と指したいし、プロ棋士はカッコいいと思うよ」と返しました。次の瞬間、自分は父親に殴り飛ばされました。父親は「将棋ってのは会社の昼休みに同僚とやるものだ。将棋道場を経営しているのはヤクザだ」と言いました。それからは父親が他界するまで、自分が自宅で将棋をいじることはありませんでした。

Q. 食べ物についてもエピソードがあると伺いました。教えて下さい。

A. 小学校時代は月1回くらいファミリーレストランに行ってましたが、自分が好きなものを注文できたことがないんです。自分が選んだものに両親は必ず何とでも理由をつけて、注文をＯＫしてくれないんです。そして、「お前はまともにメニューも選べないのかっ！」と怒り出して、両親が勝手にメニューを決めてしまいました。この体験のせいで、自分は今でも外食でメニューを決めるのが苦手です。

Q. 他にもありますか？

A. 母親は何かにつけて「夕食はお父さんのために作っているのよ。お前の分はその残り」と自分に言いました。自分がおいしいと言うと、そのメニューはまず出なくなりました。うっかりまずいとでも言ったら、何日も続けて、そのメニューが出されたりしました。だから世のお母さんたちの多くが、子供の好きなものをできるだけ作ってやることが多いと知って驚きました。

Q. 禁止のエピソードで極めつけのものがあると伺いました。教えて下さい。

A. 自分は塾で補習コースでした。しかし、中学受験コースの生徒たちよりも成績が良かったんです。小6の時にそれを惜しんでくれた算数担当の講師が、中学受験用の算数の問題集を自分にくれました。やってみると難しかったのですが、とても面白かったんです。楽しみながらやっていると、それを見つけた母親が、自分から問題集を取り上げると破り捨ててしまったんです。

Q. お母さんはどうしてそんなことをしたんですか？

A. 母親は「誰におかしな洗脳をされたんだっ！」と自分を怒鳴りつけました。そして父親と2人で「お前を思っているからこそ、中学受験的な勉強は禁止する。お前は地元の公立中学から、地元一番の高校に行って、そこからいい大学に行くというルートをたどらないといけない」という意味のことを自分に延々と言いました。

Q. それからどうなりましたか？

A. 母親は自分が塾のテキストに載っている応用問題をやることにすら怒るようになりました。「応要なんか必要ない。お前は頭が悪くて基礎もできてないはずよ」と言って、本屋で小3・4・5年用の初歩の漢字の書き取りと計算ドリルを買って来ました。そして「これをひたすら繰り返しやりなさい」と自分に命令しました。それから同じ問題を何十回とやらされて、本当につまらなかったです。自分は勉強すら禁止する両親とどう向き合えばいいのかと思いました。

Q. 渡邊さんはその結果、どんな考え方をするようになりましたか？

A. 自分は好きなものがあっても、好きにならずにできるだけ諦めるようにする癖がつきました。禁止されたら悲しいからです。自分は喜怒哀楽の楽を両親から禁止されたと理解しました。それが高じて何かを好きになったり、好きなことをやったりすることに、強い心理的抵抗が必ず伴うようになりました。

Q. 「心理的抵抗」の内容を教えて下さい。

A. 好きなものがあっても、好きと言えなくなりました。何かの弾みで両親にばれたら禁止されると思ったからです。これは20歳を過ぎても続きました。

Q. 具体的にはどういうことですか？

A. 自分は25歳くらいまでマンガを買う時は必ずレジで「プレゼントなんで包んで下さい」と頼んでました。自分のものではないということにしておかないと、心理的抵抗があってまともにレジの前に立っていられませんでした。27歳の時に初めて『少年ジャンプ』を買ったんですが、心理的抵抗があって、本屋で4時間くらい逡巡してやっと買えました。

Q. 渡邊さんにとってジャンプのマンガとは何ですか？

A. 「皆は手に入れられるけど、『ヒロフミ』である自分だけは、好きになることすら許されないもの」の象徴ですね

【バスケ】

Q. 次にバスケについて教えて下さい。まず、渡邊さんは同性愛者とのことですが、目覚めたきっかけについて教えて下さい。

A. 昭和58年の2月です。自分は幼稚園児でした。その日に限って、なぜか自宅のテレビで「ドラえもん」を見ました。その中でおしっこをガマンしていた出来杉くんが、半ズボンの上から股間を両手で押さえて、トイレに駆け込むというシーンがあったんです。その日の夜に布団の中で、出来杉くんがやったように両手で股間を押さえつけました。これが初オナニーです。

Q. マンガとかのキャラクターでオナニーするのが好きなんですか？

A. きっかけとなった出来杉くんだけです。ちなみに自分は未だに「SLAM DUNK」を読んでいないんですよ。自分が高校生の頃にブームでしたが、意識して読まなかったんです。当時の自分はキャラクターでオナニーしたら、人間失格だと思っていたんです。読んだらはまって絶対に好きなキャラでオナニーしてしまう気がしたんです。

Q. バスケのユニフォーム姿の男性に性的興奮を覚えるようになったのはいつからですか？

A. 中1の時です。男子バスケ部の練習を見かけました。1学年上の先輩たちが、とてもカッコよくて、最高に色っぽかったんです。その先輩たちを拷問・強姦する妄想で何百回オナニーしたか分かりません。

Q. 渡邊さんはバスケをしようと思ったことはないんですか？

A. 自分がいた小学校にミニバスがあって、人数不足で潰れそうになったんです。小4の時でした。ミニバスの子たちは、入ってくれる人間を必死になって探していました。それで同じ学年のミニバスの子の4人から、自分に声がかかったんです。

Q. その子たちはいじめっ子でしたか？

A. 違います。その4人は自分なんかにも、優しく接してくれる子たちでした。

Q. これは渡邊さんがいじめられっ子から変われる絶好のチャンスだったのではないでしょうか？

A. 土曜日の放課後に練習を見学しに行きました。そこでも初対面の先輩から顔についてからかわれてショックを受けるとか、色々とあったんです。帰宅後、自分は人生で初めてというくらい悩みました。

Q. どのように悩んだんですか？

A. 自分は「ヒロフミ」でどうしようもない運痴だから、絶対に練習にはついて行けないと確信していました。居心地は悪くなさそうだと思いましたが、それは錯覚で入ったらいじめられないはずがないとも思いました。自分なんかを誘ってくれた4人の気持ちを裏切りたくないと思いつつ、自分なんかが入ったら4人の迷惑になるとも思いました。自分は大パニックでした。

Q. このことをご両親はご存知だったんですか？

A. 両親には秘密にしていました。知られたらロクなことにならないと思ったからです。この件で誘ってくれた子の何人かが、電話をして来ました。母親から、何の用件だったのかをしつこく問い詰められましたが、ごまかしました。

Q. 迷っていたんですね。結局はどうなりましたか？

A. 週明けの月曜日に登校して、朝礼のためにグランドに行きました。するとHから声をかけられました。小5の時のいたずら事件のHです。Hはミニバスには入ってませんでしたが、バスケ好きでした。Hはどこで聞きつけたのか自分に向かって「ヒロフミのくせにミニバスに入ろうとしてんだってな！てめえが入っていいはずがねえだろっ！　よく考えろよ」といきなり恫喝して来ました。自分は、「自分は『ヒロフミ』なんだから、立場をわきまえないと」と納得してしまったんです。それでミニバスの話は断りました。

Q. ミニバスは潰れてしまったんですか？

A. 別の学年に新しく入った子がいて、存続になったそうです。誘ってくれた子の一人が、自分にわざわざ伝えてくれました。そして、「ヒロフミも入れば良かったのに。とても楽しいよ」と言ってくれました。自分はもう心の病気になりつつあったので、それが「ヒロフミが入らなくて良かったよ」という意味に聞こえました。分かってて敢えてそういう解釈をしたんじゃないんです。本気でそうとしか思えなかったんです。

Q. チャンスを逃してしまったんですね。それで中学ではどうしたんですか？

A. 中学生の頃には「自分は努力しても上手く行かないし、どこに行っても必ずいじめられる」と確信していましたから、部活をやろうなどとは考えもしませんでした。

Q. 他にもバスケをやろうと思わなかった理由はありますか？

A. 同じ中学校に進学した、自分を恫喝したHが男子バスケ部に入っていました。自分はHの顔を見たくありませんでした。自分は一度だけ自分がバスケ部員になった姿を想像してみました。その異常なグロテスクさに気持ちが悪くなって吐いてしまいました。

Q. 渡邊さんは容姿コンプレックスも凄そうですね。具体的に教えて下さい。

A. きっかけは幼稚園の年長組の時です。遠足の集合写真を見た母親が、「お前は写っている子たちの中で一番顔が汚いわ」と言いました。それが自分が汚い顔であると認識したきっかけです。

Q. 悲しかったですか？

A. 仕方ないと思いました。事実だったからです。自分は頭だけが不格好に大きかったです。5歳くらいには今とほとんど同じ顔をしていました。異常な老け顔でした。さらに思い出し笑いと独り言の癖がありました。思い出し笑いは悪化して、自分は何も思っていないのに、顔だけニヤニヤしているということも起きるようにすらなりました。とにかく自分は気持ち悪かったんですよ。

Q. 子供時代に渡邊さんはどんな髪型でしたか？

A. ずっと5分の角刈り、いわゆるスポーツ刈り以外は禁止でした。理由は、「それが一番汚くないから」です。「一番カッコいいから」ではないのです。「髪を長くしたら、ただでさえデカい顔が余計にデカく見えて、完全に奇形児にしか見えない。丸坊主も知恵遅れみたいで気持ち悪い」と母親から強く言われました。

Q. 渡邊さんは反発しなかったんですか?

A. 小4の時に一度だけ反抗しました。床屋で少し長めの髪形にしてもらったんです。それを見た母親は激怒しました。そして同じ床屋にすぐ連れて行かれて、スポーツ刈りに直させられました。

Q. ずっとスポーツ刈りだったんですか?

A. 父親の死後の高2から髪を伸ばし始めました。母親は、「髪の毛が耳にかかると見るに耐えないから、その長さになったら切りなさい」と強く自分に言いました。

Q. 子供時代の服装はどうでしたか?

A. いつも母親は地味なデザインの服ばかり用意しました。「派手な色物は、顔の汚さを目立たせるから」が理由でした。テレビを見ていてタレントが派手なデザインの服を着ていれば、「こういうのをお前が着たら、どれだけ汚いか想像しなさいよ」と言われました。だから、ずっと母親が用意するものだけを黙って着ていました。

Q. 大人になってから、服装はどうしていたんですか?

A. 「醜い、汚い」と言われるのが恐くて、自分で選べないんですよ。そこでいつもセール品ばかりを買っていました。「似合うなんて思っていない。安いから買ったんだ」と自分に言い聞かせないと、シャツの1枚も心理抵抗感があって買えないし、着れないんです。

Q. 渡邊さんは自分のことをカッコいいと思ったことはありますか?

A. 断じて一度もありません。自分が汚くて醜くて気持ち悪いのは絶対の前提なんです。何をしてもダメなんです。努力してもカッコよくはなれないんです。その対極の存在がカッコいい男子バスケ部員なんです。

Q. そのことを強く自覚したようなエピソードはありますか？

A. 高校の時に下校しようとして、ランニングをしていた男子バスケ部の集団に会いました。その中にHがいました。Hは高校も一緒で、男子バスケ部のキャプテンでした。Hは自分を見つけると、中学の時に学校のイベントで自分が大勢の見てる前でトチった時の様子の物真似をしました。自分が黙っていると、その様子を再現するように笑いながら自分に命令しました。

Q. 渡邊さんはどうしたんですか？

A. すると、自分が困っている様子を見かねたのか、他の部員の誰かが「H！　ふざけてないで行くぞっ！」と助け船のような一言を出してくれたんです。それでランニングが再開して、Hも走り去って行きました。自分はそのまま帰宅しました。

Q. 渡邊さんはどう思いましたか？

A. 自室のベッドに倒れ伏して号泣しました。自分はH以外の男子バスケ部員たちに自分の屈辱的な姿を見られたのが、ガマンできませんでした。自分は自分なんかに助け船を出してくれた本当の意味でカッコいい男子バスケ部員みたいになりたかったんです。でも「ヒロフミ」であるから、汚いのは絶対なんです。カッコよくなるべく努力のしようがなかったんです。そんなことを考え続けて、涙が止まりませんでした。

Q. 渡邊さんにとってバスケとは何ですか？

A. カッコいいものの象徴かつ自分がすることを許されなかった努力の象徴です。

【両親殺害計画】

Q．次に成績について伺います。小学校時代の渡邊さんの成績はどうでしたか？

A．小学校時代は塾の月例テストで3回に2回は1位でした。全教室20校くらいの小さな塾の補習コースでの1位ですから、大して意味はないです。

Q．ご両親の反応はどうでしたか？

A．初めてその結果を見た時は驚いていました。しかし、それ以降は1位を獲るのが義務になりました。1位を獲らないと「1位でないのは、お前が勉強をさぼった証拠だ」と怒鳴られました。

Q．中学に入ってからはどうでしたか？

A．中1のゴールデンウィークの頃だったのですが、父親が早朝にいきなり自室に入って来て、寝ていた自分の上に馬乗りになりました。そして自分は父親に何発も殴られ、最後は首を絞められました。自分は父親から何度も「圏外じゃないかっ！　圏外じゃないかっ！」と怒鳴られました。

Q．何があったんですか？

A．塾の月例テストで1位どころか上位者一覧にすら名前が載らなかったんです。中学に入ると、中学受験した人も含めて参加者が一気に増えるじゃないですか。しかし父親に言わすと、「ずっと1位だったんだから、中学でも1位で当然。そうでないなら勉強をさぼったからだ」ということでした。「圏外」とは上位者一覧の圏外という意味でした。

Q．渡邊さんはどう思いましたか？

A．殺されると本気で思いました。自分は中学ではそれなりに勉強しましたが、動機は悪い成績だったら両親に殺されると思ったからです。これは努力ではないのです。自分は前向きな目標を人生で一度も持てたことがないんです。両親の罵倒から逃れるために必死だったんです。

Q．学校の成績はどうでしたか？

A．5段階評価で5教科と音楽が5か4でした。美術と技術が4か3、体育が3か2でした。

Q．ご両親はどうでしたか？

A．話にならないと散々に詰られました。体育で2を取った時には殺されるかと思いました。母親は「学校のテストで満点を獲れないなんて恥ずかしい」と自分を詰り、父親は、「体育や美術や技術だって、ペーパーテストで満点を獲れば5か4になるはずだっ！」と自分を怒鳴りました。

Q．実技教科のペーパーテストはどうだったんですか？

A．50点満点で大概は40点代半ばから後半でした。大体はクラスで1位でした。でも実技重視を徹底している教師が担当で、評価におけるペーパーテストの比重は3割くらいでした。少しくらいテストが良くても、どうにもならないんですよ。

Q．実技はどうでしたか？

A．体育は極度の運痴でしたし、美術も技術も手先が不器用で提出作品はいつも壊滅的なクオリティになりました。

Q．ご両親はそのことについてはどうでしたか？

A．「お前が人間として根本的に能力が低い『使えない人間』である証拠だ」と言って、自分を責め立てました。当時の神奈川県の公立高校の入試システムは、実技教科の内申点、つまり学校の成績の比重がとても大きかったんです。それもあって、両親は自分の実技ベタぶりにはイラついていたようでした。

Q. 5教科の方はどうでしたか？

A. どの教科も40点半ばから後半でした。自分はそそっかしくて、どんなに簡単なテストでも必ずケアレスミスが出るんです。だから49点がやたらと多かったです。英語で学年トップタイの49点を獲って父親から殴られたこともあります。

Q. どういうことですか？

A. 1点のケアレスミスは3単現のsのつけ忘れでした。父親は、「どうしてお前はケアレスミスをするんだっ！」と怒鳴りました。自分は、「落ち着いてやればできた」と言い返しました。すると父親は、「お前はいつもそんな言い訳ばかりしやがって！　ケアレスミスは心の緩みだっ！」と怒鳴って自分を殴りました。

Q. 少し話は変わりますが、中学でのいじめはどうでしたか？

A. 自分が成績が良かったのは2年の時です。理由は同級生に恵まれていじめられなかったからです。1年と3年の時はいじめられて、神経をすり減らした分だけ成績は悪かったです。もちろん、いじめのことは両親には隠していました。3年で成績が落ちた時の両親の激昂ぶりも凄かったです。

Q. 結局、高校入試はどうなりましたか？

A. ギリギリの成績でしたが、地元一番の進学校の県立高校に合格しました。

Q. 嬉しかったですか？

A. いいえ。むしろ絶望していました。

Q. どうしてですか？

A. 入試直前に同じ高校を受験する生徒が集められました。自分も含めて男子は10人でした。男子を見ると自分以外は全員が運動部に入って最後までやり遂げた奴ばかりでした。その中の1人にHがいました。帰宅部は自分だけでした。しかも、その10人の中で自分の成績はぶっちぎりのビリだったんです。自分は根源的に能力が低い人間なんだと思い知らされた感じでした。

Q. 合格してどうでしたか？

A. ちっとも嬉しくありませんでした。入学してもみじめな日々を送ることを確信していたからです。合格に興奮したHが校舎に向かって「オレ、バスケ部に入るからっ！」と叫んでいるのを見て、さらにげんなりしました。

Q. その直後に何か印象に残ることがあったと伺いました。詳しく教えて下さい。

A. 合格発表を見てから、皆で中学校まで戻ることになったのですが、交通費を忘れていました。困っていると野球部の子が「ヒロフミさん。そういう時には遠慮なく言うもんだよ」と言ってお金を貸してくれたんです。自分の世界観には存在しない衝撃的な出来事でした。

Q. 高校に入学してどうでしたか？

A. 両親以外の誰かから「高校はとても楽しいよ」と言われましたが、全く面白くありませんでした。同級生たちは自分に「どうしてこんな気持ち悪い虫みたいなのがいるの？」と言わんばかりの態度で接して来ました。しかし、いじめとかはなかったです。そこはさすがに地域の優等生を集めた高校でした。

Q. とてもがっかりしたことがあったと伺いました。詳しく教えて下さい。

A. 同級生に男子バスケ部の子が一人もいなかったんです。学年9クラスでしたが、自分のクラス以外の8クラスには最低一人はいたんですよ。しかも3年間クラス替えなしというシステムです。がっかりしました。

Q. 部活とかやろうとは思わなかったのですか?

A. 思いもしませんでした。どの部に入ろうとも何でもできずみじめな思いをするだけですから。両親は何度も「お前は根性と体力がないんだから、どっか運動部に入って鍛えてもらえ」と自分に言いましたが、しばらくして何も言わなくなりました。

Q. 必ず酷い目に遭うというのが、思考の前提になっているんですね。もし嫌な目に遭ったらやめればいいと思わなかったのですか?

A. 部活で酷い目にあったとして、やめようとしても、両親が一度入ったら絶対に退部を許さないと思ったんですよ。妹が小学生の時に習い事をやめたいと言い出した時の両親の激昂ぶりは凄かったんですよ。でも周囲にはあっさりと部活をやめている人も多くて、さぞや両親からボロクソに言われただろうと思いました。

Q. 高校での成績はどうでしたか?

A. 勉強する動機がなくなりましたから全く勉強しませんでした。学年でビリでした。

Q. 動機がなくなったとはどういう意味ですか？

A. 自分が勉強する動機は「悪い成績を取って、両親から酷い目に遭わされるのが嫌だから」だけです。それしかありません。しかし、この頃は何一つ楽しいことがなく義務だけが課され続ける人生に疲れ果てていました。だから、自分の成績に激昂した両親に殺されても、それでいいと思っていました。

Q. この頃のご両親はどうでしたか？

A. 自分の成績に怒り狂っていました。両親は高校入学前の春休みから有無を言わさず自分に予備校通いをさせなかったことを後悔していたようでした。ただ自分が1年だった1993年の夏頃から母親が体調を崩して翌年の3月まで入退院を繰り返しました。それで、予備校の話は先延ばしになっていました。

Q. お母さんの退院後はどうでしたか？

A. 両親が自分の処置について相談しているのを盗み聞きしました。内容は、

・1年が終わった春休みからスパルタ式で有名な地元の現役生向け予備校に通わせる

・隠れて買い集めているマンガ類は全て没収して処分し、改めてマンガ、アニメ、ゲーム類の全面禁止を言い渡す

・1年が終わる終業式の日に有無を言わさず、これらの処置を実行するということでした。

Q. 渡邊さんはどう思いましたか？

A. この頃に父親がよく自分に言っていた言葉が3つあります。「とにかく10代と20代は努力する義務があるんだっ！」「やりたいことなんぞ人生でやれるなどと思うな。人生は全てがガマンだっ！」「子

供の自主性なんてのは甘やかしだっ！　強制こそしつけの基本だっ！」でした。自分はこの両親とは共存不可能だと思って、両親殺害計画を立てました。

Q. もっと詳しくお願いします。

A. 自分は父親が「小学校時代のようないじめられる日々をこのまま死ぬまで続けろ」と自分に命令していると思いました。塾では小5から中3まで5年間いじめられましたから、強制的に予備校通いをさせられるという話は、「またいじめられに行って来い」という父親からの命令だと理解していました。自分は両親が喜怒哀楽の喜を禁止しようとしているように思えました。

Q. 話は戻りますが、マンガを買い集めていたのですか？

A. また後で触れますが、こっそりボーイズラブ系の同人誌を買い集めていました。当時の自分にとって、同人誌の世界だけが、自分を否定しない空間でした。同人誌を読んでいる時だけは心が休まりました。両親にこの最後の心の避難所すら取り上げられると思いました。

Q. 両親に殺意を抱く決め手となることがあったと伺いました。詳しく教えて下さい。

A. 相談を盗み聞きした次の日に納戸に木刀が置いてあるのを見つけたんです、この木刀は父方の親族が、自分が生まれた時に出産祝いで「これで息子をバシバシ叩いて厳しくしつけないとダメだぞ」と言って父親にプレゼントしたものです。この木刀を父親はずっと庭の物置に仕舞っていました。つまりいよいよ父親が木刀を使う気になったんだと思いました。

Q. 計画は具体的にどうしたんですか？

A. 1994年3月23日。学校は球技大会でした。同級生たちの盛り上がりを尻目に、自分は早めに下校して、ディスカウントショップに寄って、出刃包丁を2本買いました。1本ずつ両親の胸に突き立てるためです。殺害決行予定日は2日後の3月25日。1年の終業式の日で、両親が自分への処置を決行する予定日でもありました。

Q. 計画は結局どうなったんですか？

A. 包丁を買って帰ると母親は不在でした。父親が会社で倒れて病院に搬送されたので、お見舞いに行っているとのことでした。

Q. お父さんはどうなりましたか？

A. 意識不明のまま2日後の3月25日に他界しました。脳出血でした。葬式で自分は涙の一滴も出ませんでした。葬式が終わって自室で一人きりになり、押し入れの奥に隠してあった包丁を取り出して見詰めました。すると、「この殺意をどこに持って行って始末したらいいいんだ」と思えて来て、涙があふれて来ました。

【被虐うつ】

Q. お父さんの死後の渡邊さんの心境の変化はどうでしたか？

A. それまでの人生はずっと暴漢に追いかけられ続けていたようなものでした。ずっと逃げるために走り続けていました。すると、突然に一番強い暴漢だった父親が消失しました。自分は疲れ果ててその場に座り込んでしまった状態でした。

Q. 体調の変化はありましたか？

A. それまで経験したことがない異常な疲労感と眠気、記憶力の低下に襲われました。幻覚や悪夢も見るようになりました。あと自分が存在することに強い罪悪感を覚えるようになりました。

Q. 治療とかはしたのですか？

A. 小5の時に歯列矯正をしましたが、医療ミスで下の歯並びが矯正前より悪くなったんです。それが原因で当時の自分は顎関節症になっていました。だからその症状の一部と思ったんです。だから何もしませんでした。今となっては被虐うつを発症していたのではないかと思います。

Q. 被虐うつとは何ですか？

A. 虐待経験者が発症する症状が特殊なうつ病です。自分はこのうつ病の存在をつい最近まで知りませんでしたが、まさにこれだと思いました。自分は両親から虐待を受けたとは思いませんが、変わったしつけを受けたとは思います。それと被いじめ体験が合わさって、そういう状態になったと思います。高2で発症して21歳頃まで4～5年間続いたと思います。

Q. お母さんはお父さんの死後はどうでしたか？

A. 錯乱しつつも弱気になっていました。近所の人から「子供に弱っているところをあまり見せちゃダメよ」とアドバイスされたことに激昂していました。「弱っている親を支えるのが子供の義務だろうがっ！」と怒鳴りながら、母親は自分に向かってコーヒーカップを投げつけました。

Q. 他にもそういうエピソードはありますか？

A. 母親が、いきなり激昂して、「お前はお母さんへの思いやりが欠如している」と怒鳴り散らしたんです。無視していたら、「お父さんじゃなくて、お前が死ねばよかったのよっ！」と怒鳴られました。

Q.学校はどうでしたか？

A.学校はさぼりがちになりました。母親は94年の夏頃から事務員の仕事を始めて昼間は不在でしたから、自分はずっと自宅で寝ていました。とにかく眠くて眠くて仕方がなかったんです。成績は学年ビリで進級すら危かったです。

Q.大学受験はどうでしたか？

A.どこを受験しても不合格は確実でした。自分は願書さえ出せば合格するような大学の名前をいくつか出しましたが、母親の返事はいつも「そんなバカ大学に行くくらいなら働きなさい」でした。父親は生前に口癖のように「ポン大に行くくらいなら働け」と言っていましたから、母親もその方針を踏襲していたんだと思います。

Q.指定校推薦の話があったと伺いました。詳しくお願いします。

A.担任が地元の私大の指定校推薦の話を持って来てくれたんです。自分の成績でも入れましたが、自分は断りました。その私大は生前の父親が「行くのが無駄なポン大の代表」と散々に罵倒していた大学なんですよ。この話が来たということを聞いただけで母親は激昂すると思いました。

Q.お母さんには相談したんですか？

A.もちろん何も伝えませんでした。ところがこの話を母親は知っていました。「どうしてあの時に話を受けておかなかったのっ！」と浪人失敗後に母親が自分を詰ったのには絶句しました。当時にその話を受けることを母親は絶対に許さなかったであろうことは断言できます。

Q.大学受験は結局どうなりましたか？

A. 国語だけで受験できる私大を受験しました。その大学は自分の点数と合格最低点を通知してくれましたが、僅差であわや合格でした。自分が現役生で大学を受験したのはその一校だけです。

Q. 高校を卒業する時はどんな気分でしたか?

A. 何の感慨もありませんでした。式を終えて、クラスでの最後のホームルームを終えると、同級生の誰にも挨拶せず校舎から逃げ出しました。その途中でHではない同じ学年の男子バスケ部員を見かけました。その人は現役で早稲田大学に合格していました。堪らない気持ちになりました。

Q. 卒業後はどうしましたか?

A. 「今度こそ猛勉強して私や天国のお父さんを納得させる大学に合格しなさい」と母親から言われました。自分は精神的にも肉体的にも、まともに勉強することは不可能な状態でした。それに大学でも高校と同じようにみじめな思いをするだけだと確信していましたので、意欲もありませんでした。

Q. 浪人失敗後にお母さんから信じられない一言を言われたと伺いました。詳しく教えて下さい。

A. 「浪人しろだなんて一言も言ってない。何でもお母さんのせいにするのをやめなさいっ!」と母親から怒鳴られました。

Q. それでも浪人を選んだのはどうしてですか?

A. 働きに出てもいじめられると確信していました。どうすれば自分に降りかかる災禍を減らせるかを考えたら、母親の悪罵に耐えつつ浪人をするのが最も合理的な選択だとの結論に達しました。

Q. 浪人時代の被虐うつはどうでしたか?

A. 疲労感、眠気、記憶力の低下でどうにもなりませんでした。単なる怠けとしか思われないでしょうが、どうにもなりませんでした。

Q. 具体的にはどんな状態でしたか?

A. 疲労感は、予備校に行って90分の授業を1コマ受けて帰宅しただけで、もう起きていられない程にクタクタになりました。眠気も何時間と寝ても眠くて眠くてどうしようもなかったです。

Q. 受験勉強に大切な記憶力の低下はどうでしたか?

A. とにかく何も覚えられませんでした。28歳の時に浪人時代に使っていた古文の文法のテキストが机の奥から出て来ました。自分は通勤電車の中でそのテキストを2週間くらい眺めていたら、動詞や助詞の活用や接続の法則を全て暗記してしまいました。浪人時代には2カ月やって一言一句も覚えられませんでした。

Q. 幻覚はどうでしたか?

A. 小指くらいの大きさの白くて目の大きい小人が現れるんです。そして右の耳から自分の脳の中に入って行くんです。しばらくして小人はリアカーを引いて左の耳から出ていきました。すると数時間前に勉強したことすら完全に忘れているんです。浪人時代には3日に1回は、この幻覚を見ました。

Q. 他にも幻覚はありましたか?

A. 道を歩いているとアスファルトの道路が薄氷と化しているんです。足元に氷の割れ目があって、その下には阪神大震災で大火事になっている神戸の街が見えました。割れ目から焼死体と思わしき炭化した黒い手が出て来て自分の足をつかみました。するとどこからともなく、「お前が生きていて、どうしてオレが生きながら焼かれないといけなかったんだ」と少年の声で聞こえて来ました。次の瞬間、風景は元に戻っていました。時計で確認すると、自分は1時間もそこに立ちっ放しだったようでした。

Q. 悪夢はどうでしたか？

A. 自分が真っ暗な法廷に被告として出廷します。そして、色んな事件、事故、災害で亡くなった人たちから、「どうしてお前が生きてて、オレが死なないといけなかったんだ」と罵声を浴びるという夢です。この夢を見て起きると、いつも汗びっしょりで寝る前よりもクタクタになっていました。高3の頃から21歳くらいまで、よく見た悪夢でした。

Q. その悪夢を最初に見たのはいつですか？

A. 後で触れますが、上智のオープンキャンパスに行った日の夜です。「ヒロフミ」である自分が分不相応なことを考えた罰だと理解しました。

Q. 存在への罪悪感とはどんなものですか？

A. 浪人になる直前ですが、大勢の死者が出た事故がありました。事故に巻き込まれてなくなった男子高校生の両親がワイドショーの取材に応じていました。自分にはご両親がどうして泣いているのかが分かりませんでした。

Q. どうしてですか？

A. 子供の死を両親が悲しむということを感覚的に理解できませんでした。自分は、「この両親は息子が死んだことによって、自分たちの生活設計が狂ったから、それが悲しくて泣いているんだ」と強引な理屈で納得しました。

Q. それが存在への罪悪感にどうつながるのですか？

A. 故人はサッカー部だったとのことでした。遺影からはサッカー部っぽい明るくて楽しい人物であった雰囲気が伝わって来ました。自分は見ているうちに、「どうしてこの運命を自分が引き受けられなかったのか」と申し訳ない気持ちでいっぱいになりました。

Q. それで渡邊さんはどう思うようになりましたか？

A. 「自分にはどうして、こういう運命がやって来てくれないのか？」と事件、事故、天災で人が亡くなったというニュースを聞くたびに思うようになりました。自分は同性愛者ですから、ティーンから20代前半の若い男性が亡くなったと聞くと特に強く思いました。代われるものなら代わってやりたいと思いました。

Q. そのような不幸な出来事を総称して渡邊さんは何と呼んでいましたか？

A. 「素敵な運命」と呼んでいました。その素敵な運命はその死を悼む人がたくさんいる人にしか降りかからないと思っていました。自分は「ヒロフミ」だから、素敵な運命すら降りかかって来ないし、その資格もないと思っていました。そのことが、不幸な形で亡くなった人たちに対して申し訳なくて仕方がなかったんです。東日本大震災の時には「お前は『ヒロフミ』だから、海の底にさらう価値もねーよ」と津波からバカにされているように思えました。

Q. 予備校で友人はできませんでしたか？

A. 自分が予備校で口をきいたのは講師と事務員くらいです。予備校で友人ができるなんてどこか異世界の話としか思えません。

Q. 志望校はどこだったんですか？

A. 慶応の文学部という設定にしていました。あくまでも設定です。慶応に行きたかったのではないです。そのための努力もできる状態ではありませんでした。

Q. どうして慶応だったのですか？

A. 絶対に自宅から通学しないといけないと思ったからです。自分は数学と理科も壊滅的にできませんでした。そこで、数学と理科が不必要で、自宅から通えそうで、母親が文句を言わなそうな大学という条件に当てはまるのが慶応でした。三田と日吉なら、片道1時間半くらいで行けそうでした。

Q. 大学から1人暮らしという考えはなかったんですか？

A. 中学の時にNHKのニュースかドキュメントを見ていました。内容の詳細は忘れましたが、北海道の田舎の両親が、東京で一人暮らしをしている大学生の息子に仕送りしているというエピソードが出て来ました。それを見ていた父親が凄い怒り出したんです。

Q. どうしてですか？

A. 「ありえない！　親がどうして大学生の息子に仕送りしないといけないんだっ！」と父親はテレビに向かって怒鳴りました。そして、「大学に行っても仕送りしてもらおうなどと思うなよ。うちはそんな甘い親じゃないんだ。家賃と生活費くらい自分で稼げ。それが当たり前だ」と自分に言いました。さらに「そもそも大学生の一人暮らしなんぞ無駄だ。遠い大学に行くのなら、お前が始発に乗って終電で帰って来ればいいだけのことだ」とも言いました。母親もはっきりと明言はしませんでしたが、父親のこの方針を踏襲しているようでした。

Q．仕送りの話はおかしいとは思わなかったのですか？

A．高校の同級生が仕送りの話をしているのを立ち聞きしても意味が分かりませんでした。自分は大学生の子供が働いて実家に仕送りするものだとばかり思っていました。これがとんでもない思い違いだと気がついたのは、自分が30歳を過ぎてからでした。

Q．大学受験の結果はどうなりましたか？

A．慶応その他あちこちの難関大学を6校くらい受験して全て不合格でした。後で高校の同じ学年の他の人は全て大学に進学したと聞かされました。学年で自分だけというのが実に「ヒロフミ」らしいと思いました。

【上智大学】

Q．そろそろ上智大学の話をしましょう。渡邊さんが上智大学を意識するようになったきっかけを教えて下さい。

A．高3の4月頃でした。1学年下の2年生の男子生徒3人が廊下で立ち話をしていました。3人とも男子バスケ部の揃いのウォームアップウェアを着ていました。自分は会話に聞き耳を立てました。するとと、「もし早稲田、慶応、上智の全てに合格したら、絶対に上智にする」「オレもその3校の中なら上智だな」「オレもそうする。やっぱカッコいいイメージがあるよな」と話していました。上智に行けば、こんなかわいい後輩と知り合えるのかなとも思いました。3人とも顔もかわいかったんですよ。

Q. 他にもありますか？

A. 当時の上智は「東大よりも英語が難しい大学」と言われていました。英語も壊滅的にできなかった自分にとっては、絶対に合格できない大学の象徴でもありました。

Q. 上智のオープンキャンパスに行ったと伺いました。詳しく教えて下さい。

A. 立ち話を聞いた2カ月後の6月に行きました。都会のど真ん中のこんな場所の大学に通えたらどんなにいいかと思いましたが、顔が汚い「ヒロフミ」である自分にその資格はないと思いました。もし入試で全科目満点を獲っても、「お前は気持ち悪い『ヒロフミ』だから不合格」となると本気で思っていました。

Q. 上智で男子バスケ部を見かけましたか？

A. 「今日は体育館は閉館日なので、男子バスケ部はいません」と案内係に言われてがっかりした覚えがあります。男子バスケ部員たちはどれだけカッコいいのか想像できませんでした。帰りの電車の中で、上智に合格して男子バスケ部に入った自分を想像してみました。あまりにも醜くてグロテスクだったので気分が悪くなり、次の停車駅で下車してトイレで吐きました。

Q. 上智に強いコンプレックスを持ったきっかけは何ですか？

A. オープンキャンパスに行って間もなく、有名な奨学金団体の病気遺児枠の支給可否を決める面接に行く破目になりました。高校の団体の担当の教師が、自分に断りもなく勝手に申し込み手続きをしてしまったからです。

Q. 面接で何があったんですか？

A. 面接前にアンケートがありました。書くだけならタダだろうと思って志望大学を上智にしておきました。次に英語のテストがありました。０点に近い点数だったと思います。いよいよ面接が始まりました。面接官から開口一番に「上智に行きたいの？　ふざけているのかい？　この英語の成績じゃありえないよ。もっと真面目に人生を考えた方がいいよ」と露骨にバカにされました。奨学金は支給不可となりました。

Q. コンプレックスとは具体的にはどのような感じですか？

A. 上智大生を見ると殴りたくなるというようなものではないです。逆に上智大生を見た瞬間に条件反射的に土下座をしてしまいたくなるような感覚ですね。自分にとって絶対に勝てない相手なんですよ。

Q. 浪人をした年に上智を受験しましたか？

A. 落ちると分かっていましたから、受験しませんでした。上智から正式に不合格という事実を突きつけられるのが嫌だったからです。自分にとって他の大学を不合格になることは、その大学から「お前は勉強ができない」と言われることを意味しますが、上智を不合格になることは、「お前は気持ち悪い」と言われることを意味していました。

Q. 渡邊さんにとって上智大学とは何ですか？

A. カッコいいものの象徴かつ自分がすることすら許されなかった努力の先にあったものの象徴です。主観的には、自分は怠けて努力をしなかったのではないのです。楽しいことなど先にあると思えなかったから、努力することすら思いつかなかったし、被虐うつを発症して努力することも許されなかったのです。

【同人誌】

Q. 次は同人誌についてお聞きします。同人誌の存在を知ったのはいつですか？

A. 中3に進級する前の春休みです。本屋で「聖闘士星矢」のボーイズラブ系の二次創作の同人誌アンソロジーを買ったのがきっかけです。まさに自分が探していた世界そのものでした。それから両親に隠れて即売会に行って、同人誌を買いました。

Q. 自分で同人誌を出そうとは思わなかったのですか？

A. 絵が描けないということもありましたが、何より「ヒロフミ」である自分が作り手になろうと考えることなどおこがましいと思っていました。読み手の一人として存在を許されるだけでもありがたいと思っていました。

Q. ご両親の反応はどうでしたか？

A. 内緒にしていましたが、ばれていたと思います。そして、自分から同人誌を取り上げる直前に父親は他界しました。

Q. お父さんの死後はどうでしたか？

A. やりたい放題になりました。何かブレーキが壊れたようになりました。普通の人なら、「大学受験に備えて、しばらくやめよう」と思えるじゃないですか。しかし自分は「父親が消えた今のうちにやらないと、いつ禁止されるか分からない」と思っていました。20代、30代となって、自分から同人誌を取り上げる人間が誰もいなくなっても、この不安はずっと続きました。

Q. 同人誌にどれくらいの期間に亘って熱中していましたか？

A. 父親が他界した高2から21歳くらいまでです。自分が被虐うつを発症していた時期と重なります。それ以降はたまに同人誌即売会に行くくらいでした。

Q. 熱中して渡邊さんはどうでしたか？

A. 熱中という言葉は適切ではないです。ニュアンスが前向き過ぎます。実質的には現実逃避です。同人誌を読んでいる時くらいしか、気が休まりませんでした。

Q. 渡邊さんにとって同人誌とは何ですか？

A. 同人誌の世界は、自分の存在を許してくれた世界でした。同人誌の世界に入り込んでいる時だけ安心できました。要するに唯一の心の避難所ですね。

Q. 渡邊さんにとって、同人誌の世界で元ネタとして人気が出たマンガの作者はどんな存在ですか？

A. 唯一の心の避難所を支配する神ですね。

【夢を見ているという設定】

Q. 浪人失敗後の進路はどうしましたか？

A. 某クリエイター養成系の専門学校です。

Q. どうしてその学校に行くことにしたのですか？

A. 浪人を選んだ時と同じ理屈でした。自分に降りかかる災禍を最小にする合理的選択を考えました。

働いてもいじめられるし、二浪もつらそうでした。そこで母親からの悪罵に絶えつつ専門学校に行くのが、最も苦しくないだろうと考えました。

Q. クリエイターになりたかったのですか？

A. 違います。そこは誤解のないようにして頂きたいのですが、専門学校に行くためにクリエイター志望という設定にしたに過ぎないのです。クリエイターになりたかったのではないですし、なれるとは微塵《みじん》も思ってませんでした。

Q. お母さんの反応はどうでしたか？

A. 自分に呆れ返って何も言えないという感じでした。母親から「浪人に失敗して専門学校だなんて、こんなに恥ずかしい人生はないわよ」「お前には芸術や創作の『才能』というものは絶無よ。それを思い知りなさい」という意味のことを何度も言われました。

Q. 学校の授業はどんなものでしたか？

A. ライター養成コースでした。シナリオ形式でテーマに添った物語を作り、皆で批評し合うという内容です。そして、その授業で自分が書いたものをボロカスに酷評されてやる気を失くしました。それで学校に行かなくなりました。

Q. それでも努力しようとは思わなかったのですか？

A. 自分はクリエイターになりたいのではないのです。災禍を最小化するために、クリエイター志望という設定にしていたんです。酷評されることは災禍です。ですから、もうその学校に行く意味がないのです。ただ出席日数は足りていたので、卒業はしています。

Q. この年に渡邊さんは20歳になりましたが、成人式とかどうでしたか？

A. 成人の日は朝7時に起床しました。しかし眠くて眠くて仕方がなかったので、朝8時に再びベッドに入りました。そして夕方6時に起きました。自分と同い年の新成人たちがはしゃいでいる様子をニュースで見て、どうしてそんなに楽しそうなのか理解できませんでした。自分は初めから成人式に行く気はありませんでした。母親も「こんな有様のお前が成人して何がめでたいの？　お祝いなんか必要ない」と自分に言いました。

Q. その後の進路はどうなりましたか？

A. 母親に働くようにしつこく迫られました。アルバイト情報誌を見るとアニメ制作会社の制作進行、要するに使いっ走り役の募集が出ていました。面接に行って社長さんと15分くらい雑談したら、採用になりました。ただ仕事でどうしてもマニュアルの自動車免許が必要でした。

Q. 免許はどうしましたか？

A. 母親にお金を借りて、合宿で免許を取りに行きました。ここで「ヒロフミ」らしくどうしようもない運痴っぷりを発揮して、最初のシュミレーション以外には全くハンコを押してもらえませんでした。そもそもどうしてもアニメ制作会社で働きたいのではないのです。教官からクソミソに罵倒されている内に、やる気を失くしました。

Q. それでどうしましたか？

A. 休憩時間に茶髪で顔もなかなかの若いイケメンくんが自分に話しかけて来ました。話を聞くと自分と同じ教官が担当のようでした。もちろんイケメンくんは、スムーズにハンコをもらえていました。

自分は見栄を張って、「自分は上智大学の3年生だ」と嘘を言いました。するとイケメンくんは、「じゃあ先輩なんですね」と言って来ました。イケメンくんは現役で上智に合格して、春から入学予定の新1年生でした。しかも自分と同じ神奈川県で、自分とは別の学区の公立の進学校出身で、高校時代は男子バスケ部のキャプテンだったらしいのです。それを聞いて全てが嫌になり、教習を打ち切りました。

Q. それで帰宅してどうなりましたか？

A. 母親はもちろん激昂しました。自分は面倒臭くなって、教習所の方が悪いという作り話を咄嗟にしてしまいました。母親はそれを聞くと教習所に教習料の返金を求める抗議の電話をかけました。それで自分の作り話がばれて母親は発狂せんばかりに怒り狂いました。

Q. その後に渡邊さんはどうしましたか？

A. とにかく人生を終わりにしたいと思って、死のうとしました。あちこちのドラッグストアを回って鎮痛剤を300錠くらい買い集めました。そして、カプセルホテルに入って薬を全て飲んだのですが、気持ち悪くなっただけで死ねませんでした。自分の異変に気がついたホテルの従業員が救急車を呼びました。

Q. この時のことを渡邊さんはどう思っていますか？

A. この時に人生を終われなかったことは痛恨のミスでした。

Q. 自殺未遂後はどうしましたか？

A. それから1年くらい引きこもりをした後に、懲りずにクリエイター系の専門学校に入りました。

理由は前回と全く一緒です。それが災禍を最小にする合理的方法だと思いました。もちろん本気でクリエイターになりたかったのではないのです。そういう設定にしておいただけです。

Q. その学校はどうでしたか？

A. 1年次に同級生になったイケメンくんにときめきました。2ちゃんねるに投稿した犯行声明に登場するKくんのモデルになった人です。セミロングの茶髪が似合うイケメンくんでした。高校は男子バスケ部だったそうです。それなりの大学に現役で合格したのに中退したと聞きました。

Q. そのイケメンくんに特に魅かれた理由はありますか？

A. そのイケメンくんから「なべちゃん」と呼ばれたんです。自分が人からちゃんづけで呼ばれたのは、人生でそれが初めてだったんです。衝撃的でした。自分は心の中で「目の前にきみが一番嫌いなタイプの人間がいるよ」とイケメンくんに向かって言いました。

Q. そのイケメンくんとは仲良くなれましたか？

A. イケメンくんは何かと色んなことに誘ってくれましたが、自分は意識して断りました。自分は「ヒロフミ」だから分をわきまえないといけないと思いました。

Q. そのイケメンくんはどうなりましたか？

A. クラスでも初めから一人だけ画力が違いました。イケメンくんはアニメーターになりました。自分とは2年次からクラスが別れましたから、それ以来、一度も会ってないです。

Q. 結局、渡邊さんはその学校を卒業したんですか？

A. 2年次の講師が講師としての当事者能力の欠如した酷い人物でした。本当に許せないことがあり、自分は講師を面罵しました。すると激昂した講師から退学を迫られました。それで中退しました。

Q. それから、渡邊さんはどうしましたか？

A. パラサイトフリーターをしていました。それが最も合理的な災禍最小化のための選択だと思ったからです。

Q. 親元を離れようとは思わなかったのですか？

A. 両親から虐待を受けても、学校でいじめられなかったら、すぐに親から逃げ出していました。また学校でいじめられても両親から守ってもらえれば、家庭でパワーを回復して自立できると思います。自分はいじめられて両親に放置されましたので、強い対社会恐怖を抱くようになりました。一方で父親が他界していたので、有無を言わさず逃げるしかない状況でもないのです。するとやはり実家で沈殿することが、最も合理的な選択だと思えました。

Q. フリーター時代の仕事はどうでしたか？

A. 何もいい思い出はないです。

Q. 郵便局にお勤めだったと伺いました。それを退職したのはどうしてですか？

A. 自分が仕事でファインプレーをして、それを知った局長から直々にお褒めの言葉を頂きました。自分は局長から頭を撫でられました。自分はこの時に27歳でした。自分は局長から「普通の人はこんな仕事での小さな成功体験は20歳くらいまでには済ましているんだよ。つまりお前の人生は手遅れなんだよ」と言われたと感じました。それで全て嫌になって退職しました。

Q. その後はどうされましたか？

A. 別のアルバイトをしていましたが、29歳の時に仕事で重大なミスをしてしまいました。それが原因で社長が怒ってクビになってしまいました。その頃の母親は自分の顔を見るたびに、「早く家を出て、一人暮らしでも始めなさい」と言うような状態でした。それで、これ以上はパラサイトを続けるのは困難と判断して家を出ることにしました。

Q. 少し話は変わりますが、渡邊さんはマンガを描こうとしたことはあるのですか?

A. 自分が初めてマンガのストーリー的な妄想をしたのは中2の時です。脳内でアイヌ民族が主人公のファンタジーマンガのストーリーを思いついたんですよ。それで物凄い心理的抵抗感を覚えつつも、主人公のキャラクターを絵に描いてみたんです。

Q. どうしてそうなったんですか?

A. 描き上げてみると気持ち悪いんですよ。下手なんです。でも下手以上に気持ち悪いんです。まさに「ヒロフミ」の気持ち悪さなんです。下手なら上達しようもあります。しかしこの気持ち悪いのは浄化しようがないんです。それでその絵を見ている内に気分が悪くなってしまったんです。

Q. それでどうなりました。

A. 気持ち悪くなって、トイレに駆け込んで吐いてしまいました。

Q. この出来事で渡邊さんはどう考えるようになりましたか?

A. 自分は「ヒロフミ」なのだから、マンガ絵など描けないし、描いてもいけないと思うようになりました。そして、絵を描きたいという願望とか、マンガのストーリー的妄想とかを意識的にしないようにすることにしました。

【新宿】

Q. どこで一人暮らしをされたんですか？
A. 新宿区のＪＲ新大久保駅の近くです。
Q. どうして新宿にしたのですか？
A. 最初のきっかけは浪人の頃です。自分は世界史の授業だけはわりとさぼらず出ていました。講師は高齢のお爺ちゃんでしたが、授業はとても面白かったんです。その講師の本業は、新宿の個人経営の小さな予備校の講師でした。この講師がやっている予備校に行けていたら、自分の浪人生活も違ったろうになと思いました。
Q. 他にもそのようなエピソードはありますか？
A. 自殺未遂をしたカプセルホテルは新宿にありました。チェックイン前に新宿南口を歩き回ったんですよ。そこで都立新宿高校を見つけて驚いたんです。地上げ屋が跋扈《ばっこ》したバブル時代のイメージが強かったんですよ。だから学校があることが信じられませんでした。
Q. それがどうつながりますか？
A. 公立高校があるということは近くに民家があると思いました。こんな場所に住んでいたら、どんな大学にも通学は楽だろうし、色んな刺激を受けられると思いましたし、人生が違ったろうなと思いました。二回目に行った専門学校は自宅から片道2時間以上かけて通学していました。新宿で暮らして、そこから通えたら、どれだけいいだろうなと思っていました。

Q．ＪＲ新大久保駅近くを選んだ理由は何ですか？

A．２００４年だったと思うのですが、同人誌即売会に行った帰りに新宿に行きました。そこでたまたまタイ料理屋が目に入りました。自分は27歳でしたが、それまで一人で外食をしたことがありませんでした。心理的抵抗で1時間くらい葛藤して、やっと店の中に入れました。

Q．味はどうでしたか？

A．味よりも、自分は外食で初めて自分で好きなメニューを選ぶことができたんです。誰からも怒られない外食は衝撃的なことでした。それ以来、エスニック料理を外食するのが好きになりました。

Q．そこから新大久保にどうつながりますか？

A．それからしばらくして、新大久保駅にあるミャンマー料理店に行って、そこが凄く美味しかったんです。その店にいつでも行ける場所に住みたいと思いました。それで新大久保を転居先に選びました。そして、いざ転居したら、直後にその店は閉店してしまいました。

Q．新大久保での暮らしぶりはどうでしたか？

A．六畳一間の風呂なしトイレ共同のクーラーもないアパートで6年間、上智で事件を起こした直後まで暮らしていました。

Q．仕事はどうでしたか？

A．コンビニやスーパーの店員をしていました。店はあちこち変わりました。いい思い出はないです。

Q．それでも例外的にいくつかいいこともあったと伺いました。教えて下さい。

A．あるコンビニで自分は店長から新人の教育係を拝命しました。店員は大半が外国人の店でした。

自分は必死に新人さんたちにレクチャーをしました。それで中国人やインドネシア人の店員には凄く慕われました。自分が人から慕われるというのは生まれて始めての体験でした。ちなみにこの時に自分は30歳でした。

Q. どうして、その店をやめてしまったのですか？

A. 自分は外国人店員に慕われていたことが信じられず、「これは錯覚だ。勘違いしちゃいけない」と必死に自分に言い聞かせていました。その時に日本人のオーナー店長から物品横領の疑いをかけられたんです。無実であると判明しましたが、オーナー店長の人間性にうんざりしてやめることにしました。外国人店員たちはとても自分を惜しんでくれました。

Q. 新大久保は独特な街ですが、それが渡邊さんに何か影響を与えましたか？

A. 中2の時のアイヌキャラ失敗事件以来ずっと封印していたマンガのストーリー的な妄想が新大久保の街を見ていてどんどん膨らんだんです。人生初の超本格的な中二病的妄想でした。「こんな妄想を本当に中2の時にできていれば、人生は違っていたかもしれない」と思ったんです。

Q. それを作品化しようとは思わなかったんですか？

A. 膨大な設定資料は作りました。ただそれらを作品化しようとは全く思いませんでした。「あと20年早ければ、この妄想を具現化するために本気でクリエイターになるための努力ができたかもしれない」とは思いました。この設定資料は「黒子のバスケ」の最初のアニメ化ニュースを知った日に、全て処分しました。

Q. 渡邊さんにとって新宿とはなんですか？

A．両親からの自立の象徴です。なおかつ世の中に美味しい食事というものが存在することと、「ヒロフミ」である自分も人から慕われることもあるということを教えてくれた街です。そして、中二病的妄想を何の心理的抵抗もなくさせてくれた街です。

【父親】

Q．話は変わります。お父さんはどんな人でしたか？

A．昭和20年に鹿児島県薩摩川内市《さつませんだい》で生まれました。6人兄弟の唯一の男でした。実家は食うや食わずの貧農でした。子供時代は学校から帰ると遅くまでずっと農作業の手伝いをしていたらしいです。山奥で娯楽も皆無で、子供時代に子供らしい遊びなどほとんどしたことがなかったようです。

Q．お父さんの学歴と仕事は？

A．地元の高校を卒業して会社勤めを始めたので高卒です。勤務先は横浜の建設会社です。作業員でなく営業事務です。会社にはいつも直行直帰で、休日は家で寝ているだけという生活だったそうです。また給料からかなり多くを実家に仕送りしていたようです。

Q．息子である渡邊さんから見て、お父さんはどんな人でしたか？

A．小学生の頃の自分にとっては、自分の好きなものを何でもかんでも禁止する理不尽な人でした。中学以降は事あるごとに自分に向かって「努力する義務がある」と、とにかく努力の義務ばかり強調する人でした。自分の成績にやたらとうるさかったのは、父親に学歴コンプレックスがあるからだと当時から分かっていました。

Q. 印象に残っているお父さんの言葉とかありますか？

A. 父親は自分がテレビのクイズ番組を見ることには寛容でした。80年代に人気だった「アメリカ横断ウルトラクイズ」を見ていたら、父親は、「絶対に参加しようなどと思うなよ。参加する奴にロクな人間はいない。テレビで見ているだけにするのがまともな人間だ」と言いました。子供心に根本的に面白くない人なんだなと思いました。

Q. 他にもありますか？

A. 小4の時に父親と飲食店に入りました。父親が、「好きなものを頼んでいいぞ」と言うので、ネギトロ丼を頼んでみました。自分はネギトロ丼が何か分からなくて、興味があったんです。そうしたら父親から、「ネギトロ丼はトウガラシが入っててメチャクチャからいからダメだっ！」と怒鳴られたんです。

Q. ネギトロ丼にトウガラシは入っていませんよね。どういうことですか？

A. 自分が30歳を過ぎてから気がついたんです。父親は田舎者すぎてネギトロ丼が何か分からなかったんですよ。人間は自分が知らないものを悪と考える傾向があるじゃないですか。父親は自分が知らなかったネギトロ丼という悪から、息子である自分を守ろうとしただけなんじゃないかと思ったんです。

Q. その理屈を広げるとお父さんの行動原理が分かったと伺いました。詳しくお願いします。

A. 小1の時に自分を鼻水で医者に行かせなかったのは、子供が鼻水で医者にかかるなど父親の常識の範囲外だったんです。将棋も会社で同僚が昼休みに指しているのを見たことがあったから、ルールを覚えて指すまでなら父親の常識の範囲内なんです。しかし子供がプロ棋士に憧れるとか道場に行くとかは常識の範囲外なんです。だから父親は激昂して将棋を禁止したんです。マンガ、アニメ、ゲームも、中学受験用のテキストでの勉強も、一人暮らしをしている大学生の息子に両親が仕送りするのも全て常識の範囲外だったんです。

Q. 結果を出しても全く褒めてくれなかった理由もそれで分かったと伺いました。詳しく教えて下さい。

A. 父親にとって子供の勉強は農作業の手伝いなんです。食べるための義務なんです。報いは日々の食事です。父親は農作業を手伝っても祖父母から褒められたことがなかったのだと思います。だから息子である自分がテストでいい点を獲っても褒めることなど思いつきもしなかったんだと思います。思い返すと自分は食事を抜かれたことは一度もありませんでした。

Q. まとめるとどうなりますか？

A. 子供が遊んだり、喜んだり、楽しんだり、夢を持ったりすることは、父親の常識の範囲外だったんです。だから父親は息子である自分を遊びや喜びや楽しみや夢という悪から守ろうとしたんだと思います。

【母親】

Q. お母さんはどんな人ですか？

A. 昭和23年生まれです。神奈川県川崎市で育ちました。祖父は資産家のドラ息子で酒とギャンブルに溺れて全く働かなかったそうです。祖母は大地主の娘で蝶よ花よと育てられて、生活力皆無の人でした。そんな祖父母に母親はネグレクトを受けて育ちました。

Q. ネグレクトとは具体的にどういうことですか？

A. まともに食事を出してもらえなかったそうです。母親がロクに食べていないのに祖父だけは茹でた蟹を肴に酒を飲み、母親に蟹の食べ方の講釈を延々と垂れたのだそうです。そして祖母は、薄ら笑いを浮かべて、その光景を見ているだけだったそうです。

Q. 他にもありますか？

A. 母親は小学生を7年やっています。詳しい事情は知らないのですが、学校側の手違いで留年になったらしいのです。祖父母は何もせず唯々諾々と学校に従ったそうです。また母親は学校給食をほとんど食べたことがないそうです。祖父母が給食費を払わなかったからです。

Q. お母さんは父親であるお爺さんをどう思っていたのでしょうか？

A. 憎んでいたと思います。何かにつけて、「お母さんはお前にお爺ちゃんみたいにだけはなって欲しくないの」と言っていました。

Q. お母さんは母親であるお婆さんをどう思っていたのでしょうか？

A. 憎んでいました。母親は祖母のことを本人のいない場所では「アレ」とか「アイツ」と呼んでいました。祖母は98歳まで生きるのですが、母親は、「ああいうのを『死に損ない』って言うのよ」とも言っていました。自分が自殺未遂をした直後にそれを言われましたので、母親は自分のことも「死に損ない」と思っていたと思います。

Q お母さんは渡邊さんにどんな人間になってもらいたかったのでしょうか？

A 母親は自分を祖父のような放蕩者タイプの人間にはしたくなかったのだと思います。ただし、それは息子である自分の幸せを願ったからではありません。願っていたとしてもおまけであって、主たる理由ではないです。

Q 主たる理由とはなんですか？

A 母親の祖父母、特に祖母に対する復讐です。要するに母親は祖父母に対して、「私はアンタたちと違っていいお母さんよ。現に息子もお父さんみたいな犯罪者にならなかったし、兄さんたちみたいに借金を作って蒸発したりしなかったわよ」と勝利宣言がしたかったのだと思います。実際に祖母に向かって母親は、「私は子供のしつけを失敗したお母さんとは違うのよ」とよく言っていました。

Q お爺さんは刑事事件を起こしたことはあるんですか？

A 詐欺事件を起こして逮捕されたことがあったと聞きました。また祖父の振る舞いのせいで母親は周囲から「泥棒の娘」呼ばわりされて、いじめられたこともあったと聞きました。

Q 復讐が子育ての動機ということに渡邊さんは子供の頃から気づいていましたか？

A 気づいたのは逮捕されてからです。差し入れてもらった児童虐待についての本を読んで謎が解けたんです。

Q その本には何と書いてあったんですか？

A 「虐待」という言葉は本来は「乱用」を意味する abuse という言葉の訳語だというのです。drug abuse は薬物乱用です。child abuse は本来は「児童乱用」と訳されるべき言葉だというのです。

Q. それがどうつながるのですか？

A. 虐待の本質とは「両親が子供を利用して、自身の欲求を満たそうとすること」とその本には記されていました。自分は母親の祖父母への復讐欲求を満たすために乱用されていたんだと分かりました。そう考えたら、色々なことに合点が行きました。

Q. 具体的にありますか？

A. 自分が小5から通わされた塾で酷い目に遭ったということはお話ししました。自分は一度だけ「つらくてつらくて仕方ないから塾をやめたい」と小6の時に母親に言ったことがあるんです。母親は激怒して、「お前が『入りたい』って言ったから通わしてあげてんのよっ！　この恩知らず！」と自分を怒鳴りました。自分は「塾に入りたい」などとは一度も言ったことはありません。

Q. それはどういうことなんですか？

A. まず母親には、「私は子供が嫌がることは無理強いしないお母さん」という自己イメージがあります。この自己イメージを維持することは、母親にとって祖母への復讐という意味がありました。しかし、そのイメージと塾通いの強制は矛盾します。ですから、母親は勝手に「息子が『塾に行きたい』と言ったから、行かせてあげた」という設定にしてしまっているのです。

Q. 他にもありますか？

A. 小4の時でしたが、何かのイベントがあって、日曜日の昼間に一人で小学校の体育館に行きました。イベントが終わって帰りづらくてボーッとしていたら、同級生のお母さんから声をかけられました。自分は「両親が『勉強しろ』ってうるさいから、もうしばらくここにいます」と答えました。当時から両親が何かにつけて自分に「勉強しろ」とうるさかったのは事実でした。

Q. それでどうなりましたか？

A. その話がどうも近所のお母さんたちに広まったみたいなんです。それを知って激昂した母親から、「お母さんはお前に一度も勉強を強制なんかしたことないじゃないのっ！　これじゃお母さんが異様な教育ママみたいに思われるじゃないのっ！」と怒鳴られました。

Q. 他にもありますか？

A. 小5の時だったと思うのですが、自宅を訪ねて来た親族から「ヒロくん。きみの夢は何だ？」と聞かれました。自分には夢などありませんでした。ただいじめられるのが嫌なだけでした。会社員になったらいじめられると思ったので「会社勤めをして、いじめられたくない」と答えました。親族から「ヒロくん。きみのドリームを聞かせて欲しいんだよ」と再び聞かれましたが、何も答えられませんでした。

Q. それでお母さんはどうしたんですか？

A. 親族が帰った後に母親から「どうしてお前はあんなことを言うのっ！　これじゃお母さんがとんでもない教育をしているみたいじゃないのっ！　ちゃんと将来のことも考えておきなさい！」と怒鳴られました。自分はこの手の質問に天文学者とか動物学者とか答えを用意しました。もちろん本気で天文学者や動物学者になりたかったのではありません。

Q. お父さんが亡くなってから、何かお母さんに関するエピソードがありますか？

A. 高校の修学旅行は私服でした。それを聞いた母親は自分を近所の洋品店に連れて行きました。母親は「『あの家はお父さんが亡くなってから旅行用に服も買えないのね』とお前を見た人に思われるのが嫌なのよ」と言って、地味なシャツとズボンを勝手に選んで買いました。

Q. 他にはありますか？

A. 高校では昼食でたまに学食を利用していました。一番高いメニューは380円でした。自分は380円をもらって、一番安い180円のうどんをすすって、差額の200円をチョロまかしていました。それが母親にバレました。

Q. それでどうなりましたか？

A. 母親から「お前にちゃんと食べてもらいたいからじゃないの。『あの家はお父さんが亡くなってから食費にも困っているのね』とうどんをすするお前を見た人に思われたくないからなの」と言われました。それから母親は昼食代として180円しか出してくれなくなりました。自分は昼食を抜いて180円をチョロまかすようになりました。

Q. 息子である渡邊さんを二の次扱いにするような物言いが多いと思います。その点についてはどうですか？

A. 二の次どころか否定するような物言いもたくさん母親から浴びせられました。

Q. 具体的にはどういうものがありましたか？

A. テレビゲームが得意な同級生の話を聞けば「お前は遊びの天才になれないんだから勉強するしかないの」と、将棋の話になれば、「お前はプロ棋士ほど頭が良くないんだから、勉強するしかないの」と、テレビに料理人が映れば「お前は人としての能力が低いから料理人のような実力勝負の世界は絶対に無理よ。だから勉強するしかないの」とこんな感じでした。

Q. 他にもありますか？

A. 「お前は手先が不器用だし、運動もできないから、勉強するしかないの」「お前は顔が汚いんだから、勉強するしかないの」「お前はバカだから、バカでもできる勉強をするしかないの」がよく言われたフレーズです。

Q. 地元の進学校に合格した直後にも似たようなことを言われたと伺いました。教えて下さい。

A. 「お前は横高（横須賀高校の略）に入ったから、世間から頭が良いと思われるかもしれないけど、お前ほどのバカはいないわ。お母さんはそのことを世間の人に分かってもらいたくて仕方がない」です。高校合格後に限らず、ずっと何かにつけて言われました。

Q. お母さんはどうして渡邊さんにそのような物言いをしたんだと思いますか？

A. 自分を祖父のような犯罪者にしたくなかったからです。母親は「犯罪というのは欲深い人間が起こすものだ」と思っていたのでしょう。だから欲の源になる自己愛のような感情を持たない人間に自分を育てようとしたのでしょう。確かに自分は欲得ずくの犯罪からは無縁のメンタリティには育ちました。

Q. 渡邊さんがお母さんから言われて最も衝撃を受けたという一言があると伺いました。詳しく教えて下さい。

A. 自殺未遂をした直後に母親から「お前は子供の頃から本当に欲しいものを言ったことはなかったわ。本当にかわいくないいじけた子供だったわ。どうして欲しい物をおねだりすることすらできないのよっ！」と詰られました。

Q. その話がどうしてショックだったのですか？

A. 自分が本当に望んでいるものをおねだりしたのは人生で3回です。1回目はいじめの原因になっている鼻水の治療です。放置されました。2回目は「聖闘士星矢」のマンガとアニメです。父親に殴り飛ばされました。3回目はBSの将棋番組です。母親に尻を蹴り上げられ、シュガーポットを投げつけられました。自分はそれすら否定されて、要するに自分の10代は何だったのかと思いました。

Q. お母さんの渡邊さんへの態度が軟化したと伺いましたが、それはいつ頃からですか？

A. 50歳を過ぎてから母親が美容師になるといきなり言い出したんです。紆余曲折《うよきょくせつ》ありましたが、2004年に店をオープンしたんです。母親は自己実現を遂げられたためか、自分への物言いも軟化しました。

Q. 話は変わりますが、ご両親の関係はどうでしたか？

A. 母親からすると父親は恋人というより恩人という存在だったらしいです。母親は父親と結婚する前に色々と人生が上手く行かなくて荒《すさ》んだ生活をしていたらしいです。そんな母親を救ったのが父親だったようです。自分から見ると父親が共和党のアメリカ大統領で、母親が親米派の自民党の首相のような関係に見えました。

Q. お母さんはお父さんの渡邊さんへの接し方をどう思っていたのでしょうか？

A. 母親からすると田舎者で遊びを全く知らない父親は祖父とは対極の人間です。だから父親の自分に対する教育方針は、母親にはとても好ましいものに見えたと思うのです。祖父の詐欺は妄想に基づく事業話を吹聴して出資金を騙し取るというものでした。母親からすれば、子供が夢を持つなんてことは祖父の詐欺と同じように見えたのでしょう。

Q. 渡邊さんから見てご両親のしつけはどうでしたか？

A. 「子供に非合理的で理不尽なガマンを強いることこそしつけの基本であり親の務め」というのが、両親の考え方の根本にあったと思います。両親はそれを乗り越えさせようとしたのかもしれませんか、自分は壊れてしまいました。

Q. 具体的に教えて下さい。

A. 例えるなら自分は自動車の運転手でした。両親は自分が勝手な方向に行かないようにガソリンを抜いて、レッカー車で力ずくで自分を大学から就職まで連れて行こうとしたんだと思います。しかし、レッカー車の運転手の父親が突然死しました。母親はガソリンを抜いたのを忘れて、「どうして自力で動こうとしないのっ！」と運転席の自分を罵ったというのが、自分の10代だったと思います。

Q. もっと分かりやすくお願いします。

A. 父親は生前に、「子供の自主性なんてのは究極の甘やかしだ」とよく言っていたことは申し上げました。母親もこの方針に忠実に従っていました。父親の死後に、母親は、「お前には若者らしい『何かに必死に取り組む』というエネルギーがないわ。どうして自主的に頑張ることすらできないのっ！」と自分を詰るようになりました。

Q. 急な方針転換ですね。

A. 母親は、「お母さんの好きな言葉は『君子は豹変す』だよ」と言っていました。豹変につき合わされた自分は壊れてしまいました。

Q. 渡邊さんは両親から虐待されていたと思いますか？

A. 自分は10歳までおねしょをしていましたが、それについて怒られたことはないです。また両親から食事を抜かれたこともありません。さらに妹がいますが、妹はまともに育っています。この3点から虐待ではないと思います。

9

最終意見陳述【2014年7月18日公判】

法廷では冒頭と末尾のみ朗読。小見出しは編集部がつけた

冒頭意見陳述は撤回したい

「黒子のバスケ」脅迫事件の犯人の渡邊博史です。このたびは初公判と同様に意見陳述の機会を与えて頂けましたことに心から謝意を表させて頂きます。改めて申し上げますが、起訴事実については争いません。全て間違いなく自分がやったことです。

ネット上に全文が公表された初公判での冒頭意見陳述に対しては、自分の予想を大きく上回る反響がありました。弁護士さんなどから反響のプリントアウトを差し入れて頂きましたが、読んでいて申し上げようのない違和感を覚えました。それらの批判や罵倒が自分に対して向けられているとは、あまり感じられなかったからです。例えば2ちゃんねるのあるスレッドで自分は「アニオタのスーパー

嫉妬人」と呼ばれていました。自分はこれを見て、

「自分はアニオタだったっけ？　それに『スーパー嫉妬人』呼ばわりされるほど嫉妬したっけ？」

と思いました。自分は10年以上アニメを見ていませんし、それ以前もアニオタ呼ばわりされるほど
アニメを見ていなければ、アニメにのめり込んでもいません。また新聞各紙の初公判の記事では、動機について「作者の成功を妬んだ」の一言で簡単にまとめられてしまっていましたが、それを見て、

「自分がクズなのは認めるけど、他人様の成功への妬みだけでここまでやるほどのクズだったっけ？」

とも思いました。

自分は冒頭意見陳述で自分がいわゆるワープア状態であったことを申し上げました。これは自分が被害企業に対して賠償を行う経済的当事者能力がないことを示すために申し上げました。これを文脈を無視して抽出し、事件の主たる動機及び背景要因として扱う論評も数多く見受けられました。自分は、

「どうしてこんなにズレた論評ばかりが並ぶのだろうか？」

と留置場から世界に向けて叫びたくなりました。そのようなことを考えながらめくっていた差し入れの月刊誌に事件の論評が掲載されていました。その中の「夢も叶わず」とか「叶いそうもない夢」などという記述を見て、

「自分は夢なんか持っていない！　まともに夢すら持てなかったんだ！」

という事実を思い出しました。

そして自分は、

「冒頭意見陳述が自分の本当の心象風景からズレているから、論評もズレたものだらけになってしまったのだ」

という結論にたどり着きました。

さて自分は一体いつどこで何をどう錯覚してしまっていたのでしょうか？　見当もつかず途方に暮れていますと、1冊の本が差し入れられました。その本は子供時代に虐待を経験した大人が発症する「被虐うつ」という特殊な症例のうつ病の治療に取り組む精神科医の著書でした。

自分はこの本を読んで、小学校に入学していじめられて自殺を考えてからの約30年間に、自分がどのような人生を送ってしまったのかを全て理解できました。自分が事件を起こしてしまった本当の動機も把握できました。ついでに申し上げれば、本人の著書を読んでもちっとも理解できなかった2008年の秋葉原無差別殺傷事件の加藤智大被告の動機も理解できてしまいました。

この本を差し入れて頂けたのは2014年4月18日です。この日から自分はそれまでとは別人になりました。いや「別人になった」という表現は適切ではありません。いじめられて自殺を考えた時に凍結した渡邊博史としての自分の人生が再スタートしたという感じです。

ですから今は、冒頭意見陳述は誤った認識に基づいて書かれたと自分は考えています。よって冒頭意見陳述は撤回させて頂きたいと思います。「ズレた論評」などと申し上げましたが、論者には全く落ち度はありません。ズレた冒頭意見陳述を書いた自分が悪いのです。

自分が認識の誤りに気がつけたのは、ズレた冒頭意見陳述の奥の急所を見抜き、人を介して本を差し入れて下さった精神科医の香山リカ氏のお陰です。香山氏の的確な指摘がなければ自力では絶対に謎を解くことはできませんでした。この場を借りて香山氏に謝意を表させて頂きます。

認識を新たに自分の人生を改めて振り返ってみて、自分の事件とは何だったのかを考え直しました。そして得た結論は、

「『浮遊霊』だった自分が『生霊』と化して、この世に仇をなした」

です。これが事件を自分なりに端的に表現した言葉です。さらに動機は、

「『黒子のバスケ』の作者氏によって、自分の存在を維持するための設定を壊されたから」

です。自分が申し上げたことを理解できる人は誰もいないと思います。自分がこれから説明を致しましても大半の人は、

「喪服が心神耗弱による減刑を狙って『生霊』とかほざき出したwwww」

「『悪魔に体を乗っ取られた』とか『ドラえもんが何とかしてくれると思った』とかの方が言い訳として面白いよ」

というような感想しか抱かないと思います。そのような感想を抱いた人は、それがご自身が真っ当な人生を歩んで来た証拠ですので喜んで下さい。これから自分が申し上げることが少しでも分かってしまった人は、自分と同じような生きづらさを抱えている可能性が高いです。ですから自分はこの最終意見陳述については「で、それが何？」という反応が大多数を占めることを心から望んでいます。

説明を始める前に自分が用いる8つの言葉を列挙しておきます。まず「社会的存在」です。これと対になる言葉は「生ける屍」です。「社会的存在」という言葉は先ほど申し上げました「被虐うつ」

に取り組む精神科医の著書からの引用です。

次に「努力教信者」です。対になる言葉は「埒外の民」です。この2つの言葉は自分のオリジナルです。「努力教信者」の枠内での強者が「勝ち組」で、弱者が「負け組」です。

さらに「キズナマン」です。対になる言葉は「浮遊霊」です。「浮遊霊」が悪性化した存在が「生霊」です。良性腫瘍が癌化するのに似ています。そして「浮遊霊」も「生霊」も「無敵の人」です。

今回の事件のような、普通の人には動機がさっぱり理解できない事件を起こしてしまうかどうかは、まず「キズナマン」になれるかどうかがポイントです。乳幼児期や学童期に「社会的存在」になり、学童期や思春期に「努力教信者」になれれば「浮遊霊」になってしまうことはありません。もし「浮遊霊」になってしまったとしても「生霊」になってしまうことはまずありません。

もちろん自分は「生ける屍」であり「埒外の民」でした。そして気がつくと「浮遊霊」になっており、事件直前には「生霊」と化していました。

「社会的存在」と「生ける屍」

まず「社会的存在」と「生ける屍」について説明を致します。

日本人のほとんど全てを占める普通の人たちは、自分が存在することを疑ったことはないと思います。また自分がこの世に存在することが許されるのかどうかを本気で悩んだこともないと思います。

人間がなぜ自分の存在を認識できるのかというと、他者が存在するからです。自分の存在を疑わないのは他者とのつながりの中で自分が規定されているからです。家庭では父として、夫として、息子として、兄として、弟として。親族の集まりでは祖父として、孫として、叔父として、甥として、従兄弟として。学校では生徒として、同級生として、部活の部員として。勤務先では上司として、同僚として、部下として。地域ではその地域の住民として。その規定のパターンは無限です。

もし普通に生きていた男性がいきなり両親から「お前は私たちの本当の子供ではない。そしてお前は日本人ではない」と告白され、次に兄から「お前は血のつながった弟ではない」と告白され、次に妻から「あなたの妻は本当は死んでいる。私は途中から妻になりすましていた別人」と告白され、次に息子から「僕はパパの本当の子供じゃない。血のつながったパパは別にいる」と告白され、次に会社の上司から電話で「お前はクビ。今日限りで○○株式会社の社員ではない」と通告され、次に出身大学の学長から電話で「お前の卒業を取り消して除籍とする。お前は○○大学のOBではない」と通告され、次に住んでいる街の自治体の首長から電話で「今すぐ○○市から出て行け。お前を○○市の市民とは認めない」と通告されたらどうなるでしょうか？　恐らく自分の全てが崩壊するかのような大パニックに陥ると思います。人間に自分の存在を常に確信させているのは他者とのつながりです。社会と接続でき、自分の存在を疑うことなく確信できている人間が「社会的存在」です。世の中の大多数の人たちは「社会的存在」です。

人間はどうやって「社会的存在」になるのでしょうか？　端的に申し上げますと、物心がついた時に「安心」しているかどうかで全てが決まります。この「安心」は昨今にメディア上で濫用されているる「安心」という言葉が指すそれとは次元が違うものです。自分がこれから申し上げようとしているのは「人間が生きる力の源」とでも表現すべきものです。

乳幼児期に両親もしくはそれに相当する養育者に適切に世話をされれば、子供は「安心」を持つことができます。例えば子供が転んで泣いたとします。母親はすぐに子供に駆け寄って「痛いの痛いの飛んで行けーっ！」と言って子供を慰めながら、すりむいた膝の手当てをしてあげます。すると子供はその不快感が「痛い」と表現するものだと理解できます。これが「感情の共有」です。子供は「痛い」という言葉の意味を理解できて初めて母親から「転んだら痛いから走らないようにしなさい」と注意された意味が理解できます。そして「注意を守ろう」と考えるようになります。これが「規範の共有」です。さらに注意を守れば実際に転びません。「痛い」という不快感を回避できます。これで規範に従った対価として「安心」を得ることができます。さらに「痛い」という不快感を母親が取り除いてくれたことにより、子供は被保護感を持ち「安心」をさらに得ることができます。この「感情を共有しているから規範を共有でき、規範に従った対価として『安心』を得る」というサイクルの積み重ねがしつけです。このしつけを経て、子供の心の中に「社会的存在」となる基礎ができ上がります。

またこの過程で「保護者の内在化」という現象が起こります。子供の心の中に両親が常に存在するという現象です。すると子供は両親がいなくても不安になりませんから、一人で学校にも行けるようになりますし、両親に見られているような気がして、両親が見てなくても規範を守るようになります。このプロセスの基本になる親子の関係は「愛着関係」と呼ばれます。

この両親から与えられて来た感情と規範を「果たして正しかったのか？」と自問自答し、様々な心理的再検討を行うのが思春期です。自己の定義づけや立ち位置に納得できた時にアイデンティティが確立され成人となり「社会的存在」として完成します。

このプロセスが上手く行かなかった人間が「生ける屍」です。これも転んだ子供で譬《たと》えます。子供が泣いていても母親は知らん顔をしていたとします。すると子供はその不快感が「痛い」と表現するものだと理解できず、「痛い」という言葉の意味の理解が曖昧になり「感情の共有」ができません。さらに母親から「転ぶから走るな！」と怒鳴られて叩かれても、その意味を理解できません。母親に怒鳴られたり叩かれるのが嫌だから守るのであって、内容を理解して守っているのではありません。さらに母親が「痛い」という不快感を取り除いてくれなかったことにより、子供は被保護感と「安心」を得ることができません。母親の言葉も信用できなくなります。「感情・規範・安心」がつながらずバラバラです。そのせいで自分が生きている実感をあまり持てなくなります。

幼稚園や小学校に進んでも「感情の共有」がないから、同じ日本語を喋っていてもあまり通じ合っていません。ですから同級生や教師との関係性の中で作られる「自分はこういう人間なんだ」という自己像を上手く作れません。これが自分が生きている実感をさらに希薄化させます。また規範がよく分からないので人となじめません。ある程度の年齢になれば頭で規範を理解できますが、規範を守った対価の「安心」を理解できません。規範は常に強制されるものであり、対価のない義務です。さらに保護者の内在化も起こってないので常に不安です。また普通の人なら何でもないような出来事にも深く傷つき、立ち直りも非常に遅いです。このように常に萎縮しているので、ますます人や社会とつながれなくなり「社会的存在」からは遠くなります。このような子供はいじめの標的になるか、極端に協調性を欠いた問題児になる可能性がとても高いのです。つまり学校生活を失敗してしまう可能性が高いということです。このことが子供の生きづらさをさらに悪化させます。

「生ける屍」には思春期がありません。感情や規範を両親から与えられず、人や社会とつながっていない「生ける屍」は、それらの問い直し作業をやりようがないのです。

こうして「生ける屍」は、

・自分の存在感が希薄なので、自分の感情や意思や希望を持てず、自分の人生に関心が持てない。
・対価のない義務感に追われ疲れ果てている。
・親の保護を経ての自立ができない。代わりに生まれた時から孤立している。
・常に虚しさを抱え、心から喜んだり楽しんだりできない。
・根拠のない自責の念や自罰感情を強く持っている。

という心性の人間となります。これは子供時代に両親から虐待を受けた人間に多いタイプです。「生ける屍」の多くは自らが虐待を受けたことに気がついてません。そして認知、つまり物の見方や感じ方が異常にネガティブになってしまっている自覚もありませんし、その原因にも気がついてません。しかし普通の人と比べれば「生ける屍」との表現が適切なほどに、生きる喜びや楽しみを感じられない人生を送っています。自分は「生ける屍」というショッキングな表現をしていますが、これに虐待経験者を侮辱する意図は全くないことは強く申し上げておきます。

「努力教信者」と「埒外の民」

次に「努力教信者」と「埒外の民」について説明を致します。

事件について寄せられた意見の大半は「努力しなかったお前が悪い」という趣旨の自分に対する批

判でした。それは予想通りでした。しかし「先天性の身体障害以外は一切の不平等は存在しない。それ以外は全て努力で埋まる。私は格差など認めない。格差は全て当人の努力の差がそのまま反映したものでしかない」という意見を見て衝撃を受けました。その発言者からすれば、都会に住む金持ちの子供と地方の山間部に住む貧乏人の子供は全く対等であり、アファーマティブアクションなど制度化された逆差別にしか見えないのでしょう。

自分は拘置所の独居房で考えを巡らしました。そして、

「現在の日本の国教は『努力教』ではないのか？」

という結論にたどり着きました。この「努力教」の教義は「この世のあらゆる出来事と結果は全て当人の努力の総量のみに帰する」のこれだけです。中世の民の「全ては神の思し召しのまま」という世界観に似ています。言い換えれば「全ては努力の思し召しのまま」です。

恐らくほとんど全ての日本人が無意識裡にこの「努力教」の世界観を持っています。この「努力教信者」は努力という言葉を何にでも持ち出します。拘置所の収容者向けラジオから美空ひばりの曲をリクエストしたリスナーのメッセージとして「ひばりさんは天才のイメージがありますが、陰での努力たるや云々」とＤＪが読み上げるのが聞こえて来た時に自分は、

「美空ひばりすら努力の枠内に押し込めて語ろうとするのか。凄いご時世だな」

と思い、何とも言えない気分になりました。

努力を巡る議論で「『努力は必ず報われる』のではない。『努力は報われるとは限らない。しかし努力しなければ報われない』が正しい」という話がよく出て来ます。この議論には重大な欠陥がありま

す。「努力すれば報われる可能性がある」という世界観を全ての人間が持っているという前提に立っているからです。この前提を持てている人間は「努力教信者」です。しかし世の中にはこの世界観を持っていない人間も存在するのです。それが「埒外の民」です。

世の中で「勝ち組」と呼ばれる人たちは勝つために努力をできていますから「努力教信者」であることを疑う余地はありません。そして「負け組」と呼ばれる人たちもほとんどが「努力教信者」です。日本人のほとんどは「負け組」を2種類にしか分類できません。「努力したけど負け組になった人間」と「自らの意思で怠けて負け組になった人間」です。しかし分類はもう2種類あるのです。それは「不可抗力により努力できなかった人間」と「努力するという発想がなかった人間」です。

「不可抗力により努力できなかった人間」は分かりやすいです。例えば中学校入学と同時に重い病気になり10年間の闘病生活を送ったという人がいたとします。病気が治ったとしても、その人が就く仕事はいわゆる「負け組」と呼ばれるようなものになってしまうことは仕方ありません。人生を決定づけるティーンの時代に何もできなかったからです。このタイプは基本的に無害です。本人が原因を把握しており、運命を受容できて、その枠内で前向きに生きて行けるからです。

被告人質問で検察側から「お前より不遇な人は幾らでもいるぞ。それなのにお前は云々」という質問兼批判がありました。本人が原因を自覚できるくらいの不遇なら、かえって前向きになれますし、周囲の理解も得やすいのです。自分の不幸は不遇が中途半端だったため原因を自覚できず、周囲の理解も得ようがなかった点です。重度の障害者は福祉の手厚いケアを受けられますが、軽度の障害者は放置され気味という日本の障害者福祉の実態と似ています。

問題は「努力するという発想がなかった人間」です。

人間はなぜ努力できるのでしょうか？　それは努力の先に勝利などの報いがあるからです。少なくともあると信じられるからです。人間は参加資格のない大会に出場するために練習はできませんし、受験資格のない試験を受けるために勉強はできません。

人間が努力の先の報いの存在を信じるためには、肯定的な自己物語が必要という意味ではありません。「僕は○○が好きだから、プロの○○になりたい！」とか「私は○○になりたいから、その勉強ができる○○大学に入りたい！」ぐらいに自分の意思があればいいのです。つまり自分の人生に興味があればいいですし、自分に可能性があると思えればいいのです。突き詰めれば無意識裡に「自分は幸せになりたい！」と思えていればいいのです。

ところが自分の人生に興味が持てなかったり、自分には可能性が皆無だと思い込んでしまう人間がいます。このような人間が「埒外の民」であり、「負け組」の中の「努力するという発想がなかった人間」です。

「埒外の民」は怠けて努力しないのではないのです。初めから報われる可能性がないと思い込んでいますから、努力することを思いつきすらしないのです。このような世界観が形成されてしまう原因となる主な出来事は虐待といじめです。

虐待によって「生ける屍」になってしまうと自分の存在感が希薄ですから、自分の人生に興味が持てず、自分の意思も持てません。また両親からの虐待を「僕が悪い子だったから酷い目に遭った」と考えて合理化しがちです。そのような子供はどうしても自罰感情に囚われて「僕は参加資格がない」「僕には可能性はない」などと思い込んでしまい、努力する意欲を持てなくなってしまいます。また「規範を守る対価としての『安心』を得る」というサイクルがしつけで身についていないので、努力が対価のない義務としか思えません。

いじめは人間が持つ根源的な「安心」を毀損します。いじめられた人間は強烈な対人恐怖と対社会恐怖を抱くようになります。するとチャレンジするにも失敗したり酷い目に遭うことばかりがイメージされてしまいます。チャレンジする前にその恐怖と戦うだけで疲れ果ててしまうのです。またいじめられると「自分はダメだ」「自分はブサイクだ」「自分には無理だ」という自己イメージを持ってしまいがちです。そして「ダメな自分は努力しても無駄だ」という世界観を持つに至ります。この思い込みは簡単には改善しません。また意識的にか無意識かに関わらず「災難に遭いたくない！」としか発想できなくなります。すると普通の人が前向きな努力に使えるエネルギーを人や社会からの逃走に使ってしまいます。いじめられっ子にとって、人や社会とつながることは災難の始まりだからです。

いじめられっ子が必ずこうなってしまうとは限りません。しつけのサイクルが上手く回っていて強固な「安心」を持っていれば、対人恐怖や対社会恐怖を抱くこともなければ、抱いたとしても回復は早く、悪化しません。もちろん両親や教師がいじめに真剣に対応することも毀損された「安心」を修復します。

まとめると、認知が狂って「自分には可能性がないし、努力しても決して報われない」という世界観を持ってしまった人間が「埒外の民」です。「競争に参加する資格がない」と思い込み、自分の立ち位置を埒外と規定してしまっています。

この「埒外の民」は周囲からはただの怠け者にしか見えません。しかし本人の主観では人や社会に対する恐怖と必死に戦ったのです。心の疲労度合は努力して「勝ち組」になった人のそれよりも大きいのです。しかし「埒外の民」は自分が「埒外の民」であることにあまり自覚的ではありませんし、そのようになってしまった原因にも気がついていません。物凄い生きづらさを抱えていますが、それを周囲に説明ができません。周囲もそれを理解する術もなく「埒外の民」を怠けて負け組になった人間としか思いません。ですから「努力しないお前が悪い」と「埒外の民」をひたすら責め立てます。「埒外の民」は「自分がどうしようもない怠け者だったから負け組になった」という自己物語を形成します。このような自己物語を持った人間が、それからの人生を頑張る意欲を持てるはずがありません。底辺に沈澱するような人生を送ることになってしまいます。

「埒外の民」は自己物語や周囲からの怠け者としての評価と「人と社会に対する恐怖と戦った」という主観やそれに伴う心の疲労度合の矛盾に苦しみます。そしてその原因が分かりません。さらに心のどこかで「自分だけが悪いのではない」とも思っていますが、その責任の帰属先が見当もつかない上に、そのような考えを持ったことに自己嫌悪します。さらに実際に努力をしていませんから、ティーンの時代に使われるべきだった肉体的なエネルギーが不完全燃焼な状態で残っています。このような状態では自分の「負け組」としての運命をスムーズに受容できず、茫漠たる不満や復讐願望を心の奥底に貯め込むことになります。ですから「埒外の民」は有害化してしまう可能性があります。

自分の事件や他の無差別殺傷事件について取り上げた某週刊誌に「彼らは、自分を『ブサイク』と言う。それは日本の産業構造が変わり、受け皿がなくなってしまったことの表れでしょう。かつて主力だった製造業は衰退し、いま求められるのはコミュニケーション産業。そこでは〝見た目〟が重要視される」という識者のコメントがありました。これは全く以てズレた論評です。「埒外の民」は認知が狂って自己否定的な世界観を持ってしまいます。その派生パターンの一つとして「自分は『ブサイク』だ」と認識します。鶏を原因、卵を結果にたとえるならば、この論評は鶏を無視した挙句にたくさんある卵の一つだけを大げさに取り上げたという意味でトンチンカンです。しかも「埒外の民」は初めから意欲を喪失していて、社会に参加してません。ですから「産業構造の変化」など無関係です。現在の日本が製造業中心の社会でも、自分は事件を起こしていたと思います。このような意味でも先の論評はトンチンカンです。

地獄だった小学校の6年間

自分は申し上げるまでもなく「生ける屍」かつ「埒外の民」でした。

自分は言葉を発するのが異常に遅く、3歳頃まで言葉を発せず、無言でよだれをダラダラと垂らしながら焦点の定まらぬ目で中空を眺めて座っているだけの子供でした。両親は自分が知的障害者だと確信して病院に自分を連れて行きましたが「異常なし」とのつれない診断を受けました。乳幼児期の時点で自分が何らかの脳機能的欠陥を持っていて「感情・規範・安心」のサイクルを上手く理解できなかった可能性が高いと思っています。

そのまま小学校に進学して物凄くいじめられました。これは「感情の共有」が上手く行っていなかった自分の変な子ぶりが招いた事態だったと今にして思います。当時は原因も分からず、ひたすらつらいだけでした。両親に助けを求めましたが、基本的に放置されました。担任教師も状況を知りながら、何もしてくれませんでした。ここで形成が不充分だった「安心」が致命的に毀損してしまい、強烈な対人恐怖と対社会恐怖を抱えるようになりました。また両親や教師など大人に対して決定的な不信感を抱くようになりました。それで「規範の共有」も上手く行かず「両親や先生に怒られるから守る」という典型的な外圧型の規範遵守人間になりました。さらに小1・2の時の担任教師が異常な暴力教師でした。何に激昂するか子供だった自分には全く見当がつかず、ビンタをされるのが嫌だった自分は必死に担任教師の顔色を窺いました。これが習い性になってしまい両親を含む全ての大人の顔色を窺い、それから自分の行動を決めるようになりました。つまり自分の意思を持たないようにしていたのです。

自分は自分のことを「ヒロフミ」だと思っていました。渡邊博史ではなく「ヒロフミ」です。自分は子供の頃からあだ名がついたことがありません。いつも「ヒロフミ」と呼ばれていました。小学校時代はいつも同級生にもう一人の渡辺くんがいました。そして必ず50音順で「ヒ」より先の「ア」から「ハ」で始まる名前の人でした。出席を取る時に教師はいつももう一人の渡辺くんを「渡辺」と呼び、区別するために自分を「ヒロフミ」と呼びました。それで「ヒロフミ」という呼び方が定着しました。

自分はいじめっ子たちから「ヒロフミのくせに生意気だ」「お前はヒロフミなんだから出しゃばんな」「ヒロフミの分際で調子に乗るな」「ヒロフミだから今の勝ちはなしな」「ヒロフミなんだから黙ってろ」「ヒロフミだからお前だけ使用禁止な」などとよく罵倒されていました。自分は、「自分がやたらと酷い目に遭うのは、同級生たちと違って『ヒロフミ』という1ランク下の身分だからだ」

と考えて自分を納得させるようになりました。社会の授業で「人権」という言葉を知れば、

「自分は『ヒロフミ』であるから人権がないんだ」

と理解し、江戸時代の身分制度やインドのカースト制を知れば、

「自分は最下層身分のさらに下の『ヒロフミ』という身分なんだ」

と理解しました。自分は小4の時に自分の地位を表す言葉として「賤民」と漢字で書けたことをはっきり覚えています。「社会的存在」になれずに希薄だった自分の存在感を「ヒロフミ」といういじめられっ子と自分を規定することで埋め合わせたのだと思います。しかし社会とのつながりから作られた確固たる自己像ではありませんから「ヒロフミ」である自分に起こる出来事がどこか他人事のようにも感じられました。


自分は小5の時から補習塾に通わされましたが、ここでもいじめや講師からの理不尽な暴言や体罰を受けました。塾での体験は自分の対人恐怖と対社会恐怖を決定的に悪化させました。小学生の自分は家庭と学校しか世界を知りませんでした。初めて第三の世界として足を踏み入れた塾でも学校と同じくらい酷い目に遭ってしまった自分は、

「もうどこに行っても必ず自分は酷い目に遭うんだ」

と強く思い込んでしまいました。

自分の心には自分を保護してくれる両親は内在化しませんでした。代わりに自分を罵倒する両親、自分を「ヒロフミ」と呼んで暴力を振るういじめっ子、自分に理不尽な体罰を加え暴言を吐く小学校

の担任教師や塾の講師が内在化し、常に罵られているような気がしました。その内に自分は、「自分はこの世に存在することが許されないのだ」と思うようになりました。そして対人恐怖と対社会恐怖は極限まで悪化し、何をすることも自分には許されないような気がして自分の意思を持てなくなりました。

自分にとって小学校時代の6年間は地獄でした。今にしてよくあんな状況に耐えられたなと思います。

このような状態で小学校を卒業しティーンの時代を迎えましたが、自分には思春期はありませんでした。自分の自己像は「ヒロフミ」のままであり、本来的な意味での自分がない自分には、自分を問い直す思春期があるはずがありません。

こうして自分の存在感の希薄さを「ヒロフミ」という自己像で何とかごまかしつつも自分がなく、規範は守りつつもその対価となる人と社会への信頼を知らず、「安心」が毀損しているので常に萎縮しつつ、何をやっても本気で楽しいとも面白いとも思えず虚しいばかりという自分の人格が形成されました。

自分は両親から虐待を受けたとは思っていませんが、変わったしつけを受けたとは思っています。それに子供時代は変わったしつけを受けたという自覚もありませんでした。それといじめの相乗効果で虐待経験者にとても近い心性にいつの間にかなっていたのだと思います。自分は「社会的存在」ではなく「生ける屍」でした。

自分に対する批判で「この人を縛っているのはこの人自身よね。愛してくれなかったと感じてきたとしても、チャンスはあったはず。結局、この人はこうなりたくて自分からこうなった、としか思えない」というものがありましたが、このような批判は全く無意味かつトンチンカンです。子供はよほど酷い身体的虐待でも受けなければ「愛してくれなかった」と認識できません。自分もそのようなことは考えませんでした。ですから「愛してくれなかった」ことにより無意識裡にその後の行動に大きな悪影響が与えられていることにも気がついていません。このように自覚がないのですから、「縛っているのはこの人自身」ということはありえませんし「こうなりたくて自分からこうなった」はずなどないのです。

このような「生ける屍」である自分が「埒外の民」になってしまうのは必然でした。自分は、「自分は『ヒロフミ』だから何をしてもダメなんだ」という自己物語を持っていました。このような人間がどうして努力できるのでしょうか？「安心」が壊滅的に毀損している人間がリスクを取ってチャレンジできるでしょうか？人や社会とのつながりは不幸の始まりと認識している人間が競争に参加できるでしょうか？自分がなく、自分の意思を持てない人間が夢を持って努力できるでしょうか？対人恐怖と対社会恐怖との戦いと人や社会とのつながりからの逃走にエネルギーを消費して疲労し、衰弱し、虚無感に覆われてしまうのです。

自分にとって努力とは報いのない我慢であり義務でした。努力と対価としての勝利や夢の実現がつながってませんでした。

自分は運動神経がとても悪い子供でした。小1の時の運動会で徒競走は8人中ビリでした。母親はビリだった自分を詰《なじ》りました。翌年の小2の運動会では8人中3位でした。体育の授業での課題を自主的に練習していて、それが影響したようでした。自分は喜び勇んで結果を報告しましたが、母親は無反応でした。その翌年の小3の運動会で、やる気を失くした自分は再びビリになりました。母親はもちろんビリだった自分を詰りました。徒競走に限らず、両親はいつもよい結果を無視し、悪い結果には怒りました。自分にとって努力とは怒られるなどの災禍を回避するための行為であり、努力の先に報いがあるとは思いもしませんでした。

自分は高校は地元一の進学校に行っています。自分にはその高校に行きたいという希望はありませんでした。それなりに勉強をした理由は、もしその高校に入れなければ両親に殺されると本気で思っていたからです。この時の勉強は努力ではありません。譬えば道を歩いていて強盗に襲われて全力で走って逃げたとします。この時の全力の走りは果たして努力でしょうか？　これは報いのない我慢とでも表現すべきものです。危機を回避するために我慢が必要な時もあります。しかし人間はこのような我慢を生涯にわたって続けることは不可能です。

自分には夢などありませんでした。「埒外の民」は夢など持ちようがないのです。自分と同い年で若くしてヒット作を出して成功したマンガ家がムック本に掲載されたインタビューで「夢は必ず叶う」などと発言しているのを見つけた時に自分は猛烈に腹が立ち、

「長野の元ヤンキーの脳天気なてめえと違って、こっちは『夢は必ず叶わない』人間なんだよっ！」

と周囲に人がいることも忘れて大声で毒突いてしまいました。

結果として自分は「負け組」と呼ばれる社会的地位になりました。それは戦って負けたのではなく、

また自ら怠惰を選んで負けたのではなく、不戦敗に近い負け方でした。

自分は典型的な「埒外の民」でした。しかし事件前にはこのように俯瞰《ふかん》的に構造を把握はできていませんでした。原因も分からず気がつくと「負け組」の席に座らされていたという感じで、運命を素直に受容できずにいました。

自分に対する批判で「これだけの文章がかけるなら、ブログを開設したりラノベを書くなりしろよ！」というものがありました。この批判は「全ての人間がブログを開設したりラノベを書いたりすることを思いつくことができる」という前提に立った極めて独善的な物言いです。「埒外の民」はそのようなことを思いつくこと自体ができなくなっています。

また「非モテの中の非モテの救われなさがある」という論評もありました。「非モテ」というのは「モテたい」とあがいてもモテない人間のことです。「埒外の民」は「モテたい」という願望すら持てません。「非モテ」ではなく「脱モテ」とでも表現するのが実態に近いです。

長々と説明を致しましたが、自分が申し上げたことの意味がちっとも分からないという人も多いかと思います。ですから分かりやすくロールプレイングゲームに譬えたいと思います。

勇者は酒場で仲間を見つけてパーティを作り、街の外に出て仲間と力を合わせてモンスターと戦ってレベルを上げます。傷つけば母親の待つ実家に泊まって体力を回復します。レベルを上げている内に体力の最大値は増え、回復魔法も覚えて、実家に泊まる必要がなくなります。そして魔王を倒します。これが普通の人の人生です。

酒場で仲間になることを誰からも拒まれたり、モンスターとの戦闘で味方であるはずの仲間から攻撃されるのがいじめです。傷ついて実家に泊まって体力を回復しようとしたら、母親に宿泊を拒否されたり、母親から攻撃されて回復ができないという状況が虐待です。このような状態で自分が勇者であると信じられなくなった勇者が「生ける屍」です。体力が「安心」です。回復魔法が「内在化した両親」です。実家に泊まる必要がなくなった状態が「自立」です。勇者は「生ける屍」の呪いのため体力の最大値が増えませんし、回復魔法は覚えられませんし、街から遠くに行けません。仲間に対して不信感を持っている状態が対人恐怖で、レベル上げのために街の外に出る気が起きない状況が対社会恐怖です。レベル上げが努力です。魔王を倒すことが勝利であり努力の報いです。

そしてゲームの設定のあまりの無理さにやる気を失くしたプレイヤーが「埒外の民」です。「埒外の民」はゲームをクリアできなかったのですから「負け組」になってしまいます。「埒外の民」は自分のゲームの設定が狂っていることに気がついていませんから、やる気を失くした自分を責めます。しかし同時に「負け組」となったことに納得ができず周囲に説明ができない不満を抱えます。周囲も自分がやったゲームの設定を常識として物事を判断しますから「埒外の民」を怠け者としか理解できません。

これが自分が説明してきたことのまとめです。

「キズナマン」と「浮遊霊」

「社会的存在」や「生ける屍」、「努力教信者」や「埒外の民」は、乳幼児期から思春期までの成人期以前の人間のパーソナリティを規定するものです。

問題はやはり大人になってからの精神の安定度かと思います。それを決めるのが「キズナマン」と「浮遊霊」です。「キズナマン」は「人や社会や地域とつながっている人間」です。このつながりを糸にたとえます。この糸は鋼鉄管のように太くて硬い糸から絹のように細い糸まで強度は様々です。家族の血縁的な紐帯《ちゅうたい》はとても丈夫な糸になることが多いです。この糸の強度は家族や親族との物理的な距離とは無関係です。同居している家族と糸がつながっていないことも多いし、家族が故人でも「天国のお父さんに恥ずかしくない生き方をしたい」というような思いを持っている人は、天国のお父さんと糸でつながっています。恋人や友人も糸としての役目を果たします。仕事や地域とのつながりも同様です。つまり「社会的存在」であれば自動的に「キズナマン」になれるのです。

「キズナマン」はもちろん「絆」という言葉から作った造語です。「絆」は動物をつなぎ止める綱が語源ですからイメージには合っています。自分は「絆」という言葉が嫌いです。東日本大震災後にやたらとメディア上に氾濫するようになった言葉です。自分はこの氾濫現象に美しいイメージのばらまきで問題山積みの現実と問われるべき責任を糊塗《こと》しようとする意図を露骨に感じます。いかにもマーケティングを駆使した大手広告代理店の手法のように自分には思えます。本来の「絆」とはマーケティングの対極に位置するはずのものです。そのような「絆」でさえ大資本の商売に都合よくねじ曲げられてしまう現状に自分は物凄く腹が立つのです。

「浮遊霊」は「キズナマン」の対義語です。つまり「人や社会や地域とつながっていない人間」です。「浮遊霊」は人や社会や地域とつながる糸が存在しないか、切れてしまっています。まさに糸が切れた凧《たこ》の状態です。「浮遊霊」は浮遊しているだけですから基本的に無害な存在です。

この世は凄まじい風が吹き荒《すさ》ぶ空間です。人間は風に飛ばされては生きられません。しかし大半の人は糸でつながっているので風が吹いても飛ばされることはありません。もし瞬間的に糸が切れてしまっても「安心」を持っていれば簡単には飛ばされません。「安心」は人間の魂を重くする効果があります。重量物は風が吹いても飛ばされません。

人間は風をやり過ごす薬を服用しています。この薬は2種類あります。オタク化とネトウヨ化です。オタク化と申しましてもマンガ・アニメ・ゲームやアイドルなどのサブカルチャーばかりではありません。タバコ、酒、買い物、性行為、ギャンブル、スポーツ観戦なども含まれます。要するに「趣味や嗜好品で現実逃避する」という昔から存在するやり方です。表現を変えれば「消費による自己表現」でしょうか？　この方法は15年くらい前までとてもお金がかかることが多かったのですが、現在はインターネットの普及により恐るべき廉価にて膨大な種類のコンテンツ即ち薬を服用できるようになりました。

基本的にオタク化の薬は一時凌《しの》ぎ用ですが、よく効くと人や社会とつながる糸が仮設されます。例えば「AKB48のファン」だとか「人気コスプレイヤー」だとか「サッカーチームのサポーター」とか「ニコニコ生放送の生主」などというものです。これで人は「浮遊霊」にならずに済みます。普通の人は「キズナマン」ですから、この仮設の糸だけではなく家族や会社など強度のある糸ともつながっています。だから例えば好きだったアイドルに恋人の存在が発覚して幻滅してファンをやめても多少はショックでしょうが、それがとんでもない大事にはならないのです。

もうひとつのネトウヨ化の薬も「不満や怒りを外敵に向けさせる」という昔から存在するやり方

です。これには例えば togetter 民と呼ばれるツイッターでのよろしくない言動をまとめては拡散し、ツイート主を糾弾する活動に血道を上げるようなタイプの人間も含みます。もっと広げれば、事件のニュースを見聞きしてはとにかく極刑や厳罰化を支持するタイプの人間です。これの究極的な事例がコンビニや飲食店のバイト従業員がふざけて撮影した写真をネットに載せて、それに殺人犯に対するそれと見紛うばかりの批判と糾弾が殺到したバイトテロ騒動です。自分は、

「少年や若者の重大犯罪が減りすぎて叩く対象に困って、この社会はとうとうしょぼいイタズラまで重大犯罪扱いして叩くようになったか」

などと思っていました。togetter 民や炎上に糾弾側として参加したがる人は物事のサブスタンスにほとんど興味がないように自分には見受けられます。批判対象にとにかく執拗《しつよう》に「行儀のよさ」ばかりを求めているように思えます。自分には「行儀がよい」ことを即ち「民度が高い」と完全なイコールで考えるこの国の多数派世論がどうしても理解できません。一定の範囲までなら若者のイタズラにも寛容であり、必要ならば行儀悪く振る舞ってでも政府や大企業の横暴に抗議できる人間が多い社会の方がよほどまともだと思えるのです。

このネトウヨ化の薬も基本的には一時凌ぎ用ですが、人や社会とつながる糸が仮設されます。例えば「行動保守系団体の活動家」とか「デモ参加者」とか「自民党支持者」などです。またこれの究極バージョンとして「日本人」というものもあります。オタク化とネトウヨ化を混合したようなタイプの薬が、日本が絶賛される話ばかりを集めた「海外の反応」まとめブログだと思います。

この2種類の薬は「生ける屍」にはあまり効きません。「生ける屍」は常に決して癒されない虚し

さを抱えています。正業に就き、結婚をし、子供がいても虐待経験者はそれでも埋まらない心の空白に苦しんでいることは多いのです。「生ける屍」は普通の人と同じようには娯楽を心から楽しめていないのです。事故や犯罪や災害で息子を亡くした母親が「息子を亡くしてからは何をやっても以前のように面白くも楽しくもないの」と語る時の心境に似ています。ですからオタク化の薬は効きにくいのです。

同じくネトウヨ化の薬も効きにくいのです。一時的に夢中になったとしても飽きるのも早いのです。テレビで韓流ドラマが流れなくなっても、自分が抱える虚しさが癒されないことにすぐ気がつくからです。

「埒外の民」にはこの2種類の薬はわりと効きやすい傾向があります。「埒外の民」は茫漠たる不満を抱えていることが多いのです。ですから不満を一時的にでも忘れる方法をいつも探しているのです。趣味に夢中になったり、「反日国家」や「売国奴」に憎しみをぶつけて不満を抑えることは可能です。しかしこれは薬で紛らわしているだけで根本的な解決にはなっていません。薬はいつ効かなくなるか分かりません。

自分にはこの2種類の薬はあまり効きませんでした。趣味的なものに色々と手を出しましたが常に虚しくて虚しくて仕方がありませんでした。これは自分が「生ける屍」だからです。さらに自分は子供の頃に好きになったものを片っ端から両親に禁止されるという体験をしています。その影響で自分の心に「自分の好きなものを必ず禁止する両親」が完全に内在化していました。何をしてても両親に禁止されるような気がしてビクビクしてしまい心の底から楽しめないのです。これは大人になっても続きました。

自分が『少年ジャンプ』を初めて購入したのは父親が他界して10年後の27歳の時でした。本屋の前に着くと「聖闘士星矢」のテレビアニメを見たいと頼んで父親に殴り飛ばされた小4の時の記憶がフラッシュバックしました。本屋の前をウロウロしながら4時間くらい逡巡した挙句にやっと買うことができました。マンガ雑誌1冊を買うのにこの有様なのですから、自分はオタク化の薬が極めて効きにくい体質でした。

自分にはネトウヨ化の薬もあまり効きませんでした。なぜかと申しますと自分は子供の頃から日本人が嫌いだったからです。なぜなら自分を酷い目に遭わせた人間が全て日本人であることに気がついていたからです。そして何より自分が日本人だからです。こんなタイプの人間がネトウヨになれるはずがありません。自分は全ての在日韓国人が国外追放されても、それで自分の生活がよくなるとは思えませんでした。

一連の脅迫事件を起こした動機

自分は「浮遊霊」であり今にも風で飛ばされそうな状態でした。そしてオタク化もネトウヨ化もできず、安定していませんでした。そのような自分が強引に仮設した社会とつながる弱い糸が3本ありました。「マンガ家を目指して挫折した負け組」「同人誌の世界の片隅の一人」「新大久保の住人」の3本です。これで何とか自分の存在感の希薄さをごまかしていました。

まず「マンガ家を目指して挫折した負け組」ですが、これは嘘です。そのような事実は全くありません。そういう設定にしておいただけです。自分はいわゆるクリエイター養成系の専門学校に2回も行っています。しかし初めからその手の仕事に就きたいとも就けるとも思っていません。自分は「生ける屍」ですから自分がありませんし、自分の意思もありません。ですから夢を持ちようがありません。そして「埒外の民」でもありますから自分に可能性があると思っていません。

自分はまともに夢すら持てなかったことや、そのために努力すらできなかったことに強いコンプレックスを抱いていました。他人から見れば同じ「負け組」でしょうが、自分は「努力したけど負け組になった人間」でも「自らの意思で負け組になった人間」でもありませんでした。そのような意味で自分は「負け組」ですらありませんでした。せめて「負け組」でないと社会における存在資格がないと考えた自分は「マンガ家を目指して挫折した負け組」という設定を作っていました。その設定に基づいて嘘の経歴を記載した履歴書をアルバイトの面接で提出したこともありました。

次に「同人誌の世界の片隅の一人」です。自分は中3の時に同人誌の世界を知りました。徹底的に孤立していて「安心」が全くなかった自分は、同人誌を読んでいる時だけ仮初《かりそ》めの「安心」を得ていました。同人誌の世界は自分が初めて出会った自分を拒絶しない世界でした。自分が同人誌を熱心に読んでいたのは22歳の頃まででしたが、それ以降も自分は同人誌の世界とつながっているという意識は持ち続けていました。

そして「新大久保の住人」です。自分が犯行を決意した時に住んでいたのはJR新大久保駅の近くでした。自分が新大久保を住まいに選んだ理由は、とても美味しいミャンマー料理店が駅の近くにあり、その店にいつでも行ける場所で暮らしたいと考えたからです。残念ながらその店は自分が転居した日に26年の歴史に幕を下ろし、閉店してしまいました。新大久保は親元を離れて初めて独り暮らしをした街でした。自分は故郷からは拒絶され虐げられたという印象しかありません。新大久保は自分を拒絶しなかった初めての街でした。ミャンマー料理店の件は残念でしたが、それでも自分はそここ快適に新大久保で暮らしており、いつの頃からか「新大久保の住人」という意識も持っていました。

自分は逮捕されてからの取り調べで「『黒子のバスケ』の作者氏の成功への妬み」と動機について自供しましたが、自分であまり納得できていませんでした。自分は検事さんに、
「もし自分の身近にジャンプで連載したものの10週で打ち切りになって、その後にマンガ家を廃業して全く関係ない仕事に就いている人がいたら、その人にも何か悪さをしていたかもしれません」
と申し上げました。これはずっと自分が思っていたことでしたが、検事さんにはスルーされてしまいました。検察の人事異動で自分の担当の検事さんが替わりました。新しい検事さんによる最初の取り調べで、「あなたの人生は不戦敗の人生ですね。それがつらかったんでしょう」と言われました。自分はその一言がきっかけで気がついたのです。自分は「黒子のバスケ」の作者氏の成功が羨ましかったのではないのです。この世の大多数を占める「夢を持って努力ができた普通の人たち」が羨ましかったのです。成功した人たちは即ち努力した人たちです。自分は「夢を持って努力ができた普通の人たち」の代表として「黒子のバスケ」の作者氏を標的にしたのです。

自分は「黒子のバスケ」の作者氏の成功を見て「マンガ家を目指して挫折した負け組」という設定が嘘であり、自分は「負け組」ですらないという事実を突きつけられたような気がしたのです。キー

ワードはバスケと上智大学でした。この2つは自分の中で無意識裡に自分ができなかった努力の象徴となっていました。自分は重度のバスケのユニフォーム姿のフェチでしたからバスケは納得できます。ただ上智大学の方はその瞬間になるまで完全に忘れていました。自分の学歴コンプレックスがこのような事件を招いてしまうほどに深刻だったとは、自分でも全く想像できませんでした。

こうして「マンガ家を目指して挫折した負け組」という設定が崩壊し、社会とつながる仮設の糸が切れて、自分の存在が一気に不安定な状態になってしまったのです。

さらに「黒子のバスケ」の作者氏が新宿生まれ育ちと知り、新宿の住民としても流れ者の自分より遙かに格上だと感じました。自分は新宿の街から、「ホームレスの半歩手前の底辺のお前なんかより郷土の誇りである藤巻さんを選ぶよ」と罵《ののし》られたような気がしました。こうして「新大久保の住人」という仮設の糸も切れました。

そして「黒子のバスケ」の人気が同人誌の世界でも急上昇しました。自分は同人誌の世界から「藤巻さんは元ネタの原作者という同人誌の世界の神だ。お前はその下の下の下の下に寄生する有象無象の一人でしかねえんだよ」と罵られたような気がしました。こうして「同人誌の世界の片隅の一人」という糸も切れました。

自分は完全に糸が切れた「浮遊霊」の状態になりました。自分の存在が完全に消失したかのように感じました。不条理小説の書き出しの一文のようですが、

「今日、自分を喪失した」

とでも表現すべき状態になってしまったのです。

自分は「浮遊霊」でしたが、それだけでは犯罪にはつながりません。「浮遊霊」がこの世に仇をなす「生霊」と化すかはまた別の話です。もし「浮遊霊」となったとしても大半の人は社会からの退場という選択をしますから犯罪には至りません。社会からの退場とは、お金に余裕があれば引きこもりでしょうし、最も選択する人が多い手段は自殺です。

この時点で「埒外の民」であるかはとても重要です。申し上げました通り「埒外の民」は自分が「負け組」になってしまった原因を把握できていません。一方で自分の主観的評価と周囲からの怠け者としての評価の乖離《かいり》から茫漠たる不満を抱えています。さらにティーンの時代に使われるべき体力が不完全燃焼な状態で残っています。「埒外の民」は不発弾のような状態なのです。ただ実際に犯罪にまで突き進むには、もう一つのハードルがあります。

このハードルについて説明するのは難しいです。脳内のスイッチとでも表現するしかないのです。このスイッチが入ってしまうと「浮遊霊」は「生霊」と化してしまうのです。このスイッチは入ってしまうまで当人にも何がスイッチなのか分かりません。自分のスイッチは「たった一人のスーパーマンに全ての糸を切られたこと」でした。もし糸がそれぞれ別の人によって切られていれば標的を定めようがなくて、結局は自殺という形で社会から逃走したと思います。

長々と申し上げましたが、いよいよ結論です。自分が一連の事件を起こした動機は、「自分を存在させていた3つの設定の特に『マンガ家を目指して挫折した負け組』という設定を再び自分で信じ込めるようにするため」です。自分は「黒子のバスケ」の作者氏の成功が羨ましかったのではなかったのです。底辺で心安らかに沈澱して生きることを「黒子のバスケ」の作者氏に邪魔されたと感じたのです。自分は静かに朽ちて行きたかっただけなのです。

はっきり申し上げまして、ほとんど全ての人には「はあ？」という動機だと思います。冒頭意見陳述には「気持ちは分かる」という反応がありましたが、そのような感想を持った人たちも自分が今回申し上げた動機は全く理解できないと思います。また「他人事とは思えない」という反応もありましたが、自分の今回の説明でほとんど全ての日本人には全くの他人事であることは理解して頂けたと思います。

自分は大多数の人たちから「『作者の成功への妬み』じゃカッコがつかないと思った渡邊がなんか哲学風な動機をでっち上げようとしてやがる。どこまでクズなんだ！」くらいにしか思われないことを分かった上で申し上げております。

自分が申し上げました動機の意味不明さに既視感を覚える人も多いかと思います。２００８年の秋葉原無差別殺傷事件の加藤智大被告の「掲示板でのなりすましの荒らしをやめさせるため」という動機です。

自分は加藤被告の著書をしっかりと読んでみました。その中では「『自分』がない」という表現が多用されています。加藤被告が虐待的なしつけを受けていたという情報と合わせると、加藤被告は「生ける屍」だった可能性が高いです。また「孤立すれば、自殺はもう目の前です。（略）社会的な死は恐怖でした」との記述があります。加藤被告は一貫して孤立を恐れています。つまり「浮遊霊」に近い状態であり「浮遊霊」になったら社会からの退場を選択するつもりでいるのです。「浮遊霊」化を回避するために加藤被告は必死で社会とつながる糸を仮設しようとしています。派遣の仕事、風俗嬢、出会い系サイトで知り合った女性、メイドカフェのメイド、事故車の修理を依頼した車屋、いつ遊びに来るか分からない友人、駐車場の管理人など普通の人ならすぐに忘れる行きずりの関係にまでつながりの糸を仮設しています。その儚《はかな》い糸で事件直前に1本だけ残っていたのが「不細工スレの主」という糸だったのでしょう。それをなりすましの荒らしによって切断されたことで「浮遊霊」になってしまったのでしょう。スイッチが何かは分かりませんが、とにかくスイッチが入ってしまい「生霊」と化し事件を起こしてしまったのでしょう。加藤被告は人を殺したかったのではなく「不細工スレの主」というキャラを守り、社会とつながる糸を維持して心穏やかな生活を取り戻したかっただけなのだと自分には推察されます。

多くの人は「そこから通り魔殺人への飛躍が理解できない」と思うと思います。はっきり申し上げますが、自分の罪名が殺人にならなかったのは運だけで決まりました。社会とのつながりの完全喪失の危機を前にすると人間は思考力がなくなります。するとそのタイミングでたまたま頭に浮かんだことを視野狭窄《きょうさく》的に実行してしまうのです。まさに溺《おぼ》れる者はワラをもつかむのです。車好きの加藤被告の頭に浮かんだことが、たまたま秋葉原にトラックで特攻するという手段だっただけであり、硫化水素による自殺を計画したことがある自分の頭に浮かんだことが、たまたま上智大学に硫化水素をばらまくという手段だっただけなのです。加藤被告と自分との違いは、たまたまその瞬間に思いついたことが違っただけにすぎません。何を思いつくかなど、その時になるまで当人にも分かりません。

加藤被告は著書の中で事件はどうすれば回避できたのかも述べています。少し長いですが引用します。

「事件の発端であるトラブルは、人の数だけトラブルがありますから、対策することなど不可能です。（略）最後に『思いとどまる理由が無い』というフラグが立たなければ実行されませんから、思いとどまる理由を用意しておくことが、対策になるはずです」

その「思いとどまる理由」とは何でしょうか？　再び加藤被告の著書から引用します。

「社会との接点を確保しておくことが対策になるといえます」

つまり社会とつながる糸を仮設して「浮遊霊」になるなということです。さらにこのような記述もあります。

「社会との接点は（略）私のように『自分』の無い人や、さらに家族も無い人は、その分、友人以下を普通の人以上に確保しておかなくてはいけないように思えます」

これはつまり「社会的存在」や「キズナマン」になれなくて強い糸がないのなら「友人以下」の弱い糸でもたくさん社会とつながないといけないということです。その「友人以下」の例としてボランティア、サークルや教室通い、個人経営の店の常連になる、宗教・スポーツ選手・アーティスト・特定の企業などの信者になる、キャバクラ、ペットを飼う、自分の店を持つなどを加藤被告は列挙しています。さらに、

「ネットしか無いのだとしても、掲示板の他、SNS、オンラインゲーム等、複数のコミュニティに参加すべきでした」

とも述べています。まさにオタク化の薬で糸を仮設しろという話です。しかしこれは根本的対策で

はありません。対症療法の徹底強化です。自分はこの対策が効きにくいタイプであったことは既に申し上げました。自分が事件を起こしてしまうのは必然だったのでしょうか？

自分の人生の転落の始まりは大学受験の失敗でした。高校在学中はほとんど勉強せず、浪人中も同様の生活を送り、受験した大学の全てに不合格となりました。周囲から見れば単なる怠惰であり、完全な自業自得です。しかしそれは自分の主観とは違うのです。高1の時に父親が急死し、その直後くらいから自分はそれまで経験したことがない異常な疲労感と眠気、記憶力の低下に襲われ、幻覚や悪夢を見るようになりました。明らかに自分は病気になっていました。

「自分は好きで怠けたのではないんだ。努力したくてもできない状態だったんだ」

と叫び出したい気持ちをいつも抱えていました。しかしそれを上手く説明できませんでした。人間は原因を把握していないと主観的評価と客観的評価の極端な乖離には耐えられません。自分は大学受験の失敗に限らず無惨なティーンの時代と20代を過ごしてしまったことについて適切な自己物語が作れず、

「自分は『ヒロフミ』だからこうなったんだ」

と納得できないままに思っていました。ところがある本を読んで、その原因が分かったのです。ある本とは、前述しました留置場で読んだ精神科医の著書です。その中で紹介されている「被虐うつ」の症状と、自分の高2から22歳くらいまでの異常な状態がほぼ一致したのです。自分は当時は「被虐うつ」を発症していたと確信しています。そして自分は、

「高2から病気になったのだから、大学受験の失敗は不可抗力だったのだ」

という自己物語を作って納得できたのです。この自己物語があれば自分は上智大学への異常な劣等感などは持ちませんでしたし、高卒の学歴とそれに伴う周囲の自分への低い評価も受容できました。

自分は唐突に小4の時にミニバスに勧誘されて迷った挙句に断ったエピソードを思い出しました。断ってしばらくしてから誘ってくれた同じ学年の男の子に会った時に「ヒロフミも入ればよかったのに。とても楽しいよ」と言われました。自分はこれを、

「ヒロフミが入らなかったお陰で楽しいよ。入らないでくれてありがとう」

という意味と理解しました。自分がいじけて敢えて曲解したのではないのです。その時には本気でそう思ったのです。それが間違いで、その子は額面通りに自分がミニバスに入らなかったことを惜しんでくれていたのだと気がついたのです。

さらに裁判資料を読み直していて、自分が逮捕されるまで所属していた派遣会社の役員さんの供述調書に「今まで何回か食事に誘ったことはあるのですが、酒は飲めないと言って断られ、一度も食事に行ったことはありません」という言葉を見つけて愕然としました。自分は確かにその役員さんから「酒を飲むか」とは何回か聞かれました。自分は酒を全く飲みませんので、その旨を答えました。自分が食事に誘われるなどということは自分の常識にありませんでしたから、それが自分への食事のお誘いだとは思いもしませんでした。

そのように考え始めると、自分は今まで膨大な量の人からの好意や親切や勧誘をそれと認識できずに拒絶し、結果として自覚のないままに人生において巨大な機会損失の山を積み上げていたのではな

いかと思い至りました。そのような考えを巡らせていた頃に取り調べを受けていて「渡邉さんは自虐的な物言いが多いですね」と刑事さんから言われました。これは自分にとって衝撃的な一言でした。留置場に戻ってから留置担当官さんや他の被収容者にそれとなく聞いてみると、総じて皆が同じような返答でした。自分は全く以て普通に話していたのにです。

自分は逮捕されてから4ヶ月間以上、髪を伸ばしたままにしていました。うなじや耳が完全に隠れるまで髪を伸ばしたのは生まれて初めてでした。自分は母親から「お前が髪を耳にかかるような長さにしたら、見苦しくて汚くて見るに耐えないからすぐに切りなさい」という意味のことを子供の頃から30歳を過ぎても言われ続けていたので髪を伸ばすことに強い恐怖がありました。留置場で髪を伸ばしたのは「もうどれだけ見た目が汚くなっても構うものか」という自暴自棄によるものです。すると留置担当官さんから「髪が長くなって随分と見た目が優しい感じになりましたね。外でも基本はその髪型だったんでしょ」と言われました。自分はそれまで信じていた世界観が全て崩壊したような気持ちになりました。


自分は誰からも嫌われていると思っていました。

自分は何かを好きになったり、誰かを愛する資格はないと思っていました。

自分は努力しても可能性はないと思っていました。

自分は異常に汚い容姿だと思っていました。

どうもそれらが間違った思い込みにすぎなかったと理解した瞬間に、今まで自分の感情を支配していた対人恐怖と対社会恐怖が雲散霧消してしまいました。

これらは自分の認知の狂いにより生じた事態でした。認知とは既に申し上げました通り、物の見方や感じ方です。つまり心のセンサーです。このセンサーが客観的な数値から異常にネガティブな方向にずれており、それにずっと気がつかないまま自分は生きて来てしまったのです。たとえるならば車は東京駅前を走っているのにカーナビは大阪駅前という位置情報を示していて、それを信じて運転していたようなものです。これでは車はとんでもない場所に行ってしまいます。あるいは色相と明度と彩度が反転する色眼鏡をかけて、そのことに気がつかずに絵を描いていたようなものです。これで色塗りが上手く行くはずがないです。

この認知の狂いがいつ起こったのか？　結論はすぐに出ました。いじめられた小1の時からでした。細かく特定すると自分が「ヒロフミ」であると思い始めた時からでした。この認知の狂いは小学校の6年間でどんどん悪化しました。

自分の認知の狂いは留置場でリセットされて原点に戻りました。すると今までの自分の人生はまさに「生ける屍」の如きであったと思えて来ました。「ヒロフミ」であることをやっとやめられて、渡邊博史としての人生が再スタートしました。

こうした心性の回復を経て自分はどうすれば事件を起こさずに済んだのかについて自分なりの結論を得ました。それはしかるべき立場の人から「あなたは普通の人が一生に使う力の数倍の力を使って頑張って生きて来ました。あなたは決して怠け者ではありません」とでも言ってもらえればよかったのです。そうすれば自己物語が一気に書き換えられました。それにより自分が「負け組」の地位にいることも受容できました。自分の人生の主観的苦難と周囲の客観的評価の乖離の原因も把握できて、抱えていた茫漠たる怨念を消滅させられて楽になれたでしょうし、現況からこれからを少しでもよくするように生きようとも思えたでしょう。そしてどうしても人生が行き詰まったならば静かに自ら命を絶ったことでしょう。

「黒子のバスケ」の作者氏について

ここまで考え至ってから、改めて自分の罪の本質とは何かを考えてみました。自分はヒントを裁判資料の中に見つけました。証拠採用された30代の男性の供述調書から引用します。

「警戒しながら生活を送っています」
「毎日不安を感じながら生活している状況です」
「私や私の家族などは不安な毎日を送っています」
「私や家族の不安の無い生活を取り戻したいです」

この供述者はとにかく事件で不安を覚えたのでしょう。しかし同時にこの供述者がそれまでの人生で不安をあまり感じたことがないということも読み取れます。つまりこの供述者は心にしっかりと「安心」を持って生きて来た人物なのです。

調書の中で供述者は自身の経歴についても供述しています。要約すると、

「中学でバスケ部だったので、高校でもバスケ部に仮入部しました。しかし練習の厳しさについて行けなくて、やめてしまいました。代わりに漫画研究部に入部しました。漫画研究部に入部したのは、中2の時にマンガ家志望の同級生がマンガを描いているのを見て、感化されてマンガを描くことに興

味を持ったからです。高校卒業後は1年の浪人生活を経て上智大学経済学部に入学しました。在学中はゴルフ部でした。大学2年の夏にマンガ家になろうと決意して大学を中退しました。その後は本格的にマンガを描こうと思い、家を出て独り暮らしを始め、生計はアルバイトとマンガ家のアシスタントなどで立てていました」

ということでした。特に凄い経歴ではありません。ただ大学中退については「思い切ったことをするなあ」との感想を持つ人は多いと思います。思い切ったチャレンジができるのは、やはり「安心」という生きる力の源を持てているからだと思います。

この供述者が誰だかはお分かりだと思います。「黒子のバスケ」の作者氏です。自分は「黒子のバスケ」の作者氏の経歴を詳しくは知りませんでしたが、これを見て「自分は標的を間違えなかった」と思いました。「生ける屍」であり「埒外の民」であった自分には部活に入ったり、中学の同級生から感化を受けてマンガを描き始めたり、ちゃんとした浪人生活を送ったり、大学でも部活に入ったり、やりたいことのために大学をさらりと退学して親元から自立してチャレンジしたりという人生はありえないものだからです。

この事件は「黒子のバスケ」の作者氏から「安心」が強奪されたものの、犯人が逮捕されて、被害者に「安心」が還付されたというのが本質だと思います。

自分は「反省も謝罪もしない」と申し上げて来ました。これは今でも変わりません。反省も謝罪も自分がやらかしたことについて心から悪かったと思えなければできないものです。残念ながら自分にはそれはできません。自分はやろうと思えばもっともらしい詫び状をしたためることも、公判で嘘泣きをしつつ謝罪をすることもできます。しかしそれはするべきではありませんし、そんなことをしても無意味です。それに中味がなくても詫び状を書いたり謝罪をした事実が法技術的に自分に有利な情状にカウントされることに自分は耐えられません。

自分は小1の時にいじめられてから約30年間にわたって檻に監禁されていたようなものでした。大暴れして何とか脱出に成功して最近やっと自由の身になれました。ところが外に出た自分に誰も同情してくれず、自分をいたわってもねぎらってもくれません。それどころか脱出時に暴れたことだけを問題として取り上げられ、誰もが自分を非難し、自分に謝罪を要求して来ます。これが現在の自分の率直な心象風景です。自分は、

「確かに自分は暴れたよ。だけどその前に自分の30年の苦しみはどうなるんだよ。自分が普通の人と同じように自由の身でいたのに暴れたってのなら、それは自分が全面的に悪いよ。せめて自分を30年も監禁した奴らを批判してから自分のことを責めてくれよ」

と言い返したいのです。

自分は逮捕された日に取り調べを終えて就寝時間を過ぎた遅くに留置場に入りました。自分が入ることになった居室には3人が寝ていました。自分は平然と爆睡してしまいました。翌朝に同室の被収容者から自分は「あなたが留置場が初めてと聞いて驚いた。初めての人は不安でなかなか寝つけない。絶対にベテランだと思っていた。初めてであんな堂々とした態度は取れない。腹の据わり方が凄い」と言われました。刑事さんからも「お前の腹は据わっている」という意味のことを言われました。自

分は30年間ビクビクと天敵から逃げ回る小動物のように生きて来ましたが、本来は物怖じせず何でも楽しくやれる性格の人間だったのではなかったのかと、今にして思い始めました。

自分だって認知が狂ってなければ努力もできたでしょうし、恋人や友人だってできたでしょうし、それなりの大学に入っていたでしょうし、それなりの仕事にも就けていたでしょうし、茫漠たる怨恨を抱くこともなかったでしょう。そうなっていれば絶対にこんな事件を起こしなどしませんでした。

「自分の正しい認知を返せ！　自分の30年の人生を返せ！」

と自分は言いたいのです。

自分は再来月に37歳になりますが、ちっとも37歳になる気がしません。ツイッター上で「黒バス脅迫犯のおっさん」などと呼ばれているのを見ましたが、自分は「おっさん」と呼ばれるのがどうも納得できないのです。これは「自分はまだまだ若いぞ！　おっさん呼ばわりは早いわ！」という意味ではありません。37年も自分の人生を送った認識を持てないのです。過去を喪失したとまでは申し上げませんが、自分で人生の操縦桿《かん》を握れていた感じが全くありません。

このような心境の自分には反省も謝罪もできるはずがないのです。

自分が反省も謝罪もできない理由はあと3つあります。

「犯人には、多数の関係者に迷惑をかけたことや開催変更などに伴う多大な労力をさかれたことなどをよく認識して貰い、反省して貰いたいと思います」

「犯人には、自分が犯した罪が引き起こした事態をよく認識して、償ってもらいたいと思います」

「犯人にどれだけ悪いことをしたか分からせて欲しいと思いますし、犯人自身にもしっかり反省して欲しいと思います」

これらは供述調書から引用した被害企業の方々の供述です。自分は悪いことと分かってやっていますし、迷惑をかけようと思ってやっています。自分は確信犯です。ですから「関係者がいかに迷惑したかを認識しろ」などと責められても、その迷惑は自分にとっては成果です。その迷惑が大きければ大きいほど「自分がやったことは無駄にならなかった」と思えて悪い気はしません。むしろ「別に大したことなかったわ」とでも言われる方がよっぽど自分はつらいです。

被害企業の方々は普通の人たちですから、自分が存在を賭すような感覚で事件を起こしたことを理解してもらうことは絶対に不可能です。特にマンガというコンテンツに絡む事件の性質もあって「オタクによるエスカレートしたいたずら」としか被害企業の方々には理解できません。ですから被害企業の方々は軽い気持ちでいたずらをしてパトカーや消防車も駆けつける大騒動を起こしてしまった子供に対する説教と同じ論理で自分を批判するのです。

被害企業の方々と自分とでは事件についての認識に差がありすぎます。自分は被害企業の方々に通じる言葉で謝罪することは不可能です。同時に被害企業の方々も自分に通じる言葉で自分を糾弾することは不可能です。これが自分が反省も謝罪もできないもう3つの理由の内の1つです。

2つ目の理由は、自分でこんな事件を起こしつつも「本当に運が悪かった」とも思っているからです。これは「自分の脳内のスイッチを入れるスーパーマンみたいな人間が実在しちゃったよ。運が悪かったなあ」という意味です。「スイッチが入っちまった。運が悪かった。ああ運が悪かった。運が悪かった」というのも自分の率直な心象風景です。「運が悪かった」と思っている人間が反省も謝罪もできるはずがありません。

さらにもうひとつの理由を挙げれば、自分は自分を小虫と認識しているからです。「黒子のバスケ」の作者氏からすれば、自分は身体にまとわりつくうざい小虫くらいの存在だったと思います。その小虫から「うざい思いをさせて申し訳なかった」と謝られて果たして「黒子のバスケ」の作者氏は嬉しいでしょうか？　小虫には殺虫剤を吹きかけて死骸を始末して終わりです。このように残酷なまでに力関係に差がありますから、自分には反省も謝罪も意味がないと思えるのです。

以上が自分が反省も謝罪もできない理由です。

ただ反省や謝罪の有無と再犯の可能性は全く別問題です。大多数の人たちは「コイツが外に出たらまた高学歴のマンガ家に同じことを絶対にするぜ。再犯の可能性は１００％だ」と思っているでしょう。しかし自分は自信を持って「再犯はない」と断言できます。

自分が無惨な人生を送ってしまったのは認知が狂ってしまったからです。人生を振り返って、自分の認知を決定的に狂わせた8人の人間を特定できました。両親、小学校時代のいじめっ子で特に自分に大きなダメージを与えた3人、自分へのいじめへの対応が特に酷かった小学校時代の担任教師2人、小学校時代に通わされた塾で自分を理不尽な目に遭わせた講師の合計8人です。自分は恨むべき相手を特定できましたので、この8人をひたすら恨みます。自分には茫漠たる怨恨はもうありません。

それに自分は今回の事件でエネルギーを使い果たしてしまいました。犯罪をやるにもエネルギーが必要です。自分にそのエネルギーはもうないですし、刑務所で服役中に充填《じゅうてん》されるものでもありません。

以上が自分が「再犯はない」と断言できる理由です。

自分は冒頭意見陳述で「責任は取りたい」などと申し上げましたが、これは実に思い上がった発言でした。自分は責任を取る能力はありません。ですから自分に残された選択肢は「責任を取らずに生きる」か「責任を取らずに死ぬ」の2つしかありません。自分は「責任を取らずに死ぬ」を選択します。これは完全に自分の恣意のみによってする自殺です。ただ自分の死によって事件で迷惑を被った方々が安心したり、溜飲《りゅういん》を下げたりしてくれればいいとは思います。

自分が「出所してから死ぬ」という趣旨のことを申し上げたことについては非難囂囂《ごうごう》でした。自分は「留置場や拘置所でも死のうと思えば簡単に死ねる。今すぐ死ね」という趣旨の批判を大量に見かけました。しかし留置場や拘置所は娑婆《しゃば》の人たちの想像よりずっと自殺が難しい環境です。留置場は雑居房が基本です。留置担当官さんも目を光らせています。拘置所も同様です。さらに各居室に監視カメラがついていて、24時間体制で房内の収容者の挙動をチェックしています。自分は要注意人物と拘置所から認定されたようで、何かあったらすぐに対応できるようにするためか刑務官さんたちの詰め所のすぐ近くの独居房に配置されました。

実に自分勝手ですが自分はどうしても死ぬ前にもう一度だけ見たい光景があるのです。その光景を目に焼きつけてから死にたいのです。自分は犯罪者ですが人を殺《あや》めてはいません。ですから自分にも好きな死に場所を選ぶ権利くらいはまだ残されていると思うのです。

引き取り手のない遺体の処理には一体につき約20万円の費用がかかります。それは遺体が発見された場所の自治体が負担しています。自分の現在の所持金と出所時に支給される作業賞与金と合わせれば20万円くらいにはなります。遺体の処理費用に充当して頂くために、自分は必ずそれをポケットにでも入れてから首を吊ろうと決めています。

自分が「とっとと死なせろ!」と叫んだことについても「渡邊はこの期に及んでも『人から死なせてもらおう』と考えている。自分で死ぬことすらするつもりもない。どこまでクズなんだ」という趣旨の批判が大量にありました。自分にそのようなつもりは毛頭ありません。ちゃんと自分で死にます。自分は批判されるべき立場ですが、こういう言葉尻を捉えた批判は非生産的だと思います。

自分への量刑について申し上げます。自分は冒頭意見陳述で「自分は厳罰に処されるべき」と申し上げました。しかし「キモブサメンが成功したイケメンの足を引っ張った」という動機の認識が間違っていました。ですから誤認に基づいてなされた厳罰要求は撤回させて頂きます。

では現在の自分がどう考えているのかを申し上げます。

どうでもいいです。

現在の日本社会で最大の福祉施設は刑務所です。刑務所を終《つい》の棲家《すみか》としている障害者やホームレスの老人は多いです。娑婆で福祉につながれず最後のセーフティネットとしての刑務所とつながっているのです。現に自分が勾留されている拘置所の独居房は、自分が今まで暮らした部屋の中では最も設備は上等です。

自分としては量刑が重ければそれだけ刑務所というセーフティネットとつながっていられる期間が長くなるのですから大勝利です。もし執行猶予がついた場合はすぐにでも首を吊りに行けるのですから大勝利です。つまりどうなろうと自分としては大勝利なのです。

ただ自分に対して峻烈な処罰感情を抱く人が物凄く多いことだけは確かです。「行く先々どこでもこんなに犯人逮捕を感謝された事件は初めてだ」と自分を取り調べた刑事さんたちは口々に仰っていました。司法はこの世論の要求に応えるべきだと思います。法定最高刑は当然ですが、それだけではなく「未決勾留期間を刑期に不算入」とか「仮釈放反対意見の提示」くらいはあってしかるべきだと思います。

ただ申し上げましたように自分は刑務所の服役も受刑期間の長期化も全く恐くありません。ですから自分に厳罰を求める方々には「どうぞ渡邊が厳刑に処されたつもりになって喜んで下さい」としか申し上げようがありません。

ただ留置場にいた背中に見事な毘沙門天《びしゃもんてん》の墨が入ったヤクザさんから「あなたは絶対に刑務所でいじめられると思う」と言われました。ですから自分を憎む方々は、「どうか渡邊が刑務所でコテンパンにいじめられますように。看守さんたちも渡邊が涙目になってても放置しますように」とでも祈って頂ければよろしいかと思います。

万が一の誤解を招かぬために申し上げますが、自分は社会や被害企業の方々からの寛恕が欲しくてこの長文を書いているのではありません。人とのつながりを財産にたとえるならば、自分は子供の頃から数兆円の負債を抱えていたようなものです。そのような人間が新たに数百万円の負債を抱えたとして、そのことに何か特別な感慨を持つでしょうか？　被害企業の方々の供述調書の「犯人を絶対に許すことができません」という言葉を見ても自分は何の痛痒《つうよう》も感じません。その言葉に痛痒を感じるような人生、つまり自分が人とのつながりによる新たな負債を抱えるのが嫌だと思うような人生を送れていれば、このような事件は起こしていません。

もちろん減刑を狙って書いているのでもありません。

自分はずっと動機について錯覚したまま取り調べを受け、供述しました。日本の裁判は調書中心主義を採用していますから、判決でも動機は「『黒子のバスケ』の作者氏の成功への妬み」との認定がなされることは分かっています。自分が供述したことは事実ですから調書の任意性については争いません。社会としても「努力もせずに成功だけを欲しがったクズの末路」という事件処理をしたいのでしょうし、司法の役目が見せしめの挙行であることは自分も分かっています。自分には「被告は動機について非合理な弁解を繰り返し云々」という判決文の一文が見えます。

もう仕方のないことですが、本当の動機ではなく間違った動機で断罪されることが自分としてはとても残念でなりません。

「無敵の人」という言葉

自分が冒頭意見陳述で使用した「無敵の人」という言葉はマスコミ的にキャッチーだったようです。拘置所への収容後に複数のメディアが自分に接触して来ました。どのメディアからも自分は「無敵の人」というキーワードについてばかり質問されました。また自分への取材はありませんでしたが「無敵の人」というキーワードを使った特集記事を掲載した週刊誌もありましたし、テレビ局の情報番組も取材に動いていると聞きました。

　あるメディアの記者と拘置所で面会した時のことです。その記者は「無敵の人」に関する質問を一通りした後に遠隔操作ウイルス事件の話を持ち出して来ました。そして「片山（祐輔被告）も渡邊さんも『無敵の人』だよね」とニヤニヤ笑いながら自分に言いました。自分は冒頭意見陳述の中で「無敵の人」を「失うものが何もないから罪を犯すことに心理的抵抗のない人間」と定義しました。報道によれば片山被告は同居する母親から「一刻も早く平穏な暮らしを取り戻したい」と言われて、その実現のために予定を早めて真犯人偽装メールを送ったとのことです。このような人物がどうして「無敵の人」に分類されるのか自分にはさっぱり理解できませんでした。面会を終えて居室に戻り、しばらく考えて、

「あの記者は『無敵の人』のちゃんとした定義などどうでもいいんだ。ただ話題になった事件をキャッチーなキーワードで括《くく》って、読者を分かったような気にさせる記事を量産したいだけなんだ」

という結論に至り、背筋が寒くなりました。その直後に別のメディアから女性アイドルグループメンバーに対する刺傷事件について、逮捕直後で事実関係も判然としない状況で犯人を「無敵の人」と断定した上で自分に見解を求める手紙が届きました。

　犯罪の動機も犯人の来歴も十人十色なのは申し上げるまでもありません。犯罪の分析には個別具体的な検証が必要不可欠なはずです。その作業をサボタージュできる便利なキーワードとして「無敵の人」が濫用されることを自分は本気で危惧しています。

はっきり申し上げて「無敵の人」という言葉は、それ自体は大して意味がありません。「無敵の人」という言葉は結果です。つまり現在完了形なのです。あるメディアからの手紙に「『無敵の人』に当てはまる人に言葉をかけるとしたら何と言うか？」という趣旨の質問がありました。「無敵の人」になってしまうまでの過程は人それぞれです。全ての「無敵の人」に対して普遍的に通用する言葉など存在するはずがありません。その人物が「無敵の人」になってしまった過程を個別具体的に検証し、それぞれに合った手当てを施すことこそが必要なのであり「無敵の人」というキーワードだけ抽出して取り上げることは有害無益です。

尊大な口調で申し上げましたが、自分なりに社会が「無敵の人」に対処する方法を考えましたので申し上げさせて頂きます。

「無敵の人」は「浮遊霊」と重なり合うことが多いのですが、必ずしもイコールではありません。「無敵の人」はそれだけでは無害な存在です。罪を犯すことに心理的抵抗のないことと実際に実行することには大きな隔たりがあります。問題は「無敵の人」の中に「埒外の民」が混じっていることです。自分の主観と周囲の客観的評価が乖離していて、その原因が分からず茫漠たる怨念を抱え、努力の時機を逸したために体に中途半端にエネルギーを残しているというタイプの人間です。

「無敵の人」が「生霊」と化すかどうかは完全に運ですからどうにもなりません。「生霊」化を防ぐ方法は「無敵の人」が抱く対人恐怖や対社会恐怖を除去し「無敵の人」がそうなってしまった原因を究明して本人に納得させ、自己物語を肯定的なものに再編集させた上で「無敵の人」に生き直しを図らせることです。これは「無敵の人」が抱えた茫漠たる怨念を除去し鎮撫する作業です。もちろんマニュアル的にどの「無敵の人」にも通用する方法論など存在せず、各個人に合わせた方法が必要です。

現在の日本社会は手間と費用と思いやりが必要なこのような方法を「無敵の人」の生き直しに施すことを許容しません。普通の人たちが普通に議論するといつも必ず「厳罰化と防犯体制の強化」という結論に至ります。

ある殺人事件の被害者遺族が講演で「犯人を生み出したのは我々の社会である。だから対策として徹底した犯罪への厳罰化と被害者支援システムの構築、学校への警察官常駐制度の導入や防犯カメラの増設による防犯体制の強化が必要だ」という趣旨の発言をしました。自分はその遺族に、

「あなたはそうすれば宅間がやらかさなかったと本気で思っているの？」

と聞いてみたいのです。ある殺人事件とは2001年の池田小児童殺傷事件です。事件では8人の児童が亡くなりました。確かに学校に警察官が常駐していれば犠牲者の数を減らすことはできたかもしれません。しかし事件の発生そのものを防ぐことは絶対にできません。自分は犯罪被害者や遺族に「犯罪を防ぐためにはどうしたらいいか？」と聞くのはナンセンスだと思います。これは逆に考えれば分かります。犯罪者に向かって「犯罪被害者や遺族を救うために政治や司法や行政や社会やメディアは何をすべきだと思うか？」と聞くのと同じことだからです。

「無敵の人」は基本的に肉体的な死を望みこそすれ拒絶することはまずありません。死は地獄のような生からの解放だからです。懲役については個人差があります。ただの懲役より死刑を望むことだけは確実です。ですから犯行時に懲役を恐れて死刑になるまでのことをやってしまう可能性があります。

加藤被告も著書の中でそのような意味のことを述べています。「無敵の人」にとって釈放とは刑務所からの解放ではなく社会への追放です。

しかし社会は「全ての人間が死刑を恐れ懲役を嫌がる」という前提に立っています。この前提に立たないと司法行政が成り立たないからです。これは敗戦後一貫して「僅かな被曝も許さない」というルールを採用して来た日本社会が、66年後のある日から「少しくらいの被曝は何の問題もない。むしろ騒ぐ方が悪い」というルールに変更されたことと同じ現象です。そういうことにしておかないと社会が回らないのです。ですから自分の「死刑は大歓迎だし、懲役も恐くない」という偽りのない言葉も、社会は「減刑を狙った嘘」と解釈するしかないのです。

自分は冒頭意見陳述で「人生格差犯罪」などと申し上げましたが、これは間違った認識に基づいた言葉であり、撤回させて頂きます。また「負け組に属する人間が、成功者に対する妬みを動機に犯罪に走るという類型の事件は、ひょっとしたら今後の日本で頻発するかもしれません」とも申し上げました。自分は自分のことを負け組と認識していましたが、自分は負け組ですらありませんでした。ですからこの発言には当事者性が全くありません。よってこの発言も撤回させて頂きます。冒頭意見陳述を撤回させて頂く旨は既に申し上げていますが、特にこの2つにつきましては撤回を強調させて頂きたいと思います。

誤解を招いたのは自分の発言に非がありますが、若年労働者の雇用環境の問題や世代間格差の問題は動機とは全く関係ありません。「格差是正や富の再配分が適正に行われることがこうした自爆テロ的な犯罪に対する最大の抑止力だろう」というようにネオリベ政策批判に自分の事件を絡めて論じられるのは、自分としてはとても心外ですので、今後はやめて頂きたいと思います。

自分の事件を適切に表現する言葉は「欲望欠如型犯罪」です。これは「人生で正常かつ適正な欲望を持つことすらできなかった人間が最後に目に入った相手に不幸や損害をばらまくだけの行動に出る」という犯罪類型です。これと対になる言葉は「欲望充足型犯罪」です。「お金や物が欲しかったから」という窃盗や詐欺や強盗や恐喝、「やりたかったから」という強制猥褻や強姦、「恋人とよりを戻したかったから」というストーカー、「火が見たかったから」という放火、「気持ちよくなりたかったから」という薬物事犯など違法な手段で欲望を満たす種類の犯罪です。これは普通の人の犯罪です。ですからこのタイプの犯罪者は死刑を恐れ懲役を嫌がりますから、厳罰化も防犯体制の強化も効果がありま す。

「欲望欠如型犯罪」を犯しかねない「無敵の人」の犯罪を抑止する方法は2つあります。ポイントは痛覚です。このタイプの人間は完全に認知が狂っていますから普通の人の言葉は通じません。普通の人と共通しているのは肉体的な痛覚のみです。

まず事件を起こす前に「無敵の人」の社会からの退場を公的にサポートするという方法です。つまり公営の自殺幇助《ほうじょ》施設の開設です。「無敵の人」は事件を起こす前に必ず自殺を考えます。そして決行できない最大の理由は「痛そうだから」です。死ぬのが嫌なのではなく、そこに至るまでの肉体的苦痛が嫌なのです。

首吊り自殺は首と縄を固定する位置関係が垂直で、そのまま体が垂直に落下して吊るされれば首の骨が外れて、自殺者が苦痛を感じる時間は僅かです。しかし普通の首吊り自殺では絶対に不可能です。

この快適な首吊りができる施設は日本全国で7ヶ所しかありません。死刑執行用の設備がある各地の拘置所です。自分は大罪を犯した死刑囚が苦痛の少ない死を提供できる設備の利用権を独占しているのは絶対におかしいと思います。「無敵の人」の死刑囚には罰どころかご褒美です。死刑囚に利用させるとしても、どうして罪を犯していない「無敵の人」による利用が許されないのでしょうか？

自分は憲法改正論者ですが、第9条ではなく第25条を改定すべきだと考えています。第25条の条文は「すべての国民は、健康で文化的な最低限度の生活を営む権利を有する。国は、すべての生活部面について、社会福祉、社会保障及び公衆衛生の向上及び増進に努めなければならない」です。はっきり申し上げまして、こんなものは完全に有名無実化しています。それにこの条文を守るための施策を行政が本気で行うことには、国民の大多数が猛反対するでしょう。生活保護受給者へのバッシングも凄いですし、民主党政権下での子供手当その他の直接給付政策への批判も壮絶でした。

自分の考える第25条改定文案は「すべての国民は、健康で文化的な最低限度の生活を自力で営めなくなった際には、自殺する権利を有する。国は、自殺を希望するすべての国民に身体的、精神的に苦痛のない死を提供しなければならない」です。苦痛なく死にたい自殺志願者が死刑になるために無差別殺人を犯す国と大罪を犯す前に苦痛のない死が自殺志願者に提供される国と果たしてどちらが住みよい国でしょうか？　自分は「無敵の人」の一人として公営の自殺幇助施設の開設を国に要求します。この自殺幇助施設があれば自分は絶対に事件を起こす前に利用していました。事件による数々の損害は発生せず、自分も地獄のような生から苦痛なく解放されてＷＩＮ－ＷＩＮの結果になっていました。

しかしこの自殺幇助施設の開設は不可能です。現在の日本の経済構造は奴隷待遇で働く底辺労働者を数多く必要としています。負け組に簡単に自殺されては底辺労働者が不足し経済が成り立ちません。ですから財界はこの施設の開設に反対します。すると金融業界や財政再建派の元財務官僚の学者から「貧しくて身寄りのない老人にのみ利用させよう。福祉に頼られる前にとっとと自殺してもらって社会保障費を削減しよう。財政健全化の努力を市場にアピールして国債価格の下落を防がねばならない」という声が出ます。「無敵の人」の犯罪を防ぐための議論がいつの間にかお金の話になってしまうのが現在の日本の状況です。

もう一つの「無敵の人」向け犯罪抑止策は「無敵の人」が本気で嫌がる刑罰を導入することです。それは無期拷問刑です。無期拷問は死刑と同等の重い罰です。刑務所に服役する受刑囚は1日8時間の労役を科されます。この労役を拷問に変えるのです。「無敵の人」は痛みにとても敏感です。ですから「犯罪をしたら痛いぞ」となると、これは圧倒的な抑止効果があります。と申しますより「無敵の人」は肉体的苦痛しか恐れるものがありませんから、これしか方法がないのです。

しかしこれも実現は不可能です。受刑者への拷問という過酷な任務を課される刑務官さんたちの人権問題がありますし、欧米諸国の人権団体からもクレームが入るでしょう。「無敵の人」に効果があるアメは「肉体的苦痛を取り除いた死」であり、ムチは「肉体的苦痛を課され続ける生」です。

自分は「無敵の人」として「無敵の人」に効果的な防犯対策を提案しましたが、いずれも現在の日本では実現不可能です。そして社会の結論はやはり「厳罰化と防犯体制の強化」になってしまいます。

自分が起訴されている罪名は威力業務妨害です。最高刑は懲役3年です。複数件での起訴による併合罪の適用で最高刑は5割増しとなりますが、それでも懲役4年6ヶ月にしかなりません。威力業務妨害は法人に対する傷害です。一方で傷害の最高刑は懲役5年です。現在の日本は人より企業を大切にする国なのに、これは明らかに社会の要請と法律がかみ合っていません。威力業務妨害の厳罰化は絶対に必要です。最高刑を懲役15年くらいにまで引き上げるべきだと思います。法人に対する傷害である威力業務妨害が個人に対する傷害の3倍の量刑であることは、刑事司法が現在の社会の有り様を国民に見せつけるという意味で大切なことだと思います。こういうことを日本経済新聞はちゃんと社説に掲げるべきだと思います。

他にも「グリコ法の適用基準の緩和」とか「ネットカフェにおける利用者の身元確認義務づけ制度の中央立法化」とか「全ての郵便ポストに投函者を撮影できる防犯カメラの設置の義務化」なども自分の事件を根拠に主張できます。これらはあれだけ嫌韓ネタを紙面に掲載しながら、東方神起の全面広告で紙面をすっぽりと包む荒業《あらわざ》を披露した言行不一致な「韓ＦＵＮ」発行元の産経新聞がやってくれるでしょう。

自分は長文を書きましたが大手メディアにかかると「最後まで被告から被害者への反省と謝罪の言葉はなかった」の一行で片づけられてしまいます。その程度の事件報道しかやる気がない大手メディアが司法記者クラブ特権で傍聴席を占拠しているのはおかしいと思います。

内容をスルーされるだけならばまだいいのです。自分は大手メディアが「被告が長々と喋ったこと自体がけしからん」という議論を始めないかと少しだけ危惧しています。自分の初公判についての各紙の記事を見ましたが、行間に「被告の分際で喋るな」というニュアンスを強く感じました。無罪主張という例外を除いては「被告は法廷で反省と謝罪以外の言葉を喋る資格はない」というのが市民感覚というものなのでしょう。「犯罪被害者や遺族の立場を何よりも重視する」という自らのスタンスを強調する論者の筆による「犯行動機の解明に司法や捜査機関が必死になるのは詮ないことだ。加害者が自己中心的な論理を開陳することにより、それを聞かされる被害者と遺族は再び苦しめられ、傷つけられる。それよりもとにかく迅速に厳罰に処せ」という趣旨の文章を読んだことがありますが、この主張にほとんどの日本人は賛成すると思います。

新聞の現状を考えれば「被告人による冒頭意見陳述など百害あって一利なしだ。被告人は罪状認否と被告人質問で聞かれたことだけに答えればよい。必要なことは最終弁論で弁護人が主張すればよい。どうしても被告人に主張したいことがあるのならば、裁判所に書面で提出すればよい。被告人による最終意見陳述もあくまで簡潔に被害者と遺族に謝罪と反省を述べるか無罪主張をするかだけにとどめるべきだ。長く見積もっても5分以上の時間は必要ない。遠隔操作ウイルス事件の片山祐輔被告による冒頭虚偽陳述に日本中が騙されたことを司法は教訓にしなければならない。裁判は被告人の講演会ではない。裁判所には被告人に余計なことを喋らせない毅然とした訴訟指揮が求められる」というような内容の社説が載ることぐらいはあってもおかしくないと思います。もし自分のせいで未来に登場するかもしれない饒舌《じょうぜつ》な被告人の法廷での意見陳述に支障が出るような事態を招いてしまったら実に申し訳ないと思います。

自分の罪を現在の日本の社会構造の中で位置づけてみたいと思います。

現在の日本が採用するネオリベ的な経済・社会政策は即ち強者への富の傾斜配分システムです。この政策は同時に希望や意欲や知識や人間関係も強者に傾斜配分します。こうして物心両面における格差が拡大し、客観的には搾取されている状態の人間が急増します。搾取されている人間は主観的に不幸になり、不満を持つ可能性があります。そしてその不満をシステムにぶつけて来る可能性がありま す。そうなるとシステムの維持に支障を招く恐れがあります。そこでシステムは搾取されている人間の無害化を図ります。無害化には以下の3種類の方法があります。

・客観的には搾取されているが、主観的には幸福な人間＝オタク

・客観的に搾取されていて不満も持っているが、その不満をシステム以外の場所にぶつける人間＝ネトウヨ

・客観的に搾取されていて不満も持っているが、ただひたすら自分を責める人間＝「努力教信者」、即ち潜在的な自殺志願者

これらはつまり孤立気味の人間の「浮遊霊」化回避のための2種類の薬と「浮遊霊」化してしまった人間の社会からの退場方法です。これらはシステムにより供給されたものだったのです。これらは同時に負け組に許された身の処し方の全てです。人生ゲームで負け組ルートに入ってしまうとゴールはこの3カ所しかないという意味なのです。

オタクは趣味やイベントで不満や不幸を紛らわすタイプです。いわゆる狭義のオタクだけではなく「パンとサーカス」のサーカスに熱中するタイプの人間を全て含みます。システムが巧妙なのは、こ

のサーカスの木戸銭すらオタクから徴収していることです。オタクは完全にシステムの養分です。

ネトウヨは不満をシステム指定のゴミ捨て場に捨てるタイプです。ゴミ捨て場は「反日国家」や「売国奴」です。昨年に某閣僚が舌禍事件を起こした頃に電車で自分の隣に座っていた中年女性グループが「麻生さん本当にかわいそう。変な因縁ばかりつけて来る中国と韓国には本当にいつも腹が立つわ」という内容の会話をしているのが聞こえて来て唖然としました。自分は、

「おいおい麻生にクレームをつけたのはアメリカのユダヤ人の団体だろ。どうしてそれがそうなるんだｗｗｗｗ」

と思いましたが、あらゆるニュースをこのように捉える国民が大多数ならば、システムとしては確かに搾取も統治も世論誘導も楽だろうなと思うのです。ネトウヨ化した国民はシステムのコントロールから離脱して暴走することがあります。その例が反フジテレビデモやＴＰＰ反対派のネトウヨです。

自分はネトウヨと申し上げてますが、つまりは不満をシステム以外にぶつける人間のことです。ですからシステムに悪影響がなければ不満のぶつけ先は「反日国家」や「売国奴」でなくてもいいのです。例えば原発反対運動を徹底批判しているワーキングプアであることを売りに論壇デビューした社会評論家はまさにネトウヨです。この人物はいわゆる狭義のネトウヨではありません。しかし境遇への不満をシステムではなくシステムへ異論を唱える人間にぶつけるその言論活動は、まさにシステムが想定したネトウヨの行動そのものです。

日本のネオリベ的な経済・社会政策は世界のグローバル経済体制の確立という不可逆的かつ不可避的な歴史の一環として行われています。自分はグローバル化と国民のネトウヨ化は必ず一体で進行す

るものだと考えてます。グローバル化にさらされた国家は必ずそれ以前より国家体制を強化します。グローバル化によって生じた格差に由来する国民の不満を抑え込み、グローバルな経済競争に勝利するために企業の負担の軽減と国民への不利益配分を国民の反対を押し切って迅速に強行する必要があるからです。しかしグローバル化とは国境の撤去です。国家体制の強化と国境の撤去という矛盾した事態が同時に進行していきます。

グローバル経済体制のルールでは勝者が日本人である必要はありません。金儲けの機会は外国人にも平等に開かれていないといけません。しかしこのルールを日本人が受け入れることはできません。システムもこのルールの施行を強行すれば、国民がシステムに向かって怒りと不満を一気にぶつけ始める事態になることを理解しています。

システムは日本人にも受け入れ可能なグローバル化とは何かを考えたと思います。そしてルールに「ただし中国人と韓国人は除く」というただし書きをつけるという妥協点を見出して、そこへの着地を目指しているのが現在の状況だと思います。つまり日本式グローバル経済体制のルールは「勝者が日本人である必要はないが、中国人と韓国人であってはならない。金儲けの機会は外国人にも平等に開かれるべきだが、中国人と韓国人は参加させてはならない」というものだと思うのです。そして「グローバル化の果実をシェアするサークルに中国と韓国を参加させてはならない。中国と韓国の参加を阻止するために日本の国家体制の強化が必要だ」という論理で矛盾を糊塗するしかないのが現在の日本だと思うのです。

ここ数年で日本の世論の憎中嫌韓化は一気に進みましたが、これは日本側の事情によるところが大きいと自分は分析しています。つまり今までケンカを売られても鼻で笑って対応していた日本にケンカを買う理由ができたのです。それは世界の中で日本の経済的地位が低下したからです。「海外の反応」まとめブログに日参しているアニメアイコンのネトウヨが唱える「世界一温厚な日本を怒らせること は、支那朝鮮の悪行がそれだけ酷いのだ。世界中が『あんなに穏やかな日本ちゃんを怒らせるとは、チャイナもコリアもどんだけの悪さをしたんだ。許せん！』と日本を支持してくれている」という説は間違いです。日本人は温厚ではありません。日本人に金がなくなったので、日本人は余裕がなくなってケンカっ早くなっただけなのです。

「努力教信者」は広義の「努力教信者」とは違います。申し上げて来た通り日本人の大半は「努力教信者」です。そういう意味でオタクやネトウヨも「努力教信者」です。ここで申し上げている「努力教信者」とはオタクにもネトウヨにもなれず、不満を「努力教」の教えに則って処理するタイプの人間を指します。「努力教」は全ての現象を個人の努力量の多寡のみに帰結させて世界を理解する教えです。ですから負け組になってしまって、その境遇に不満があっても「自分自身の努力が足りなかったから」と原因を理解します。そして自分をひたすら責め続けます。そのような人がどうしても耐えられなくなった時に社会から退場する手段として自殺を選択します。格差社会についての本に「もし、完全なる機会均等社会が実現したら、結果の差はすべて純粋に個人的な能力に帰せられる。しかしそれはそれで非常に過酷な社会ではないかと思えるからだ。おまえの成績が悪いのは（略）ひとえにおまえの頭が悪いから（略）ということになってしまう。言い訳がまったくできないのだ」という記述がありました。日本は「努力教」の普及によりアファーマティブアクション抜きで「非常に過酷な社会」になりました。

自分が公営の自殺幇助施設の開設を求めるのは、「努力教信者」が自殺による社会からの退場を選択した時に国が苦痛のない死を与えてあげることこそ人道的な政策だと思うからです。少なくとも国が死刑囚に苦痛のない死を与えることよりは人道的なはずです。

自分はオタクとなって趣味やイベントで不満をやり過ごせるほどのタフさを持ち合わせてはいませんでした。

自分はネトウヨになれるほど適切に「教育」もされてませんでした。あるアンチ反原発派のジャーナリストが元俳優の反原発活動家が国会議員に当選したことを「教育のない民主主義は無意味」という言葉で批判していました。「教育」がなってない自分は、

「てめえみたいなのが原発問題における日本有数の正論居士と遇される日本の言論状況を『国策への懐疑ない言論の自由の不幸』って表現すんだよ」

と毒突いてしまいました。自分が申し上げた「教育」と、このジャーナリストが言うところの「教育」は全く同じものです。自分はどうしても「原発事故とその後の関連する災禍は全て原発反対派のせい」という日本の政府と財界と学界と大手メディアと論壇の科学的知見と理性に基づいた公式見解に納得ができませんし、それをおかみ意識に則って嬉々として受容している大多数の日本人は白痴だと思います。また原発事故以降に一気に人口に膾炙《かいしゃ》した「この世で有害な放射能は東トルキスタンとチベットで膨大な健康被害を発生させた中共による核実験に由来するものしか存在しない」という新しい核物理学も自分は信用できませんでした。さらに「原発事故を起こした日本こそより安全な原発

を作る道義的責務がある」というＣＳＩＳ新聞もといジャパンハンドラーズ新聞もといポダム新聞もとい読売新聞が唱える論理が倫理的だとは全く思えませんでした。自分はここまで「教育」がなっていない人間ですからネトウヨになることはできませんでした。

また「埒外の民」で「努力教信者」ではありませんでしたから、自殺を決行できるまで自分を責めることもできませんでした。

自分の罪の現在の日本の社会構造の中での意味は、システムがご下賜された負け組の３種類の身の処し方をどれも拒否したことだと思います。

誤解して頂きたくないのは、自分は決して社会を批判しているのではないということです。あくまで自分なりの社会の現状認識を示し、どうして自分がそれに適応できなかったのかを説明しているだけです。価値判断は一切しておりません。またこの事件について社会に責任転嫁する意図は逮捕前から断じて一切ありません。自分の事件について取り上げた某週刊誌の記事は「渡邊被告は、どうしても主張を社会に訴えたかったのだろう。自分を生んだのは社会だ。その社会のほうがよっぽど歪んでいる――意見陳述には、そう書いてあるように読める」という文章で締められていました。冒頭意見陳述が誤解を招いた面はありますが、これは自分としてはとても心外なまとめられ方でした。

自分がＥＸＯにこだわる理由

自分がこの場に着て来たＴシャツは公式グッズかどうかは未確認ですが、自分が好きだったアイドルグループのＥＸＯのものです。弁護士さんに頼んで自費で購入して拘置所に差し入れて頂きました。

弁護士さんが用意して下さったネット通販サイトのプリントアウトを拘置所の面会室で見ながらどのTシャツにするか悩んだり、

「この宇宙っぽいデザインに意味あるの？」

「WOLFって何だ？」

などの弁護士さんからの質問に、

「黒歴史になりつつありますが、太陽系の外から地球にやって来たという設定があるんです」

「『WOLF』って曲があるんです。その曲を歌う時のコスチュームです」

などと答えている時が拘置所の住人になってから最も楽しい時間でした。

自分が逮捕の3ヶ月前にEXOを好きになった時には何かを好きになるたびに必ず感じていた内在化した両親が引き起こす心理的抵抗を全く感じませんでした。自分が人生で初めて一切のわだかまりもなく好きになれたものがEXOでした。自分が大顰蹙《ひんしゅく》を買うことを承知の上でEXOについての文章をネット上に発表したのは、EXOペン（ファンのこと）であることを公言することにより内在化した両親を心から追い出したいと思ったからです。この場にTシャツを着て来たのも、そのような呪術的な意味合いがあります。

自分が発表した文章に「もっと早くEXOに出会っていたら今の人生違っただろうね」という反応がありましたが、これは冗談抜きでその通りです。EXOは自分にとって生まれて初めて劇的に効いたオタク化の薬でした。自分は逮捕直前に、

「もう喪服の死神は廃業してEXOペンとして生きて行こうか？」

と真剣に悩みました。事件を起こす前にＥＸＯペンになっていれば「悪いことをして捕まったらＥＸＯを追っかけられなくなるぞ！」というのが自分にとって強烈な脅し文句になっていた可能性が高いのです。

自分は拘置所の独居房で、

「自分が娑婆に出る頃にはミンソクがお勤めに行っちゃうな。鹿は嘆き悲しむだろうな」

「フンハン厨は『落ち込む鹿を慰めるおせふん』なんて設定で妄想しまくるんだろうな」

と「おせふんはまあいいや」とも思いつつ自分の立場を全くわきまえずに妄想しています。今でもＥＸＯのことについてだけは自分が思っていたよりもずっと娑婆に未練があります。

以上が自分がＥＸＯにこだわる理由です。

せっかくの機会ですので、世の中に対して真剣に申し上げたいことが幾つかあります。

昨今は虐待に関する学問的研究はかなり進んだと思います。またいじめに関するそれも同様だと思います。世の中には虐待といじめを同時に受けている子供も多いはずです。この２つが合わさると相互に作用して子供の心に与える悪影響は甚大なものになると思います。自分は寡聞にして虐待といじめの両方を受けた子供の状態についての学問的知見を聞いたことがありません。また虐待の専門家といじめの専門家の学際的交流もあまり聞いたことがありません。虐待死といじめ自殺は子供の２大死因です。是非ともこの２つの悲劇の関連性や相互作用についての学際的研究を進めて頂くことをお願いしたいと思います。

いじめについても申し上げます。いじめと申しますと学校でのいじめが話題の中心ですが塾でもいじめはあります。自分は小5から通わされた塾でいじめられて、それが自分の対人恐怖と対社会恐怖を決定的に悪化させてしまいました。自分は塾の講師の真似事をしたことがありますが、そこでもいじめを発見しました。いじめっ子にかなりきつい口調で注意したところ、塾の校長から「注意の口調がきつすぎる」と厳重注意を受けてしまいました。塾でのいじめは社会がその存在を把握しているのかどうかすら怪しい状況です。是非ともしかるべき機関に実態を調査して頂くことをお願いしたいと思います。自分は10年以上が過ぎた今でも、いじめられていた子の表情が忘れられないのです。

虐待についても申し上げます。「虐待」という言葉は英語の abuse の訳語です。abuse の本来的な意味は「濫用・乱用」です。drug abuse は「薬物乱用」です。ですから child abuse の正確な翻訳は「子供乱用」です。虐待の本質とは「両親が自身の欲望の充足のために子供を乱用する」ということです。自分は「虐待の本来の意味は乱用」という理解が社会に共有されることを切に望みます。この理解が社会に共有されないと、日本人が子供が死に至るまでの身体的虐待かネグレクトしか虐待として認識できない状態がいつまでも続きます。

あと「心理的ネグレクト」という虐待カテゴリーの存在を広く社会に認識して頂きたいと思います。通常のネグレクトとの違いを説明します。子供が病気になっても両親がそれに気がつかず病院に連れて行かないのがネグレクトなら、病院に連れては行くが全く心配をせず「大丈夫かい？」の一声もかけないのが心理的ネグレクトです。充分な食事を与えないのがネグレクトなら、食事を与えても餌《えさ》を与えるかのように出し「美味しいかい？」の一声もかけないのが心理的ネグレクトです。

自分の小学校の卒業遠足はディズニーランドでしたが自分は参加していません。風邪をこじらせて寝込んでいたからです。母親は自分に「遠足の積立金がもったいない」と繰り返しましたが「遠足に行けなくて残念だったね」とは一言も言いませんでした。このようなことが乳幼児期から積み重なると「遠足が楽しい」という感情を持てなくなるのです。この頃の自分は既に認知が壊れていたので、熱でフラフラになりながらも遠足に行かずに済んだことを喜んでいました。

両親との心理的な交流がないと子供は何が好きで、何が美味しくて、何を我慢しないといけないのかが、よく分からないままに育ってしまいます。つまり自分の意思を持つことが困難になるのです。これが心理的ネグレクトの後遺症です。こうなると子供は原因を把握できないまま物凄い生きづらさを抱えることになってしまいます。

さらに申し上げれば「被虐うつ」の存在も広く社会に認識して頂きたいのです。「被虐うつ」とは虐待を経験した大人が罹患《りかん》する特殊なうつ病です。症状が非定型的で、なおかつ薬があまり効きません。きっと自覚のないままに苦しんでいる方々は多いと思うのです。

虐待により子供の脳に器質的、機能的な変化が引き起こされることが脳科学の研究の発展により判明しています。器質的変化とは脳の形や構造そのものの変化、機能的変化とは脳の働きの異常です。虐待を受けた子供は脳の脳梁、海馬、前頭前野、後頭葉などに異常を抱えてしまいます。

もし両親からの虐待によるケガが原因で足に障害が残った子供が普通の子供と同じように走れなくても、そのことを責める人間は少ないと思います。しかし脳の障害は見えません。障害を抱えていても普通の子と同じようにできなければ周囲から責められます。これはとんでもない悲劇だと思います。

刑事裁判において虐待やいじめの話が出ると必ず「で、それが何？　自分も虐待されたしいじめられたけど犯罪なぞしていない！　そういう物言いこそ虐待経験者やいじめ被害者に対する最大の侮辱だ！」などと主張する自称虐待経験者や自称元いじめられっ子がぼっとん便所に湧いた蛆虫《うじむし》の如くヤフーコメントやミクシーに大量発生します。自分はこのような自称虐待経験者や自称元いじめられっ子に向けて申し上げているのではありません。大変な生きづらさを抱えているのにその原因を把握できずに苦しんでいる方々に申し上げているのです。自分も生きづらさの原因が全く分からなかったために、このような事態に至ってしまいました。自分はつい最近まで小学校時代の6年間が地獄だったとはあまり認識していませんでしたし、母親が子供に向かって容姿について罵倒することは、どんな親子でも普通にされる会話だと思っていました。子供時代の体験をずっと引きずったまま行動していた自覚もありませんでした。生きづらさからの回復はまず原因の把握からスタートするのです。

現在の日本の普通の人たちの多くも、正体不明の生きづらさを抱えているのではないかと思います。その原因は多くの人たちが無意識裡に抱える対人恐怖と対社会恐怖に由来すると思います。例えば溺れた人は水に恐怖を抱きます。電車の事故に巻き込まれた人は電車に乗れなくなります。道を歩いていて強盗に襲われた人は現場となった道を通れなくなります。この水や電車や道を人や社会と置き換えれば、人間が抱く対人恐怖や対社会恐怖の困難さを理解して頂けると思います。ましてや社会を覆う茫洋とした恐怖の解消方法など自分には見当もつきません。ただ国家の物語がやたら肯定的になっても、それによって自動的に各個人の自己物語が肯定的に書き換えられることはないとだけは断言できます。

「生きる力」とは何か？　自分はここまで堕ちた人間ですから、それが何かがはっきりと分かります。それは根源的な「安心」です。「安心」があれば人間は意思を持てます。自分の意思があれば人間は前向きになれます。「安心」が欠如し、強い対人恐怖と対社会恐怖を抱き、肯定的な自己物語を持てない人間が「生きる力」がない人間です。

子供に「生きる力」を授けられるのは両親かそれに代わる養育者のみです。学校教育で子供に「生きる力」を身につけさせることは不可能です。学校は「生きる力」の源である「安心」を毀損する事故の多発地帯です。事故とはいじめや教師の理不尽な体罰です。学校にできることはこの「安心」を毀損する事故の防止や被害の拡大の阻止だけです。

自分が卒業した高校にアメリカ人の講師がいました。日本在留期間もそれなりに長いのに日本語はさっぱりでした。その講師は口を開けば〝Don't be shy!〟（恥ずかしがるな！）と言っていました。ずっと萎縮しきった人生を送った結果として、この事件に至ってしまった自分としては、日本中の前途ある少年たちに〝Don't shrink!〟（萎縮するな！）と声を大にして申し上げたいです。萎縮していたら男子バスケ部にも入れませんしイケメンにもなれません。

自分を製造した両親について

自分のような汚物を製造した両親がどのような人間だったのかについても説明させて頂きます。

父親は九州の何もない山奥で生まれ、子供の頃からずっと食うや食わずの生活を送って大人になりました。父親はあまりにも田舎者でしたので、子供に最低限の衣食住を与えることと勉強を強制することと子供から遊びを取り上げること以外の子供への接し方を全く知りませんでした。父親の頭の中には「子供の幸せ」という概念は存在しませんでした。

母親は祖父母からネグレクトされて育ちました。母親は食事も満足に与えられない子供時代を送りました。母親からすれば食事を出し、病院に連れて行き、遠足の積立金をちゃんと支払えば、子供に対する親としての義務は完璧に果たしたということだったのでしょう。

母親は「子供の幸せ」には関心がありませんでした。母親が子供を育てた理由は祖父母への復讐でした。祖父は放蕩《ほうとう》者で全く働かず、詐欺事件を起こして逮捕されたこともありました。祖母も子供を育てる当事者能力が欠如した人物でした。母親の祖父母への復讐とは「子供を祖父のような犯罪者にしなかった祖母とは違う立派な母親になる」ことでした。

母親は「犯罪は己の欲望を我慢できない祖父のような人間が起こす」と考えていたようでした。この理解は正しいです。犯罪の大多数を占める「欲望充足型犯罪」はこれで説明できます。母親は「子供が欲望を全く持たない人間になれば犯罪者には決してならない」と考えたようでした。そして欲望の源になる自己肯定感を子供が持たないようにすべく子供をしつけました。確かに自分は普通の犯罪である「欲望充足型犯罪」からは無縁の人間になりましたが、反転して「欲望欠如型犯罪」を起こしてしまいました。

母親の生き方を「ネグレクトされた娘による両親への復讐物語」として見れば理解はできます。しかし子供である自分を乱用するのはやめて欲しかったと思います。

自分には心配事があります。自分が自殺した後にちゃんと無縁仏になれるかどうかです。母親は自分が生きている間は自分を無視し続けるでしょう。しかし「息子が罪を犯しても骨をちゃんとお墓に入れた私は母親としての責任を全うした」という論理で祖父母への復讐物語を完結させたいと母親が考えているであろうことは、自分には手に取るように分かります。つまり母親が自分の骨を引き取りかねないのです。そうなると自分の骨は父親が眠る墓に一緒に押し込められることになります。これは自分の魂が両親によって永遠に幽閉されることを意味します。これだけは耐えられません。せめて死んでからくらいは自由でいたいのです。母親には、

「母親としての心が残っているのなら、せめて死んだ自分まで乱用するのはやめてくれ！」

と言いたいのです。

自分は両親から「生きる力」を授けてはもらえませんでした。そのせいで自分の意思を持つことができず負け組にすらなれませんでした。自分は全ての日本人から見下されてもいなければ、見えない手錠がはめられてもいませんでした。これが大いなる錯覚だったと気がついた時には、自分は留置所にいました。自分は全ての日本人から見下される存在に堕ちており、本物の手錠をはめられる立場になっていました。おかしな思い込みがなければ「ヒロフミ」ではなく渡邉博史として所与の条件下で全力で生きれたと思います。そして負け組くらいにはなれていたと思います。とても残念ですが、もうどうにもなりません。

自分は小学校で同じ学年だった広野くんという男の子のことを思いつつ、この長文を書きました。広野くんとは同じクラスになったことがないどころか喋ったことすらありません。広野くんは小1の

秋に骨肉腫に憑かれて、片足の膝から下を切断する手術を受けました。広野くんが登校できるのは月曜日だけでした。朝の会と1時間目の授業だけを受けると、広野くんは入院先の病院に戻って行きました。残された片足と松葉杖を突きながら必死で歩く広野くんの姿を涙なしに見れる人間は誰もいませんでした。広野くんは闘病も虚しく小3の6月に亡くなりました。校長先生は臨時の全校集会で「とても頑張り屋さんだった」と広野くんを悼みました。元気だった頃の広野くんを知っていた同級生の女の子は「とにかく足の早い子だった。それからとても明るくていい子だった」と泣きながら自分に言いました。広野くんの発病時に担任だった先生は「苦い薬も痛い注射も我慢したのにねぇ……」と言って嘆き悲しみました。小学校時代はずっとこの広野くんのことが自分の頭から離れませんでした。

自分は本気で、

「広野くんではなくて自分が癌になればよかったのに」

とずっと思っていました。

広野くんが生きていればきっと社会の役に立てる人間になっていたと思います。自分も生き地獄だった6年間の小学校生活を送らずに済みましたし、優しいお医者さんや看護師さんに面倒を見てもらえて心安らかに人生を終わりにすることができたでしょう。何よりこんな気持ち悪い事件も起きませんでした。

自分が出所後の自殺の予定について公判で申し上げたところ、裁判所地下の仮監にて刑務官さんから「てめえは生きたくても生きられなかった人たちのことを考えたことがあるのか！」との説諭を受けました。大便製造機でしかない自分がこの世からの退場を選ぶことが、どうして生きたくても生きられなかった人たちへの侮辱になるのかが自分にはさっぱり理解できませんでした。しばらく考えて、自分に「生きる力」が欠如していたせいで「広野くんの分まで自分が生きよう」と全く考えられなかったことを咎《とが》められたのだと理解しました。

逮捕されてからの自分はとても人に恵まれていました。刑事さんは「もし渡邊さんが出所後に自殺したという知らせを聞いたら心が痛みます」と言って下さいました。検事さんからは「事件の調書を見て一度ならず何度も思ったんだけどもったいないよね。地頭はいいと思うし、手口もバカにできない巧妙な内容だ。本当はもっと世の中の役に立てたんじゃないかな」とそれこそもったいない言葉を頂きました。留置担当官さんは「あなたのことは応援しているからね。必ずどこかにあなたのことを必要としてくれる人は絶対にいるからね」と言って下さいました。

もし許されるのでしたら、出所してから自分は広野くんのお墓に花を手向けたいのです。その後に刑事さんと検事さんと留置担当官さんからの言葉を冥土《めいど》の土産に無意味かつ無駄だった自分の人生を終わりにしたいと思っています。

長くなりましたが、最後に今の率直な気持ちをシャウトさせて頂きます。

「ベッキョナ！　サランヘヨ！（ベッキョン！　愛してる！）」

日本中の前途ある少年たちが「安心」を源泉に「生きる力」を持って、自分の意思を持って、対人恐怖と対社会恐怖に囚われることなく、前向きに生きてくれることを願って終わりにしたいと思います。今回は本当にありがとうございました。

２０１４年7月18日　通名　邊博史（ピョンバッサ）こと在日日本人　渡邊博史

10

渡邊博史さんへ

——最終意見陳述を読んで

香山リカ
（精神科医）

渡邊博史さんの読みごたえある最終意見陳述を一気に読み終えて、いちばん先に私の頭に浮かんだのは「渡邊さんの犯行で死傷者が出なくてよかった」ということでした。

渡邊さんは、秋葉原無差別殺傷事件の加藤智大被告の手記を読み込み、加藤被告が虐待的なしつけを受けていたこと、「『自分』がない」と繰り返し記述していることなどから、彼もまた自分と同じく社会的存在になれない「生ける屍」であったことを見抜いています。そして、そこからさらに現実とのつながりがいっさいなくなる「浮遊霊」になるのを防ぐために、加藤被告は必死で社会との「儚《はかな》い糸」を紡《つむ》ごうとするわけですが、掲示板に現れた自分の「なりすまし」による荒らし行為のため、その糸も断たれ、ついに「浮遊霊」になってしまう。さらに、そこで何らかのきっかけでスイッチが入り「生霊」になると衝動的な行動や犯罪につながる、というのが渡邊さんの分析です。これは本当にその通りなのだろう、と思います。

では、なぜ「生霊」となった加藤被告は史上最悪といわれる殺傷事件を起こして死刑判決を受け、渡邊さんは威力業務妨害の範囲の事件となったのか。その点に関して渡邊さんは、こう書いています。「はっきり申し上げますが、自分の罪名が殺人にならなかったのは運だけで決まりました。（中略）車好きの加藤被告の頭に浮かんだことが、たまたま秋葉原にトラックで特攻するという手段だっただけであり、硫化水素による自殺を計画したことがある自分の頭に浮かんだことが、たまたま上智大学に硫化水素をばらまくという手段だっただけなのです」

そして、渡邊さんの犯行計画は結局、死傷者を出すに至らずに終わりました。その点についての言及はないのですが、これもまた「運だけで決まった」と考えているのでしょうか。また、その運は「幸運」なのか「不運」なのかについても、はっきりは触れられていません。繰り返し自分への「厳罰」を望む、という渡邊さんにとっては、もしかすると「不運」と感じているのかもしれません。

しかし私は、これはやはり「幸運」だと思うのです。そして、「死傷者が出なくてよかった」と胸をなでおろしました。

なぜなのか。渡邊さんが死刑とか無期懲役といった重い罪を免れたからか。それだけではありません。それは渡邊さんの犯行で直接、死傷する人が出なかったおかげで、私は今後、「虐待が子どもに与える影響」や「若者の生きづらさ」を語るときに、渡邊さんのケースを大っぴらに引用することができるからです。

加藤被告の手記にも、渡邊さんが鋭く読み解いたように、現代の社会や若者を考える上で重要な多くの普遍的な問題が含まれています。親にほめられることもなく育った子どもの自己肯定感の欠如、最初から東京で育った若者と地方から来た優等生とのギャップ、受動的にしていたら社会的絆《きずな》を作ることのできない現代社会の問題などなど……。しかし、何といっても加藤被告は多くの人間の人生を奪った殺人犯です。私は診察室で家族が犯罪の犠牲者となった人のケアにあたったこともありますが、それは想像もできないくらい悲惨な事態です。家族が失われた悲しみだけではなく、世間からの好奇の目、遺族間の不和といった二次的な問題に苦しみ、うつ病、自殺に追い込まれることも少なくありません。

そういったこともあり、死傷者が出たような犯罪となると、加害者がいくら親からの虐待を受けていても、社会のひずみに追い込まれていても、大きな声で「ここから学べ」とは言いにくいのです。また、これは喜ばしくないことと考えていますが、とくに最近は世間の側にも単純な〝正義〟を振りかざす人が増えてきており——このことは、渡邊さんの分析の中の「いまのネオリベ的なシステムの中で蓄積する不満の無害化」のふたつ目、「客観的に搾取されていて不満も持っているが、その不満をシステム以外の場所にぶつける人間＝ネトウヨ」と深く関係していると思います。彼らもまた、自分たちは〝大正義〟だと思っているわけですから——、少しでも「加藤被告は凶悪なモンスターではなく現代社会で疎外された孤独な青年」などと言おうものなら、「殺人鬼の肩を持つのか」「犯罪者を語ってカネ儲けか」といった、あまりに短絡的な批判が押し寄せるのです。私の場合、批判されることじたいは慣れっこだからよいのですが、そういった一面的な情報の拡散が犯罪被害者を二重、三重に傷つけることになるのは本意ではありません。

そういうわけで、渡邊さんの今回の事件や公表された文章は、加藤被告の場合のような殺傷事件とは違い、私にとってもとても語りやすいものなのです。

こんなふうに説明すると私がひたすら保身に走っているようですが、言い訳をするとそのためだけではありません。渡邊さんが冒頭意見陳述、そして最終意見陳述で語ったことは、いまの社会やそこで暮らす子どもや若者にとってあまりにも重大かつ本質的な問題を含んでいるので、何としても私はそれを多くの人に伝えたい。そのためにも、少しでも伝えやすい状況にあること——つまり威力業務妨害止まりの犯罪だったこと——を「幸運」だと思っているのです。

渡邊さんは冒頭で、自分が「子供時代に虐待を経験した大人が発症する『被虐うつ』という特殊な症例のうつ病の治療に取り組む精神科の著書」を読んで、「自分がどのような人生を送ってしまったのかを全て理解でき」たと述べています。

この本は、高橋和巳医師の『消えたい　虐待された人の生き方から知る心の幸せ』(筑摩書房)を指していると思われます。私は、冒頭意見陳述を読んで、渡邊さんが、両親から「醜い」と言われたり「アニメが見たい」とせがんだだけで暴力を振るわれたりと虐待に近い環境で育ち、その後もほめてくれたり長所を見抜いてくれたりする大人との出会いに恵まれていないようだ、ということを知りました。そして、あの文章全体から渡邊さんがこの世界にどこかしっくり来ないという感覚を持ったまますごしてきたこと、今回の犯行を計画して実行に移し、逮捕され裁判になる過程ではじめてある種の現実との接触を体験していることを感じました。そして、それはまさに高橋医師があの本で記していた「被虐うつ」そのものではないか、と思ったのです。

高橋医師は同著の中で、虐待を受けつつ成長した人のことを、心からの同情と共感を込めて「異邦人」と呼んでいます。「異邦人」は、その他9割の「普通の人」とは異なる世界に住んでいて、考え方や感じ方も「普通の人」とはまるで違う、というのが高橋医師が臨床経験から気づいたことです。ある「被虐うつ」経験者がこう振り返ります。

「家の中で、私はいるけど、いない。私の居場所はなかったし、私はいなかった」

まさに、渡邊さんが言うところの「生ける屍」「浮遊霊」の状態です。

『創』編集長の篠田博之さんから、「渡邊さんに本を差し入れたいがおすすめがあったら教えてほしい」と言われたとき、私はこの高橋医師の本と、もう一冊、虐待が脳にも大きなダメージを与え、発達障害と誤診されるほどのさまざまな症状につながることがあるとする精神科医・杉山登志郎氏の『子ども虐待という第四の発達障害』（学研教育出版）をあげさせてもらいました。渡邊さんがこのような人生を送ってきたのは、決して「気のゆるみ」や「根性が足りなかったから」ではない、と知ってもらいたかったからです。

しかし、実は正直言って、こういった本がいまの心に届くのか、少々、不安もありました。診察室にも「被虐うつ（あるいは「異邦人」「浮遊霊」）」の人たちはけっこうやってきます。私がいま勤務している診療所は都心に近い場所にあるため、「ちょっと問題を起こしたから相談に」といったタイプの人も来るのですが、たとえば「レズビアンの彼女ともめた」とか「危険ドラッグに手を出してしまう」といった相談でやってくる若い人たちと話していて、「何か話が通じないな」と感じることがあります。感情がまったく込められていないかと思うと、「ここは泣くところではないでしょう」といった場面で突然、大泣きする。「ドラッグはからだがメチャメチャになるんですよ」といった常識的な説明に、すんなりと「わかりました。もうしません」などと言うのに、1カ月もすると平気な顔で「また使いました」とやって来る、といった具合です。あまりの〝打てば響かなさ〟に知的障害でもあるのか、と簡単な知能検査を実施してみると、むしろ平均以上の知能の持ち主とわかり、ますます謎が深まったこともありました。

いったいどういうことだろう、とあれこれ話を聞いているうちに、ぽろっと虐待を受けて育った過去が語られることがあります。それも「殴る蹴る」という古典的な虐待ではなく、きょうだい間で極端にえこひいきされた、男の子なのに女の子として育てられた、児童ポルノのモデルにされた、万引きを強要されたなどなど、なかなか目につきづらい虐待も少なくありません。しかし、身体的な激しい暴力でなければ命が奪われることはないかもしれませんが、慢性的でしかも心理的にダメージが与えられる虐待は、その子の魂を殺してしまうのです。そういう意味で、高橋医師の「異邦人」より、渡邊さんの「浮游霊」のほうが、彼らを表すにはより適切な言葉ともいえるでしょう。「そうか、ドラッグや性的逸脱の根底にあったのは虐待だったのか」と気づき、何度かその人に伝えたこともあります。最近では『消えたい』を渡したこともあります。

ところがその人たちは、それでも自分に起きたことにピンと来ないのです。「ずいぶんかわいそうな人もいるんですね」と他人事のように感想を語られ、ガクッと力が抜けたこともありました。『消えたい』などの本や虐待の被害を知らせる私はあくまで〝こっち側〟の世界にいるものであり、この人たちが棲む〝あっち側〟の世界には届かないわけです。

だから、今回、渡邊さんにこういった本を届けても、もしかすると「これは自分には関係ない」と思われるのではないか、という気もしました。これがまだ、実際に会ってお話をしてから渡すならよいかもしれませんが、会ったこともないのに篠田さんを介していきなり「これ読んで」と言われても、逆に不信感がつのるだけではないか、とも危惧《きぐ》しました。

ただ、一縷《いちる》の望みは、渡邊さんが知的能力に恵まれているということです。自分では進学校に入ったのも追い詰められて勉強したからにすぎない、と振り返っていますが、検事さんが「もったいないよね。地頭はいいと思うし」と言ったのは、正直な言葉だと思います。冒頭陳述で犯行に至るまでの経緯やその原因をきわめて理論的に語る文章や豊かな語彙《ごい》力を見て、「この人なら突然、『消えたい』を渡してももしかすると読み、自分のこととして理解してくれるのでは」と思ったのです。

そして、私のその〝読み〟はあたったようです。その点では、私は自分をほめてやりたい（笑）。

渡邊さん、精神科医の夏苅郁子さんを知っていますか。知らないでしょうね。今度、その著書『病気の母が遺してくれたもの』を差し入れたいと思います。夏苅さんは母親が統合失調症にかかり、そのほかの事情もあって、きわめて劣悪な環境で生育しました。自殺未遂を繰り返したり、誰のことも信じられなくなったりする中で、夏苅さんが恵まれていたのは、やはり知的能力だったのです。なんとなく入った女子大をやめて、自分で生きていくためにと必死で勉強して医学部に合格した夏苅さんですが、その後もありとあらゆる〝生きづらさ〟を経験して壮絶な人生を歩みます。結果だけを見ると「精神科医になったんだからいいじゃん」と思うかもしれませんが、とてもそんな生やさしい道のりではありません。

そんな夏苅さんはある日、自分と同じ境遇、つまり統合失調症の母親を持つ漫画家・中村ユキさんの『我が家の母はビョーキです』に出会い、「ここに自分と同じ人がいる！」と驚愕《きょうがく》し、そこから「私も同じでした」と論文やエッセイ、講演などで自己開示をする作業を始めるのです。それは多くの精神病の親を持つ子どもたちに知識と情報、そして希望を与えるものになっています。

私は、渡邊さんのこの経験、そしてここまで正確かつ理論的に自分の置かれた状況やいまの社会を分析できる能力は、本当にクサい言葉ですが「天からの贈り物」であり、多くの人に力を与えるものだと思うのです。

渡邊さん、今回の犯罪で死傷者を出さないでくれて、ありがとう。

刑期が終わって出所したら、よかったらいっしょに「浮遊霊」のために何かできることはないかを考えて、活動しましょう。私にもそんな新たな夢ができました。私に「生きる希望」を与えてくれてありがとう。

11 弱者化した若者を表すキーワード

斎藤 環（精神科医）

私はいじめとPTSDに関する研究をしています。いじめ直後のPTSD研究はいくつかあるのですが、数十年後の人生にどんな影響をもたらすかという報告はほとんど前例がない。日本では私の事例報告がほぼ最初のものだと思います。最近になって、イギリスのキングスカレッジに留学中の精神科医・滝沢龍氏が中心となって行った画期的な研究成果が発表されました。8000例近いイギリスのコホート集団が対象となっています。11歳までにいじめ被害を受けた子供は、40年以上を経た後でも、うつ病や自殺のリスクが高まることがはっきりしたのです。

PTSDというと定義がややこしいのでなかなか受け入れられませんでしたが、「いじめ後遺症」という表現であれば、これは甚大な影響があることは、すでに立証済みと言ってよいと思います。渡邊被告の場合は、いじめを受けただけでなく、教師や両親がそれを認めない。親自身も虐待的に子どもに接するということで、ダブルパンチ、トリプルパンチのダメージを受け、信頼関係を破壊しつくされたわけです。そういう状況で絶望的になったり、「無敵の人」になってしまうというのはよく分かるし、私自身そういうケースを何人も見て来ました。

渡邊被告は自分を「無敵の人」と表現しましたが、「非モテ」とか「ぼっち」「ひきこもり」という人たちもみんな自意識においては「無敵の人」なのです。そういう人がこれから増えるのは間違いない。ただ、彼の場合は、たまたま引きこもって地位も仕事も友人もないというレベルの「無敵の人」とは異なり、心の壊され方が違う。認知が歪むレベルで、非常に大きなトラウマの影響を受けているなという印象を持ちました。

私は、彼の冒頭意見陳述を読んだ後に「無敵の人」が増えることは間違いないけれども、その多くが犯罪に走るかと言えばそれは違うだろうと雑誌記事に書きました。彼のレベルの「無敵の人」がそうそう出てくるわけではない。彼と同じような人は、微増はするかもしれないが激増はしない。ただ「無敵の人」という言葉に反応する、彼の言葉で言えば「埒外の民」が増えていくことは間違いないと思います。

渡邊被告の最終意見陳述で「安心」のことを強調しているのが象徴的で、それは最近精神医学で流行している「アタッチメント理論」を連想させます。母親が、子供が安心できる拠り所、すなわち「安全基地」となって保護と安心を与え、それが基本的な自信や意欲の源泉となるわけですが、陳述によれば彼の母親は、心理的ネグレクトという態度だったので、安心できる拠り所たりえなかった。彼はずっと足場が不安定な状態にあったわけです。これを虐待と呼ぶかどうかは諸説あると思いますが、いずれにせよそういった「安全基地」を提供できなかったことは確かなのでしょう。彼の親に対する憎悪の凄まじさを見るにつけ、やっぱり親子関係に問題があったと言わざるをえないと思います。

自殺のリスクに関して言うと、冒頭陳述を読んだ後に私はこう書きました。彼はまだ世界や自分に執着があるので、引きとめる人がいれば翻意する可能性がある。逆に言えば、彼は周囲に宣言することで、無理に自殺せざるをえない状況に自分を追いこもうとしていると推測しました。ネットで騒がれているようなひきこもり的な「無敵の人」の場合は自己愛がある程度健康に保たれているので、自傷はするけれど自殺はしない。引きこもりの人というのは、通常は滅多に自殺しないんです。

ところが例外がありまして、それはいじめ被害を受けてひきこもった事例なのです。彼らは例外的に、死にとても近いところがあります。最終意見陳述を読むと、渡邊被告は、そのケースにあたるかもしれないと感じました。何らかの手当て、ケアをしないと、出所後すぐかどうかはわかりませんが、最終的には自殺するリスクがとても高いと思われます。ある程度自分のことが、メディアで話題になっている限りはなかなか死にきれないと思いますが、世間から忘れられた頃にひっそりと自殺、もしくは孤独死みたいな方向にいってしまうんじゃないかという懸念が非常にあります。

渡邊被告は、冒頭意見陳述で自分のやったことを「人生格差犯罪」と表現したわけです。それを最終意見陳述で撤回して、いじめ、虐待の問題に比重を移していくのですが、難しいのは、いじめ後遺症とか虐待被害を受けた若者は、ほとんどの場合、経済的にも弱者なのです。スクールカーストで言えば下位層に転落しやすい構造があることです。そこの区別が難しくなっていて、単純にコミュニケーションの問題があってカースト下位になっているのか、もっと深刻な問題を抱えて下位になっているのかが見えにくい。当事者も、自分が格差社会の負け組だからこうなったというような錯覚に陥りやすいところがあるのです。

渡邊被告についていえば、自分の深い問題と向き合っているという印象は最終意見陳述の方がはるかに強い。「無敵の人」という言葉よりも、「浮遊霊」という言葉の方がずっと切実だと思います。「無敵の人」は誰でもなれるけれど、ニートや引きこもりの大半は「浮遊霊」にはなれない。彼らは絆が破壊されているわけでなく、少なくとも親がいます。渡邊被告はその親から虐待されて、絆が壊れてしまったので、「無」になってしまった。浮遊霊化というのはかなり例外的な事態で、そう頻繁《ひんぱん》に起こるものではない。だから「無敵の人」よりは受けが悪いと言うか、共感されにくいと思います。

ちょっと関係ないようで面白いと思ったのは「努力教信者」という言葉です。彼は30代後半で、我々から見れば若者なのですが、この世代の特徴として、努力に関する考え方が少し違うのです。私は努力というのは、才能の不足を補うものという認識なのですけれども、若い人はそう考えない。今の若者は、「努力も才能のうち」と考えている。努力はその才能がある人しかできない。才能のない自分は努力すらできない人間。そういう分け方をするのです。渡邊被告は、自分は努力すらできない人間として「埒外の民」であることを宿命づけられているという自己認識ではないかと思うのです。

その意味では、彼の言っている「安心を基盤にしないと努力さえできない」というのは全く正しい。実は安心というのは自己愛のベースであり、意欲や野心や理想のベースでもあるわけです。だから、基本的信頼感、ベーシックトラストを与えられなかった人間は、意欲も不安定になり、自己愛も壊れやすくなり、そういった意味で非常に死に近い人間になりやすい。これは母原病的な、母親に責任が全てあるとかそういう話でなくて、誰がベーシックトラスト、基本的な信頼を与えられるかどうかということです。基本的な愛着をもたらす人間は母親でも父親でも構わないのですけれど、渡邊被告の場合は両親とも、そういうものをもたらしてくれなかった。親の意図はどうあれ、結果的にそうだったわけですね。

あと彼に関して、もう一点、興味深いのは、勾留されてから、少し人生観が変わっていると思うのです。私は以前、引きこもっていて親殺しをした事例の鑑定をやったことがあるのですけれども、渡邊被告と同じことが起こっています。どういうことかと言うと、刑を確定して服役して以降、対人恐怖症が改善しているのです。大部屋で他の服役者と一緒に暮らす生活が、長年彼の中に巣食っていた対人恐怖、社会恐怖を治してしまったのです。一部の対人恐怖症は場数を踏めば治ってしまうところがあって、つまり娑婆では望んでも得られなかった治療的な経験が、逮捕されたおかげで実現しているわけです。刑務所は治療の場ではないのですが、たまたまそういう場所として機能してしまっているところが皮肉です。もちろん彼の場合は対人恐怖が治るところまでいったとしても、根本的な人間不信とか、自己否定感情は変わらない。だから自殺リスクが高いと言えるのですけれども。

今の若者のコミュニティというのは社会の縮図みたいなもので、評論家の古市憲寿さんが言っているように、若者の大半は幸せなんです。スクールカーストでは、7割が中位層より上で3割が下位層なのですが、7割の若者は、スマホでつながってハッピーなのです。お金はないかもしれないけれど、人間は承認のリソースさえあれば、そこそこ幸せになれるんです。今は、承認だったら、多少スキルがある人は、ツイッターもあれば、LINEもフェイスブックもある。いくらでも手に入る環境があるわけです。

ただ問題は残りの3割で、彼らは、かつてないほど不幸な若者なのです。おそらく過去40年間にこれほど不幸が凝縮された若者層が出現したことはなかったと思います。それは、高い幸福度を謳歌する7割の若者のネガです。そのネガの部分にさまざまな不幸が溜《た》まっているわけです。そこには虐待もあり、いじめ被害もあり、コミュニケーション障害もあり発達障害もある。

象徴的なのは、発達障害という言葉がこれほど流行《はや》っている国は日本しかないんです。障害というほど問題がない人も、相対的にコミュ力が低いとか、空気を読まない、そういった浅いレベルで、レッテル貼りとして、アスペルガー症候群とか言われてしまう状況があって、これは専門家を巻き込んだ非常に嘆かわしい事態です。いかに今の日本人が、コミュ力や承認というものに依存しきっているかがよくわかる状況と言えます。

繰り返しますが、承認のリソースに恵まれた大半の若者はハッピーですが、それに恵まれなかった若者にとっては、金を出しても承認は手に入らないという絶望的な状況があるわけです。さらにややこしいのは、そのかなりの部分は思い込みで、実際に試す以前に負けてしまっているのです。負け組と自称していますが、渡邊被告の意見陳述にもあるように、「不戦敗」の若者が多すぎるんですよ。

最終意見陳述には今の弱者化した若者を表す優れたキーワードがいっぱい出てきます。不戦敗的負け組意識を持ってしまった若者が大量にいて、彼らはひょっとしたら、リングに上がれば勝てるかもしれない潜在力を秘めているのにもかかわらず、最初から諦めてしまう。私は最初、渡邊被告もその一人じゃないかと思っていましたが、最終意見陳述を読むと、どうもそうではない。彼はいじめと虐待の中で実際に負け続け、自己愛をボロボロに破壊されてしまっていたわけです。かなり深刻な状況だと言えます。

（談）

12 「黒子のバスケ」脅迫犯から届いた手紙

篠田博之
（月刊『創』編集長）

「黒子のバスケ」脅迫犯とされる人物から突然、分厚い封筒が届いたのは2013年10月15日のことだった。様々なところへ送られた脅迫状一式と、マスコミ向けの犯行声明文などが中に入っていた。そしてその中に「『創』の篠田編集長へ」というメッセージも含まれていた。

《ここから先は「創」あての犯行声明にしか買いとらん　おそらく大手メディアは犯行声明文などは公表しないと思うんや　せやからお前のところだけに今回の脅迫で送ったやつは全種類コピーを同封したったた　もし他のメディアが公表しないようならお前らで公表してもらえんか（略）「噂の真相」が亡くなった今はもうお前らしかおらへんのや　頼んだで》

500カ所以上に送られたという脅迫状や犯行声明によって、それまでの「黒子のバスケ」関連イベント潰しという枠を超えて、事件は明らかに拡大した。15日に届いた脅迫状を見てセブンイレブンなど幾つかのコンビニチェーンが関連商品を撤去することを決定。16日の新聞各紙は一斉にこれを報道した。

約30年前のグリコ・森永事件では、警察の要請を受けて新聞・テレビが報道協定を結んで、事件についての報道を抑え、それを記者クラブに所属していない『噂の真相』がすっぱ抜いたことが知られている。脅迫犯は、同様に自分の犯行声明が大手マスコミによって握り潰されることを怖れ、それらと一線を画している月刊『創』編集部に脅迫状や犯行声明の一式を送ってきたのだった。

『創』は月刊誌なので発売日までにネタが古くなる怖れがあったのだが、ちょうどその時期、私はヤフーからの提案で個人ブログを開設したばかりだった。さっそくこの独自情報をブログで詳細に公開していった。脅迫状を公開することは模倣犯を誘発するし、犯人の思うつぼだという批判も当初寄せられたが、コンビニに毒入り菓子が置かれるという事態は、もはやこの事件が報道を抑制する段階を超えたことを意味すると思った。

今回の手記を読めばわかるように、渡邊博史被告は、その10月半ばの一連の脅迫状を相当広範囲に送っていた。犯行声明については、かなりのマスコミに送ったが、そのうちＮＨＫ、共同通信、産経新聞、そして『創』には、文書とともに毒入り菓子のサンプルも同封していた。大手マスコミはすぐにそれを警察に任意提出したのだが、『創』だけはその要請に応じなかった。先行して任意提出した大手マスコミのサンプルから毒物が検出されなかったため、『創』宛のサンプルにも毒物は入っていないだろうと思ったのも理由の一つだ。

ところが、これらのサンプルからは後になってニコチンが検出された。その意味では重要な証拠品だったわけだ。『創』編集部に最初に訪れた警視庁特殊班の2人の刑事は、まず白い手袋をはめてからサンプル菓子に触れるなど丁重に証拠品を扱ったのだが、その後『創』編集部にはマスコミ各社が取材に訪れ、各社ともその菓子を写真に収めた。特にテレビ局の場合は、ライトをあて、時間をかけて「物撮り」を行うため、時間がたつにつれて菓子の外装は相当変形していった。あとで実際に毒が入っていたことを知った時には、そのことよりも証拠品が半ばボロボロになっていたことに嘆息した。

サンプルの菓子から毒物が検出されなかったとして、その脅迫があたかも単なる愉快犯であるかのように報道されたのに腹を立て、渡邊被告は、約1週間後に毒入り菓子を置いた店を名指しした脅迫状と犯行声明を再び各所に送付する。ところが、これは本人に聞いてもどうしてそうなったのかわからないのだが、『創』編集部には他の送付先よりも1日早くそれが届いたのだった、その情報も即座にヤフーブログにアップしたところ、何と警視庁の刑事から電話がかかってきた。その時点で警視庁もその情報を把握していなかったのだった。

大手マスコミほど警察の要請に全面的に従うことはしなかったが、1日早く届いたその2回目の脅迫状は、編集部に駆け付けた刑事にコピーを提供した。当該店舗にあった毒入りウエハースが見つかったのはそのすぐ後らしい。ただなぜかその菓子が見つかったことは、しばらく報道もされなかった。その後、脅迫に怯えたコンビニや書店などが次々と関連商品を撤去し、それが全国に拡大するという事態に至るのだが、脅迫事件が大きな社会問題となるなかで警視庁も本腰を入れて捜査を拡充したらしい。12月15日、突然、渡邊被告は逮捕された。

私が麹町署の渡邊被告に接見したのは逮捕後2日目だった。世間を騒がせた脅迫犯との最初の対面だった。その時、一通り事件の経緯を語った彼の言葉は、概ね初公判での冒頭意見陳述と同じで、脅迫事件を「格差犯罪」と表現していた。

2014年3月13日の初公判はかなり異例のものだった。起訴内容を全て認めた渡邊被告は、事実関係についてはいっさい争わず、自分がなぜ犯罪を犯したかについて冒頭意見陳述を行った。限られた時間で全文は朗読できなかったが、被告は最後に「とっとと死なせろ!」と法廷で叫んだのだった。その意見陳述は即日、ブログで公開したが、「無敵の人」について語った部分など大きな社会的関心を呼び、あっという間に50万を超えるアクセスがあった。

渡邊被告は、格差拡大が指摘されるようになった時代に20代のフリーターで、その後10年間、定職に就かず、年収が200万を超えたことがない、という生活を送る。そういう生活が10年間続いて30代半ばという年齢に至った時に、将来に何も希望が持てず、社会的成功者の象徴である「黒子のバスケ」の作者に一太刀浴びせて死んでいきたいと考えたという。その動機はある意味でわかりやすく、多くのマスコミも競ってそれを取り上げた。

ただその後、渡邊被告は獄中でたくさんの本を読み、特にいじめや虐待に関する本から多くのことを学び、自分の考えを進化させていった。そして最終意見陳述では、冒頭意見陳述とはだいぶ異なる自己分析を展開したのだった。その過程で、『創』誌上で連載執筆陣の精神科医・香山リカさんや、作家・雨宮処凛さんらと、渡邊被告が応酬を行う局面もあった。

私は、連続幼女殺害事件の宮崎勤死刑囚(既に執行)を始め、様々な事件に関わる中から、当事者たちの声に耳を傾けることの大切さを痛感してきた。犯罪はいわば社会に対するある種の警告、メッセージであり、それを社会の側が受け止め、対策を講じることができるかどうかが問われているといえる。そしてそういう議論を行うための問題提起を行うのがメディアの役割だと考えている。

法廷はあくまでも被告人を裁くのが目的だから、そういう議論がきちんと行われるわけではない。実際、今回の裁判でも、渡邊被告の意見陳述朗読に対して裁判長は、時間の無駄だと言わんばかりに制限を加えたのだった。だから私は、『創』の誌面やブログを通じて、様々な発信を行った。

ブログで公開した意見陳述に多くの人がコメントし、それを読んだ渡邊被告がさらにコメントするという応酬がなされた。8月半ばには、秋葉原殺傷事件の加藤智大被告からもコメントが送られてきた。加藤被告は最高裁に上告中だが、これまでマスコミの取材などをいっさい拒否してきた人物で、「黒子のバスケ」脅迫事件にコメントしたのは極めて異例なことだった。

加藤被告のコメントの全文は『創』２０１４年11月号に全文を掲載したし、ぜひご覧いただきたいと思うが、興味深いのは、渡邊被告に対してその末尾でこう述べていることだ。

《渡邊氏は、出所後に自殺することを考えているようです。私としては、やや理解に苦しむところです。陳述の中で「今まで自分の感情を支配していた対人恐怖と対人社会恐怖が雲散霧消してしまいました」「渡邊博史として人生が再スタートしました」などとしていますから、何らかの事情で自殺を考えても、自殺したらもったいないと思えるような社会との接点が得られるのではないでしょうか。何より、黒子のバスケ脅迫事件の犯人という肩書きは、一生消えることのない「つながりの糸」です。これは皮肉でも何でもありません。渡邊氏自身が「自分は犯罪者ですが人を殺めていません」としている通り、まだ十分に残りの時間があるのですから、「経験者」として「何もわかっていない識者ｗｗｗｗの頓痴気なコメント」の誤りを追究し，犯罪者心理の真実を世の中に伝えることには，事件の予防という意味において大きな意義があるはずです。》

渡邊被告は服役後、出所したら自殺すると公言しており、その意思は今も変わっていないように見える。だから8月21日の公判で懲役4年6カ月、未決勾留160日を算入、という判決がくだされた時、私は傍聴席でそれを聞いていて、ああ、これで彼はあと4年間は生きていろと宣告されたわけだと思った。

この半年以上、彼と接触してきた私にすれば、彼が獄中で多くの本を読み、議論することで進化したように、今後の服役期間の4年余で、さらなる進化が訪れることを願うのみだ。かつて4人を殺害した永山則夫元死刑囚（既に執行）が、獄中で自分が犯した犯罪の背後に何があるのか究明し、社会に多くの問題を提起したように、渡邊被告にも生きる理由を新たに見出してほしいと思う。

あとがき

渡邊博史

この本は将棋に譬《たと》えると感想戦（終局後の対局者による指し手の善し悪しや敗因の検討）のようなものです。多くの場合、終盤の寄せ合い（王将の詰まし合い）の局面や、中盤の駒のぶつかり合いの局面で負けた方に悪手があり、それが敗因となったという結論に至ります。しかし序盤の駒組み（駒がぶつかる前の王将の囲いなど自陣の組み立て）に問題があり、その悪手の後には終局まで全くチャンスがなかったというケースも稀《まれ》に発生します。今回の対局（＝自分の人生）は序盤早々の小学校入学と同時にいじめに遭い、両親の変わったしつけも加わって、合併症的に自分の認知が狂ってしまったことが敗着《はいちゃく》となりました。その後は形勢挽回の機会が全くないまま２０１３年12月15日の投了となりました。この経緯を延々とこの本で説明して来ました。

これからも自分がダラダラと生き永らえることは、対局相手がとっくに席を立っているのにもかかわらず、いつまでも将棋盤の前に座ったまま「ああすればよかった。こうすればよかった」などとぼやきながら、一人で駒をパチパチとやり続けているようなものです。自分は将棋を終わらせるなり、次の対局を始めるなりしたいのです。ですから自分は出所したら自殺します。死に場所も既に決めています（本文中に登場する川崎の自殺予定場所ではありません）。

死が永劫なる無ならば、もう将棋を指さなくていいので大勝利です。万が一、輪廻転生のシステムが存在し、強制的に生まれ変わらせられたとしても、勝てる可能性は低いとは思いますが、それでも将棋を新しく指し始められるので大勝利です。自分は自殺によってリターンだけを得られ、リスクを被ることがありません。

統治権力から自分に科された罰は懲役4年6ヵ月です。未決勾留期間が刑期に算入されますから、実際の服役期間はほぼ4年になります。つまり動機形成の一因に学歴コンプレックスがある犯罪者に対して、大学修業年数と同じ期間だけ自殺のお預けが喰らわされたのです。統治権力の粋《いき》で鯔背《いなせ》で嫌味で陰険な温情的措置に対して、国民の一人として涙を流して感謝しなければなりません。

これを書いている時点で自分がどこで服役することになるのかは決まっていませんが、自分は栃木県黒羽町の黒羽刑務所で暮らすことになりそうな気がして仕方がありません。なぜなら黒羽は汚物である自分を世に放出した股を持つ母親の生地だからです。罪を犯した報いとして母親の生地で暮らす破目になるということが、自分には因果律として実に美しいと感じられるのです。

自分は生まれて来たくありませんでしたし、生まれて来ることを望みもしませんでしたし、生まれてくるべきではありませんでした。

では最後に締めの一言をシャウトさせて頂きます。

「産みやがって馬鹿野郎！　いじめやがって馬鹿野郎！　虐げやがって馬鹿野郎！」

２０１４年８月　ホテル東拘インにて　喪服の死神こと渡邊博史

渡邉博史（わたなべ・ひろふみ）

１９７７年生まれ。２０１２年10月から一連の「黒子のバスケ」脅迫事件を断続的に起こす。２０１３年12月に逮捕。２０１４年８月に東京地方裁判所で威力業務妨害罪により懲役４年６カ月の実刑判決を受ける。

香山リカ（かやま・りか）

１９６０年生まれ。精神科医。立教大学現代心理学部教授。

斎藤 環（さいとう・たまき）

１９６１年生まれ。精神科医。筑波大学医学医療系社会精神保健学教授。

篠田博之（しのだ・ひろゆき）

１９５１年生まれ。月刊『創』編集長。著書『ドキュメント死刑囚』『皇室タブー』他。

生《い》ける屍《しかばね》の結《けつ》末《まつ》

「黒子のバスケ」脅迫事件の全真相

2014年9月29日初版第一刷発行
2020年4月3日第2版第一刷発行

著　者 ———— 渡邊博史《わたなべひろふみ》

発行者 ———— 篠田博之

発行所 ———— (有)創出版　http://www.tsukuru.co.jp/

〒160-0004　東京都新宿区四谷2-13-27　KC四谷ビル4F
電話：03-3225-1413
FAX：03-3225-0898
メール：mail@tsukuru.co.jp

装　幀 ———— 坂根 舞（井上則人デザイン事務所）

カバー写真 ——— 井上則人

印刷所 ———— モリモト印刷（株）

ISBN978-4-904795-32-3